BEBIDA, ABSTINÊNCIA E TEMPERANÇA NA HISTÓRIA ANTIGA E MODERNA

Dados Internacionais de Catalogação na Publicação (CIP)
(Câmara Brasileira do Livro, SP, Brasil)

Carneiro, Henrique
Bebida, abstinência e temperança na história antiga e moderna / Henrique Carneiro. – São Paulo : Editora Senac São Paulo, 2010.

Bibliografia.
ISBN 978-85-7359-988-6

1. Álcool – Efeito fisiológico 2. Álcool – Efeitos psicológicos 3. Bebidas alcoólicas 4. Bebidas alcoólicas – Ingestão 5. Embriaguez – Aspectos culturais 6. Embriaguez – História 7. Enologia 8. Filosofia moral 9. História social I. Título.

10-05799   CDD-641.874

Índice para catálogo sistemático:
1. Bebidas alcoólicas : Embriaguez : História social 641.874

HENRIQUE CARNEIRO

BEBIDA, ABSTINÊNCIA E TEMPERANÇA NA HISTÓRIA ANTIGA E MODERNA

Administração Regional do Senac no Estado de São Paulo
Presidente do Conselho Regional: Abram Szajman
Diretor do Departamento Regional: Luiz Francisco de A. Salgado
Superintendente Universitário e de Desenvolvimento: Luiz Carlos Dourado

Editora Senac São Paulo

Conselho Editorial: Luiz Francisco de A. Salgado
Luiz Carlos Dourado
Darcio Sayad Maia
Lucila Mara Sbrana Sciotti
Marcus Vinicius Barili Alves

Editor: Marcus Vinicius Barili Alves (vinicius@sp.senac.br)
Coordenação de Prospecção e Produção Editorial: Isabel M. M. Alexandre (ialexand@sp.senac.br)
Supervisão de Produção Editorial: Pedro Barros (pedro.barros@sp.senac.br)

Edição de Texto: Adalberto Luís de Oliveira, Maísa Kawata
Preparação de Texto: Márcia Elisa Rodrigues
Revisão de Texto: Angelo Gabriel Rozner, Kimie Imai, Luiza Elena Luchini
Projeto Gráfico e Editoração Eletrônica: RW3 Design
Imagem da Capa: Alegoria do sabor (detalhe), Jan Brueghel, o Velho, 1618
Impressão e Acabamento: Cromosete Gráfica e Editora Ltda.

Gerência Comercial: Marcus Vinicius Barili Alves (vinicius@sp.senac.br)
Supervisão de Vendas: Rubens Gonçalves Folha (rfolha@sp.senac.br)
Coordenação Administrativa: Carlos Alberto Alves (calves@sp.senac.br)

Proibida a reprodução sem autorização expressa.
Todos os direitos desta edição reservados à

Editora Senac São Paulo
Rua Rui Barbosa, 377 – 1º andar – Bela Vista – CEP 01326-010
Caixa Postal 1120 – CEP 01032-970 – São Paulo – SP
Tel. (11) 2187-4450 – Fax (11) 2187-4486
E-mail: editora@sp.senac.br
Home page: http://www.editorasenacsp.com.br

© Henrique Soares Carneiro, 2010

SUMÁRIO

NOTA DO EDITOR, 7

INTRODUÇÃO, 11

ANTIGUIDADE CLÁSSICA, 21
O deus da embriaguez: Dioniso/Baco, 21
Libações de gotas sagradas em Homero, 29
Beber entre gregos e romanos, 35
O vinho na história de Heródoto, 45
Humores e vapores de Hipócrates, 52
A justa medida em Platão, 58
Xenofonte, a embriaguez e o amor socrático, 64
A temperança em Aristóteles, 69
A "colheita do dia" em Epicuro e Lucrécio, 74
Plutarco e o gênero literário do simpósio, 78
Temperamentos do corpo e paixões da alma em Galeno, 87

ERA JUDAICA, CRISTÃ E ISLÂMICA, 93
A vinha de Noé, 93
O vinho tornado Cristo, 106
Islã, Alcorão e bebidas fermentadas, 118

ÉPOCA MODERNA, 129
O alambique do corpo: medicina e filosofia renascentistas, 129
A embriaguez e o Novo Mundo, 138
A crítica ilustrada da razão ébria, 152
Nietzsche: o filósofo de Dioniso, 162
A fisiologia do vinho remédio, 167
A medicina do vício e a doença moderna do alcoolismo, 179
O movimento proibicionista, 193
Ciência social e política da embriaguez, 206
O industrialismo, o álcool e o puritanismo, 218
Economia da embriaguez, 226
A historiografia do vinho e de outras bebidas alcoólicas, 236
História, sociologia e antropologia das bebidas no Brasil, 244
Psicologia do prazer ébrio, 252

CONCLUSÃO, 265

BIBLIOGRAFIA, 271

NOTA DO EDITOR

Muito mais que contar a história do vinho, da aguardente ou de qualquer outra bebida, Henrique Carneiro apresenta um estudo de como as pessoas podem modificar seu comportamento por meio de ingestões de álcool ou de outras substâncias inebriantes, e de como essas alterações acabam influenciando uma sociedade.

Bebida, abstinência e temperança na história antiga e moderna aborda a importância da bebida na história social, constituindo identidades e marcando classes e gêneros, e na história cultural do corpo, no sentido de como ela influencia psico e fisiologicamente uma pessoa.

Com este livro, o Senac São Paulo contribui com a pesquisa da história moral da bebida, que possui múltiplas conotações e valorações conforme a época e o lugar.

De todos os vícios humanos é o que se honra com a mais extensa e erudita bibliografia, registrando sinônimos e andanças semânticas. As campanhas ruidosas antialcoólicas, visando evidenciar a degradação e bestialidade do embriagado, não conseguem retirar-lhe uma auréola de popularidade universal.

(Luís da Câmara Cascudo, *História da alimentação no Brasil*)

É melhor dormir com um canibal sóbrio do que com um cristão bêbado.

*(*Herman Melville, *Moby Dick)*

Nossa imprevista queda do céu condenou à vertigem a cabeça do homem.

*(*Giovanni Pico della Mirandola, *Discurso sobre a dignidade do homem)*

INTRODUÇÃO

A embriaguez tem um conceito amplo, com um sentido estrito de efeito de bebidas alcoólicas ou de outras drogas e um sentido figurado de arrebatamento (como a embriaguez do amor ou a da guerra, por exemplo).

Esse efeito do álcool (assim como do clorofórmio, do éter e da benzina) foi definido pelo farmacólogo alemão Louis Lewin, em 1924, como um inebriamento que, "após uma primeira fase de excitação cerebral, dá lugar a uma depressão da excitabilidade que pode chegar eventualmente ao estado de supressão temporária",[1] ou seja, o sono, o coma ou até mesmo a morte. Segundo esse autor,

> não há provavelmente nenhuma época e nenhum país que não tenha feito uso em ocasiões determinadas, ou mesmo sem ocasião alguma, de bebidas alcoólicas e sempre com o mesmo resultado: arrancar a alma, mesmo que à força, da vida de todos os dias e dirigi-la para uma outra via, onde ela não esteja mais estreitada entre os muros da monotonia cotidiana e ordinária e onde ela não seja mais esmagada por impressões tristes e desagradáveis de nenhum tipo, mas alcance, ao contrário, a alegria, a felicidade momentânea e, também, o esquecimento.[2]

---

[1] Louis Lewin, *Traité de toxicologie* (Paris: Octave Doin, 1903), p. 166.
[2] *Ibidem*.

O termo latino *ebrius* derivou para o português ébrio e inebriado e para o francês *ivre* e *ivresse*, cujo primeiro uso registrado pelo dicionário francês *Petit Robert* data de 1160. Em inglês, o termo mais usado para descrever o estado de embriaguez é *drunk*, particípio passado do verbo beber; em espanhol, *borracho*; e, em italiano, *ubriaco*. Todas essas palavras referem-se ao efeito sobre a consciência, o humor e o comportamento advindos da ingestão de bebidas alcoólicas. A origem do termo latino vem do verbo grego *brúo* (bryo), cujo significado é "brotar, surgir, saltar. Crescer em abundância. Ferver, fermentar, embriagar-se. Fazer brotar, crescer, produzir";[3] o imperfeito desse verbo é *ébruon* (ébryon). Seus múltiplos significados remetem a uma ideia positiva de algo que irrompe, que aumenta, que se impõe.

Se o alcoolismo, que acometeria quase 10% da população mundial, é uma das grandes causas de males na saúde pública, causando doenças crônicas, e, se mesmo o consumo esporádico de bebidas também agrava a ocorrência de acidentes e de comportamentos violentos, aumentando assim a mortalidade, a embriaguez, nas palavras do escritor mexicano Octavio Paz, também "libera e abre as portas da vida"[4] e, por isso, ele distingue duas atitudes diante do álcool, a estadunidense e a mexicana, pois "nos embriagamos para confessarmos; eles para olvidar-se. Acreditam na higiene, na saúde, no trabalho, na felicidade, mas talvez não conheçam a verdadeira alegria, que é uma embriaguez e um turbilhão".[5] Apesar da generalização nacional do escritor, é preciso admitir que de fato a embriaguez, mais do que apenas um "problema" que atinge uma parcela dos consumidores, é um estado existencial paradigmático de muitos aspectos essenciais da própria alma humana, que incluem a busca do excesso, mas, sobretudo, uma sede pela intensidade, pelo transbordamento e pela multiplicação da força vital.

Ébrios, temulentos, inebriados, embriagados de álcool, é claro, mas também de amor, de ação, de velocidade, de elogios, de sangue, de cólera,

---

[3] Florencio I. Sebastián Yarza, *Diccionário griego-español* (Barcelona: Ramón Sopena, 1972). Agradeço a Rogério de Campos a gentileza de localizar essa informação.
[4] Octavio Paz, *El laberinto de la soledad* (México: Fondo de Cultura Económica, 2004), p. 26.
[5] *Ibidem*.

os seres humanos reservaram para esse estado um repertório abundante de sinônimos em praticamente todas as línguas.[6]

A história da embriaguez não deve ser confundida com uma mera história das bebidas, como se estas assumissem o lugar de sujeitos históricos, mas deve ser muito mais uma história das formas culturais das ingestões. A história das bebidas como produtos é sempre a mais fácil e a mais comum, e há diversas histórias da cerveja, do vinho, da vodca, etc. em muitos países. Fala-se de marcas, fábricas, comércio, mas muito pouco dos efeitos psicológicos e sociais dessas ingestões.

Mais do que apenas uma história dos produtos, a história da embriaguez deverá ser uma história das ideias, assim como das práticas, dos atos e dos discursos, dos gestos e das palavras. O corpo ébrio seria, antes de tudo, o que ele faz ou deixa de fazer, a sua conduta mais ou menos razoável, a sua disposição de ceder mais ou menos controladamente aos seus impulsos e às suas vontades e a sua forma de ritualizar coletivamente esse desprendimento. Ou, antes de tudo, o corpo ébrio seria o que dele se pensa e se escreve, se censura ou se aprova?

As fontes são quase sempre escrituras, narrativas, descrições, estatísticas, ou mesmo imagens, representações artísticas, entre outras. A documentação sobre a ebriedade pode ser normativa, literária, moral, ou mesmo específica de casos policiais, jurídicos ou médicos, veiculada em órgãos de imprensa ou depositada em fundos de arquivos.

A história da embriaguez é, assim, muito mais a história dos discursos sobre a embriaguez do que a tentativa vã de buscar uma suposta objetividade da própria embriaguez, ao longo da história e das sociedades, que é irredutível, em última instância, aos seus exclusivos cálculos estatísticos (volume de álcool por habitante por ano) ou aos seus fluxos materiais (volume de produção, de comércio, de flutuação dos preços) se não levarmos em conta os significados que a ela se atribuem. Se a história das bebidas alcoólicas e de outras

---

[6] Em português, o *Novo Dicionário Aurélio da Língua Portuguesa* registra os seguintes termos: bêbedo ou bébado, avinhado, tonto, alto, azul, bicudo, caneado, chumbado, chumbeado, ébrio, envernizado, floreado, melado, milhado, molhado, mordido, pegado, pingado, pilecado, pinguço, porrado, pregado, quente, roído, tomado, torrado, triscado, trolado, troviscado, xambregado, zarro. Em inglês, ver Mark Keller, Mairi McCormick & Vera Efron, *A Dictionary of Words about Alcohol* (2ª ed. New Brunswick: Rutgers Center of Alcohol Studies, 1982).

substâncias psicoativas é uma parte fundamental dos estudos sobre os produtos da cultura material, no sentido atribuído a essa expressão por Fernand Braudel,[7] especialmente na formação da época moderna, quando a emergência dos fluxos de tráfico dessas mercadorias, sobretudo as bebidas, as drogas e os alimentos-droga (principalmente vinho, aguardente, tabaco, ópio, chá, chocolate, café e açúcar), delineia a base fiscal dos estados e a forma de articulação centro-periférica do mercado mundial, a importância desses produtos em geral, e das bebidas inebriantes em particular, só pode ser compreendida a partir da compreensão dos sentidos atribuídos aos seus efeitos psicoativos, chamados pelo termo genérico de inebriantes, que, mais do que nutritivos ou saciadores da sede, são medicinais, religiosos e constitutivos de simbolismos.

Uma história da ebriedade se inscreve numa tradição mais convencional tanto da história econômica como da história das ideias, ou seja, das elaborações da alta cultura filosófica, religiosa, estética, a respeito dos efeitos psicológicos e sociais da embriaguez e, portanto, numa história das moralidades a seu respeito como parte de uma história mais geral da filosofia moral, como também na busca de esferas mais involuntárias de saberes e atitudes partilhadas, de gostos e de repugnâncias, de pressupostos e de preconceitos numa história mais cotidiana e íntima das técnicas do corpo. No âmbito da história da medicina, os saberes e as normas sobre a ingestão de álcool são inseparáveis de uma esfera mais ampla de saberes filosóficos que buscam definir as condições do conhecimento e da ação humana. Da mesma forma, na história das religiões, o papel das bebidas sagradas, das libações, dos néctares divinos e dos frutos paradisíacos é inseparável das cosmogonias e teogonias, dos relatos de dilúvios ou a respeito do paraíso ou da encarnação do sangue divino no vinho da comunhão.

Assim, é possível analisar, por meio de escritos, um conjunto de ideias religiosas, médicas ou simplesmente morais a respeito das ingestões alcoólicas e de seus efeitos. Mas a história da ebriedade é também uma história do próprio corpo, de suas técnicas, seus gestos, suas formas de administrar o que se ingere, de estabelecer limites de excessos e de carências, de contar roteiros de com-

---

[7] Fernand Braudel, *Civilização material e capitalismo: séculos XV-XVIII*, trad. Maria Antonieta Magalhães Godinho (Lisboa: Cosmos, 1970).

portamentos involuntários que vão da euforia à prostração e, dessa maneira, se inscreve numa vertente mais contemporânea de estudos interdisciplinares que se denominaram "história do corpo".[8] É possível retomar uma passagem de Michel Foucault a respeito da sexualidade e aplicá-la também a uma investigação sobre os efeitos das bebidas: "Não uma história das mentalidades, portanto, que só leve em conta os corpos pela maneira como foram percebidos ou receberam sentido e valor, mas história dos corpos e da maneira como se investiu sobre o que neles há de mais material, de mais vivo".[9] As "técnicas do corpo", na expressão de Marcel Mauss,[10] incluem inúmeros saberes práticos que vão dos gestos e posturas a habilidades como nadar ou andar de bicicleta, incluindo as formas de administrar a ingestão de comidas e bebidas.

Além de ser um importante fenômeno no âmbito da história social, constituindo identidades e marcando classes, gêneros e idades, o álcool também pode ser um objeto da história cultural do corpo, no sentido de como se gere psico e fisiologicamente e de como se representa a embriaguez, na história do cotidiano,[11] assim como na esfera da vida privada,[12]

---

[8] Sobre o tema, ver coletânea organizada por Alain Corbin, Jean-Jacques Courtine & Georges Vigarello, *História do corpo*, vol. 1: *Da Renascença às Luzes*, vol. org. por Georges Vigarello, trad. Lúcia M. E. Orth (Petrópolis: Vozes, 2008), assim como David Le Breton, *Adeus ao corpo: antropologia e sociedade*, trad. Marina Appenzeller (Campinas: Papirus, 2003) e outros livros desse autor que tratam dos estudos do corpo. Para um inventário geral das teorias do corpo, ver Christine Greiner, *O corpo: pistas para estudos indisciplinares* (São Paulo: Annablume, 2005). Num outro enfoque, Richard Sennett também tratou da história do corpo, desde a representação da nudez na Grécia Antiga até a constituição de uma imagem medieval do Estado como um "corpo político", entre outros aspectos em uma obra que abrange toda a história ocidental, ver *Carne e pedra: o corpo e a cidade na civilização ocidental*, trad. Marcos Aarão Reis (Rio de Janeiro: BestBolso, 2008).
[9] Michel Foucault, *História da sexualidade: a vontade de saber*, trad. Maria Thereza da Costa Albuquerque & José A. Guilhon Albuquerque, vol. I (3ª ed. Rio de Janeiro: Graal, 1980), p. 142.
[10] Marcel Mauss, "As técnicas corporais", em *Sociologia e antropologia* (São Paulo: Edusp, 1974).
[11] Uma história do cotidiano desenvolveu-se a partir de diferentes raízes, tais como a influência da escola dos Annales, da história oral, da micro-história e da sociologia do cotidiano de Henri Lefebvre e de Agnes Heller, entre outros. Theodore Zeldin, em *História íntima da humanidade* (Lisboa: Teorema, 1994), usou a expressão "história íntima" para também abordar tal dimensão. Luce Giard, em "Cozinhar", no segundo volume de *A invenção do cotidiano*, trata da alimentação e da culinária como um "saber prático" e uma "ciência prática do singular", presentes num cotidiano invisível. Cf. Michel de Certeau, Luce Giard & Pierre Mayol, *A invenção do cotidiano*, trad. Ephraim Ferreira Alves, vol. II (Petrópolis: Vozes, 1996). Do mesmo modo, é possível pensar nas formas, nas técnicas e nos rituais do beber de maneira análoga àquelas que regem o consumo dos alimentos.
[12] O tema da vida privada na história já foi objeto de diversos estudos, notadamente a coletânea organizada na França por Philippe Ariès & Georges Duby, intitulada *História da vida privada*. Também no Brasil uma iniciativa semelhante foi organizada em três volumes por Fernando Novais *et al*. Infeliz-

sendo, portanto, um objeto de estudos que, como a alimentação ou a sexualidade, possui tanto uma dimensão pública como uma outra íntima, exigindo um enfoque necessariamente multi e interdisciplinar para sua descrição e busca de compreensão.

Os aspectos econômicos ou biológicos são indispensáveis para tentar se dar conta da natureza do fenômeno da embriaguez nas diferentes épocas. Contabilizar volumes de ingestão alcoólica, fluxos de produção e tráfico e buscar avaliar seu impacto econômico ou suas formas de estratificação social são levantamentos fundamentais de dados que ainda são escassos na bibliografia de estudos sobre bebidas alcoólicas, tanto no Brasil como no exterior, e certamente serão sempre de grande valia para analisar historicamente o fenômeno do álcool, na tentativa, sobretudo, de aferir o quanto se bebia, quem o fazia, quem lucrava com isso e quais as consequências sociais e econômicas. Da mesma forma, tentar avaliar efeitos fisiológicos, índices de acidentes ou doenças crônicas e estatísticas de expectativas de vida relacionadas a tabelas de consumo alcoólico em diferentes épocas e sociedades é um campo de pesquisa ainda fértil a ser trabalhado.

Todavia não bastaria para uma história da embriaguez a determinação da magnitude dos problemas de saúde ou os volumes de circulação financeira ao longo de séries históricas em diferentes países ou regiões. A integralidade do fenômeno da embriaguez, assim como dos efeitos psicoativos em geral, é sempre biopsicossocial. Uma história da embriaguez também é uma história de como os corpos podem transformar suas consciências por meio de ingestões e de como esses estados vão adquirir significados culturais partilhados e formas de gestão coletivas de sua condição alterada, tanto nos momentos agudos de embriaguez como na cronicidade dos comportamentos de ingestão alcoólica. As atitudes diante da embriaguez fundam assim modelos de usos dos psicoativos, a partir daquele que, como

---

mente, nenhum capítulo específico dessas obras contemplou particularmente as bebidas alcoólicas e a embriaguez. No volume 4 da coleção francesa, organizado por Michelle Perrot, o capítulo de Alain Corbin, no item "Gritos e cochichos", traz algumas páginas sobre o tema da "permanência renovada do desejo alcoólico", referindo-se, entre outras, às mudanças de um beber mais sociável nas áreas rurais para um beber solitário urbano. Ver Alain Corbin, "Gritos e cochichos", em Michelle Perrot (org.), *História da vida privada*, vol. 4: *Da Revolução Francesa à Primeira Guerra*, trad. Denise Bottmann & Bernardo Joffily (São Paulo: Companhia das Letras, 2009), pp.47-76.

alimento-droga, certamente é o mais difundido e comum em diferentes regiões: os fermentados alcoólicos.

Não se pode, entretanto, para essa história dos significados culturais da embriaguez, buscar apenas os discursos testemunhais ou literários proferidos pelos próprios ébrios enquanto estão em tal estado ou mesmo nas suas rememorações e narrativas retrospectivas, nem sequer somente os testemunhos sóbrios dos que os assistem sem compactuar com seus transportes e arrebatamentos, mas é preciso investigar, sobretudo, os textos com intenções normatizantes, seja a partir da medicina, da filosofia moral, seja até mesmo da teoria econômica. Textos que não só manifestam a embriaguez ou a testemunham, como também buscam regular, gerir, ordenar e torná-la adequada, constituindo assim um conjunto de atitudes morais, médicas e religiosas que percorre uma longa duração na história das ideias e das mentalidades, que perseguimos nos escritos de 25 séculos atrás até a época contemporânea.

A noção da ebriedade é apenas uma parte dos significados atribuídos aos efeitos das bebidas alcoólicas, que são, antes de tudo, produtos mágicos, carregados de simbolismos etéreos ligados à sua condição física de substâncias voláteis, correspondendo à noção de "espírito" como uma presença insubstancial, qualidade, sobretudo, dos destilados, que extraem e concentram o cerne dos produtos de que são feitos, representando assim mais do que uma essência, uma "quinta-essência" num licor espirituoso.

Como remédio e como veneno, o álcool surge, desde os fermentados, como um paradigma moral que permite aferir a capacidade de autocontrole, podendo não apenas produzir os extremos de delícia, de conhecimento do sublime e do êxtase, mas também a mais violenta, comatosa e letal intoxicação, causadora de desvarios e atos repreensíveis dos quais o próprio sujeito depois se arrepende.

Por tudo isso, a embriaguez em múltiplas culturas é um modelo da consciência alterada, compartilhando de algumas características de outros estados da alma, que também escapam à noção da consciência racional plena da vigília, tais como o sonho, a alucinação, o delírio. Por essa razão, a embriaguez também se reveste de um conteúdo sagrado em inúmeras culturas. O grande etnólogo dinamarquês Kaj Birket-Smith escreveu a esse respeito que "não se pode dizer que a ideia de abstinência tenha encontrado muito eco entre os povos primitivos; aparece de fato com as religiões mais evoluídas, como o islamismo e o budismo. Entre os primitivos a embriaguez tem muitas vezes caráter sagrado"[13] e, após mencionar, além do álcool, a kava e o soma, afirma que "a distância que separa a religião dessas embriaguezes ardentes, causadas pelas bebidas espirituosas e pelos outros estimulantes, não é muito grande".[14]

Assim, o propósito neste livro foi reunir um conjunto de referências da tradição ocidental que permitam um esboço de uma história moral da embriaguez, como um estado ambíguo de múltiplas conotações e valorações conforme as épocas e os lugares. Mais do que apenas a história das bebidas alcoólicas e outras substâncias inebriantes, buscou-se conhecer as diferentes e mutáveis atitudes sociais diante desse estado especial em suas múltiplas significações e perseguir a sua evolução ao longo do tempo e do espaço.

Do ponto de vista cronológico, o texto, após duas partes iniciais mais breves sobre a Antiguidade, se deterá mais nas épocas moderna e contemporânea, quando se consolidam e se globalizam os fluxos comerciais das bebidas e as representações culturais dos seus efeitos, particularmente a partir da primeira disseminação massiva dos destilados, ocorrida no século XVII e chamada de "revolução do álcool" por Fernand Braudel.

É impossível não levar em conta os autores antigos nos debates ocorridos na formação da época moderna, pois são seus textos e suas ideias que ressurgem como modelos de filosofia moral e como campo de referências incontornável. No que se refere ao espaço, no entanto, restringiu-se o âmbito para o mundo ocidental e mais um breve capítulo dedicado ao Islã, sem dar conta das atitudes e ideias existentes no extremo Oriente, na África e na Oceania em relação aos diversos fenômenos da embriaguez.[15] O mundo ameríndio será tratado brevemente, muito mais a partir das descrições das situações do contato e do conflito com os colonizadores europeus do que na

---

[13] Kaj Birket-Smith, *História da cultura: origem e evolução* (3ª ed. São Paulo: Melhoramentos, 1965), p. 117.
[14] *Ibidem*.
[15] O especialista suíço em estudos islâmicos, Rudolf Gelpke (1928-1972), publicou, em 1966, *Vom Rausch im Orient und Okzident* [Sobre a embriaguez no oriente e no ocidente], em que tratava das distinções por ele identificadas entre uma atitude ocidental de "fuga de si mesmo" e uma oriental, oposta, de busca do universo interior, obra que, entretanto, não será aqui examinada.

pretensão de querer tentar conhecer a fundo as formas originais indígenas, antigas e atuais, de se encarar o consumo das bebidas.

O termo embriaguez representa não só o efeito das bebidas alcoólicas, mas também é a expressão emblemática de todas as formas de consciência alterada, tanto pelo efeito de drogas como por estados passionais ou perceptivos intensos (a embriaguez de uma luta ou do amor), ou até mesmo a embriaguez da natureza, das estações do ano, como a do verão ou a da primavera. Será investigado neste texto, nas obras de filósofos, teólogos, médicos, economistas e outros pensadores, as transformações históricas na ideia da embriaguez, na sua definição, seu significado e as formas de gestão da ingestão. Dada a abrangência do tema, este trabalho busca uma visão mais panorâmica das ocorrências de menções à embriaguez ou ao vinho em um conjunto de textos clássicos, não pretendendo dar conta da enorme fortuna crítica existente a respeito de cada um dos autores citados, preferindo buscar uma comparação entre diversas fontes filosóficas, médicas e religiosas antigas e modernas sobre os temas que surgem no debate a respeito dos efeitos do álcool e que tratam de questões como o significado da bebida, a quem é facultado esse direito, qual sua relação com o divino, entre outras.

A tensão mais evidente neste conjunto de ideias e atitudes diante da embriaguez é, certamente, entre três paradigmas: da abstinência, do excesso e da temperança. Um polo abstencionista e outro apologista. De entremeio um conjunto de matizes que buscam uma ideia de ponto intermediário, de equilíbrio e moderação por meio de normas, regras, leis, pedagogias e etiquetas sobre como beber.

Eventualmente, será usada de alguma referência literária ficcional e poética, mas o estudo das representações da embriaguez nas artes e na literatura escapa do objetivo central desta investigação que quer dar conta das concepções teóricas da filosofia moral, através dos séculos, sobre os efeitos do álcool.

ANTIGUIDADE CLÁSSICA

O DEUS DA EMBRIAGUEZ: DIONISO/BACO

Diversas narrativas contam as origens míticas do vinho como uma gota de sangue dos deuses que choveu sobre a terra de onde brotou uma videira, encontrada, conforme o relato, por algum personagem que cumpre o papel de mediador entre o selvagem e o cultivado. Assim, Marcel Detienne escreve que: "o vinho é uma substância em que se misturam a morte e a vida multiplicada, em que se alternam o fogo ardente e a umidade que refresca. É tanto um remédio como um veneno, uma droga pela qual o humano se supera ou se transforma em animal".[1] Associado ao fogo e ao sangue, seu uso representa também um relato da domesticação das plantas e da sua transformação, pela ação humana, num outro produto, cujos processos físicos de aquecimento e efervescência da fermentação reforçavam sua identidade ígnea.

Na antiga cultura euro-asiática, a embriaguez é, antes de tudo, um atributo de Dioniso/Baco, seu propiciador e seu símbolo mais característico, conhecido em diversas narrativas que se misturam e nas quais ele aparece com muitos nomes diferentes, além do grego Dioniso e do romano Baco.

---

[1] Marcel Detienne, *Dioniso a céu aberto*, trad. Carmem Cavalcanti (Rio de Janeiro: Jorge Zahar, 1988), p. 62.

Na própria Grécia, a representação de Dioniso se sobrepõe a diversas designações, tais como Zagreus e Líber, entre outras, e alguns termos como epítetos, por exemplo, Brômios, "o Ruidoso" ou "o Barulhento"; Katharsios ou Lúsios, "o Purificador", "o Libertador"; ou Iacos, que designa o condutor da tocha na procissão realizada no culto dos mistérios de Elêusis.[2]

O deus do vinho e da embriaguez é o único deus olímpico que nasce duas vezes e depois morre e ressuscita. Filho de Zeus e de uma mortal, Sêmele, uma das filhas de Cadmo (irmão de uma bela moça chamada Europa, que foi buscar Sêmele depois de ela ter sido raptada por Zeus, e nesse percurso chegou à Grécia onde fundou a cidade de Tebas), sua mãe morre fulminada ao querer vislumbrar o amante em todo o seu resplendor. Zeus implanta, no entanto, o feto de Dioniso em sua própria perna, de onde o deus criança nasce alguns meses mais tarde. A esposa de Zeus, Hera, enciumada, solicita aos Titãs (gigantes filhos de Urano com a Mãe Terra e antigos inimigos vencidos de Zeus) que exterminem Dioniso, que é enlouquecido, despedaçado e devorado, mas renasce mais tarde e irrompe entre os homens e, especialmente, entre as mulheres com toda a fúria bacante do seu culto, em que a alegria ébria se soma ao despedaçamento de animais e seres humanos, devorados vivos e crus (omofagia). A face entusiástica e arrebatadora do transe, da dança, da música e da profecia revela também o rosto da demência, do irrefreável e da crueldade. Dioniso, como sua encarnação mais conspícua, o vinho, é um deus bifronte, ambíguo e contraditório que celebra a vida e a morte.

Em outras versões, sob o nome de Zagreus, ele surge como fruto da relação entre Perséfone e Zeus, disfarçado sob forma de serpente. O filho nascido dessa cópula foi Dioniso/Zagreus, o qual, depois de ter sido, por ordem de Hera, a esposa ciumenta de Zeus, despedaçado pelos Titãs, teve seu coração levado pela deusa Atenas para Zeus guardá-lo dentro de si próprio e depois implantá-lo na mortal Sêmele que o iria parir e, assim, Zagreus teria nascido duas vezes.

Um dos mitos gregos mais antigos em relação ao deus do vinho seria o de sua origem, de uma cadela branca, a deusa Lua-Hécate, durante o reino de

---

[2] *Ibidem.*

Oresteu, um dos filhos de Deucalião, que sobreviveu numa arca a um dilúvio enviado por Zeus. Segundo Robert Graves, o mito do dilúvio de Deucalião

> assinala uma inundação mesopotâmica do terceiro milênio antes de Cristo, mas também se refere à festa outonal do ano-novo na Babilônia, na Síria e na Palestina. Esta festa celebrava a dádiva de vinho doce novo que Parnapishtim fazia aos construtores da Arca, na qual (segundo a epopeia de Gilgamesh) este e a família escaparam ao Dilúvio enviado pela deusa Ishtar.[3]

Assim, temos ao menos três tradições antigas que se referem a um dilúvio relacionado à origem da vinha e do vinho: na Mesopotâmia, na Grécia e na Palestina judaica. Para Graves, "o mito de um deus enfurecido que decide punir a maldade dos homens provocando um dilúvio parece ter sido uma aquisição tardia feita pelos Gregos aos Fenícios ou aos Judeus", mas, enquanto no mito hebraico de Noé o vinho aparece como uma invenção sua, entre os gregos suprimiu-se "a reivindicação de Deucalião quanto à invenção do vinho, atribuindo-a antes a Dioniso".[4]

Dioniso é um deus nômade, porque, embora tendo nascido supostamente em Tebas, filho da mortal Sêmele, e depois renascido da perna de Zeus, vaga pelo mundo como eterno estrangeiro, mesmo entre os outros deuses, e epidêmico, pois surge onde nunca antes estivera e arrasta para o seu culto mais e mais pessoas que se incorporam aos tíasos (agrupamentos de devotos). Também é epifânico, revelando-se em milagres, arrebatamentos e irrupções inesperadas. Sua múltipla representação na mitologia grega tem sempre em comum o furor, o frenesi, a dança, a alucinação e atos de loucura homicida, inclusive contra os próprios parentes, tais como as mães que matam os filhos ou os maridos. Esse é o caso, por exemplo, das Miníades, as três filhas do rei do Orcômeno, que, em diferentes versões, aparecem sempre negando o culto do deus e sendo enlouquecidas a ponto de devorarem os próprios filhos.

O principal desafio a Dioniso/Baco é identificado como o do interesse do Estado na ordem, como em *As bacantes*, de Eurípides, em que o gover-

---

[3] Robert Graves, *Os mitos gregos*, trad. Fernanda Branco, vol. 1 (Lisboa: Dom Quixote, 1990), p. 127.
[4] *Ibidem.*

nante Penteu é destruído pela fúria dionisíaca por ter ousado tentar proibi-la. Licurgo, rei dos edônios, em Edônios, de Ésquilo, é levado à loucura por ter atacado o culto de Dioniso e mata o próprio filho a machadadas, achando que estava cortando a videira. Esse motivo repete-se na literatura grega.

O adivinho cego Tirésias, em *As bacantes*, anuncia com as seguintes palavras o significado do deus:

> existem para os homens dois princípios fundamentais. Primeiro, a deusa Deméter ou a Terra, qualquer que seja o nome que se lhe dá. Ela é a nutriz, a potência dos alimentos sólidos para os mortais. Vem em seguida, mas igual em poder, o filho de Sêmele, que inventou e introduziu entre os homens o alimento líquido, a bebida extraída da uva: ela acalma as angústias dos pobres humanos quando se fartam do licor da vinha; ela lhes traz a dádiva do sono, esquecimento dos males quotidianos, e não há outro remédio para os seus males. Ele, que é um deus, é servido em libação aos outros deuses, e os homens lhe devem o bem que lhes cabe.[5]

O par Deméter/Dioniso se afirma como uma aliança do grão e da fruta, do sólido e do líquido.

O vinho no sentido estrito, de um fermentado de uvas, é originário da Ásia, provavelmente da região em torno do monte Zagros, no Irã (onde se encontraram os vestígios mais antigos da vinificação), e sua expansão ocorreu há cerca de três mil anos a.C., a partir das civilizações da Antiguidade oriental. O seu deus mais característico no Ocidente, Dioniso, também teria uma origem oriental, nas culturas da Ásia Menor e adjacências, como os trácios e os frígios, ou, segundo a tese de Alain Daniélou,[6] na ainda mais distante Índia védica, onde ele se confundiria com a divindade Shiva. No Egito também podem ser encontrados vestígios muito antigos da produção do vinho, e a figura de Osíris partilha de atributos dionisíacos.

A relação desse tronco mitológico tardio na Grécia, vindo da Trácia e, antes ainda, talvez da Índia, onde se vincularia com Shiva, expressa uma di-

---

[5] Eurípides, *As Bacantes*, trad. Eudoro de Sousa (São Paulo: Duas Cidades, 1974), p. 21.
[6] Alain Daniélou, *Shiva e Dioniso: a religião da natureza e do eros,* trad. Edison Darci Heldt (São Paulo: Martins Fontes, 1989).

vinização do veículo extático, não apenas as bebidas de álcool fermentado como também outras drogas psicoativas, como o ópio, por exemplo, presente na cabeça do tirso (o bastão) de Dioniso, e mesmo resinas de diversas plantas que eram acrescentadas ao vinho.

Robert Graves amplia a abrangência da ebriedade dionisíaca para uma série de outras plantas, além das uvas fermentadas, tais como os cogumelos alucinógenos do gênero *Amanita*, cujo uso remonta a uma Antiguidade pré-neolítica no mundo boreal, com grande importância especialmente no contexto do xamanismo siberiano, e que teria sido também uma das raízes setentrionais dos diversos tipos de devoção extática que confluíram no culto ao deus do vinho e da embriaguez no mundo clássico mediterrânico.[7]

Uma outra raiz do dionisismo e da viticultura grega está presente na ilha de Creta, onde, na época pré-helênica conhecida como período minoico, já se cultivava a uva e se produzia o vinho, talvez, como afirma Carl Kerényi, de uma influência egípcia ou, até mesmo, líbia.[8] Ele identifica também uma relação entre o mel, o vinho e as papoulas. Baco teria "inventado o mel", segundo Ovídio e outras fontes clássicas, o que significaria que a produção do hidromel como bebida inebriante precederia o uso da uva fermentada, daí a importância do termo "mel" na designação da embriaguez em várias línguas indo-europeias.[9]

As papoulas e seu produto, o ópio, também teriam estimulado o que Kerényi chama de a "aptidão visionária" da cultura do minoico tardio, podendo ter sido usadas no preparo da poção dos mistérios de Elêusis (o *kykéon*), além de servir como alimento em geral, de tal maneira que a deusa Deméter era chamada de "campos de papoulas". Na ilha de Creta, ponte

---

[7] Robert Graves, *La comida de los centauros y otros ensayos* (Madri: Alianza Editorial, 1994).
[8] Carl Kerényi, *Dioniso: imagem arquetípica da vida indestrutível*, trad. Ordep Trindade Serra (São Paulo: Odysseus, 2002), pp. 50-51.
[9] "As palavras gregas originais para 'ficar bêbado' e 'embebedar' são *methýein* e *methýskein*. Mais rara e mais tardia é a forma *oinoûn* (derivada de *oînos*, 'vinho'). Cognatos de *méthy* significam 'mel' não apenas em uma série de línguas indo-europeias, mas também no estrato comum indo-europeu/fino-úngrico, como por exemplo as palavras finlandesas *mesi*, *metinen* e a forma húngara *mez*. A palavra germânica *Met* e o vocábulo inglês *mead* significam 'hidromel', e têm paralelos precisos nas línguas nórdicas. Em grego, *méthy* manteve o sentido de 'bebida embriagante', e chegou mesmo a ser usada para designar a cerveja dos egípcios." Em Carl Kerényi, *Dioniso: imagem arquetípica da vida indestrutível*, ibid. p. 33.

entre a Grécia e outras regiões mediterrânicas, floresceu uma cultura exaltadora da natureza, epifânica e visionária, que também teria impulsionado a vinicultura e a adoração de uma divindade a ela relacionada, que expressaria de uma forma mais geral o que Kerényi denomina como "a imagem arquetípica da vida indestrutível".

Baco num tonel, de Peter-Paul Rubens, 1640.
Museo del Hermitage, São Petersburgo, Rússia.

O par Dioniso/Deméter (Baco/Ceres), como representações da vindima e da colheita e, portanto, da sucessão dos ciclos e das estações e das técnicas humanas de sobrevivência, remete o deus do vinho a uma relação com a deusa dos cereais. Juntos e mais a azeitona e seu azeite constituem a trindade alimentar mediterrânica, por excelência: vinho, pão e azeite, e, não por acaso, apropriadas pelo cristianismo vieram a se tornar as três substâncias mais sagradas, representando a encarnação da própria divindade e a unção das consagrações.

O vinho é um presente que tem de ser usado com sabedoria e arte apropriadas. Com sua chegada nos arredores de Atenas, o deus do vinho torna-se hóspede de Icário por uma noite, a quem deixa a muda da vide.

Mas este, após cultivá-la e obter a bebida, serve-a sem que seus convivas saibam o que é a embriaguez e como conduzi-la, e assim eles acreditam ter sido envenenados e assassinam Icário (como é narrado em *Os persas*, de Ésquilo, o qual, segundo Ateneu, não escrevia sem beber).

Com o rei Anfictião, um outro dos filhos de Deucalião, de forma distinta, Dioniso ensina a arte e o culto de beber o vinho, numa maneira amenizada, diluído com água numa "cratera" (recipiente para misturar o vinho com a água), e conquista Atenas e toda a Ática, como narra Homero na *Odisseia*.[10] Os convivas à mesa, como relata Plutarco, pedem ao deus, ao beber, que "o uso do *phármakon* não tenha perigo e seja salutar".[11] O vinho puro podia ser *pigmentatum*, ou seja, acrescido de condimentos diversos, aromáticos, tintoriais ou psicoativos.[12] Diluí-lo em água torna-se o rito distinguidor entre as formas bárbara e civilizada de consumi-lo.

A Grécia domestica a selvageria dionisíaca, o que pode ser evidenciado tanto nas narrativas de suas epifanias, diferenciadas entre um ciclo tebano e outro ático, como na forma de consumo do vinho. Em Tebas, onde teria nascido, o deus revela-se em toda sua fúria e frenesi. Na Ática, ele torna-se o Dioniso "Bem Reto" (*Orthos*), o "senhor da sábia mistura", como escreve Detienne.[13] Na comemoração das Antestérias, em Atenas, a rainha desposa o deus num recinto fechado, tornando-o um protetor da vida conjugal.

O consumo do vinho passa a ser regido por uma noção de mistura com água, o que constitui um modelo de dieta temperada, em oposição ao vinho puro, visto como destemperado e até mesmo perigoso. Os gregos estipularam uma gradação do consumo equilibrado e do excesso alcoólico, como na seguinte passagem de uma comédia de Êubolo (século IV a.C.), intitulada *Dioniso ou Sêmele*:

---

[10] Homère, *L'Odyssée*, trad. Médéric Dufour & Jeanne Raison (Paris: Garnier Frères, 1957), canto XIV, verso 463.
[11] Marcel Detienne, *Dioniso a céu aberto*, cit., p. 66.
[12] "A lista de aditivos é bastante longa: brotos de *Nerum oleander*, óleo de cedro, ramos de zimbro, folhas de hera, cipreste, folhas de louro, agulhas de abeto, tomilho, alecrim, artemísia, hissopo, mirtilo, fruto ou raiz da mandrágora e, possivelmente, beladona, elébore, acônito, ópio e haxixe." Christian Rätsch, *Plants of Love: the History of Aphrodisiacs and a Guide to their Identification and Use* (Berkeley: Ten Speed Press, 1997, p. 111). Em Plutarco, encontra-se, entre outras, resina de pinheiro, aloé, canela, açafrão, buglossa e belenho.
[13] Marcel Detienne, *Dioniso a céu aberto*, cit.

Para as pessoas sensatas, preparo apenas três crateras: uma de saúde (hugieîa), que elas tomam antes; a segunda, de amor e de prazer; a terceira, de sono. Depois de terem esvaziado essa terceira, aqueles que se chamam sábios vão deitar-se. A quarta, eu a ignoro; pertence à insolência. A quinta é repleta de gritos; a sexta transborda de maldades e zombarias; a sétima tem os olhos inchados; a oitava é o meirinho; a nona, a bile; a décima é a loucura (mania).[14]

É como uma maneira coletiva de gerir os estados de êxtase, transe e furor provocados pelos efeitos do vinho e de outras drogas que surge o culto a esse deus, cujas manifestações vão cada vez mais ritualizando e institucionalizando as formas das libações e das comemorações, embora também permanecesse toda uma série de formas regionais, específicas ou secretas de cultos privados.

A partir do século VI a.C., o dionisismo será promovido pelas tiranias, suas festas oficializadas, concursos teatrais instaurados. O caráter popular do culto, que admitia todos os excluídos, tais como escravos, pobres e mulheres, foi conveniente para os que queriam o favor de um campesinato que se constituía em força militar hoplita. A relação de Dioniso com o poder vem desde esse momento e alcança um auge com Alexandre e sua identificação com esse culto.[15]

As festas de comemoração dionisíaca eram ao menos quatro: as Dionisíacas Rurais, as Leneias, as Antestérias e as Grandes Dionisíacas, que eram as mais importantes na Grécia e foram oficializadas desde o século VI a.C. por Pisístrato, com procissões, representações teatrais, cortejos risonhos com jogos (o *komos*, antecessor da comédia antiga), sacrifícios do touro e falofórias (exibição de enorme falo divinizado). As mais antigas eram as Antestérias, do mês desse nome, correspondente ao final de fevereiro, ou seja, anúncio da primavera, das flores e do vinho novo. Com procissões, hinos, danças e coros, cultuavam uma tradição que incorporava as mulheres,

---

[14] Êubolo, *apud* Marcel Detienne, *Dioniso a céu aberto*, cit., p. 88.
[15] Para consultar uma excelente exposição dos mitos, ritos e símbolos do dionismo e de seus significados políticos e sociais e suas transformações históricas, ver José Antonio Dabdab Trabulsi, *Dionisismo, poder e sociedade na Grécia até o fim da época clássica* (Belo Horizonte: UFMG, 2004).

que se anunciava como libertadora (um dos epítetos do deus Eleutério), que era miscigenadora, cosmopolita e que se tornou o culto oficial das cidades. De seus festivais nasceram tanto a tragédia como a comédia, sob a forma de grandes concursos públicos de encenações de peças. Duravam três dias: no primeiro se abria o vinho novo; no segundo dia, o Choes (termo que vem de *chous* e significa jarra de vinho) em que havia disputas de bebedores e o casamento sagrado de Dioniso com a rainha; e o terceiro e último dia era dedicado aos mortos.

Mais tarde, no mundo latino, Baco dará continuidade a formas variadas de culto ao deus do vinho e dos frutos maduros. A proibição oficial das festas báquicas das Antestérias, em 156 a.C. em Roma, é um dos momentos de conflito intermitente entre as autoridades governamentais e a religião do vinho e do êxtase. Os usos do vinho também se consolidam, além dos momentos de festa para uma incorporação nos ritos da vida cotidiana, servindo como um veículo para inúmeros rituais, tais como cerimônias fúnebres ou realização de acordos e a libação, deitar um pouco de vinho sobre a terra ou sobre algo serve como forma universal de consagrar espaços e ocasiões.

O papel de Dioniso é o de um deus domesticador do selvagem, que frequenta as margens e as confunde entre a humanidade e os animais e vegetais, ou seja, entre a natureza e a cultura, e assim permite aos homens se apossarem dos poderes selvagens do transe ébrio cuidando para domesticá-lo, assim como fez com a planta que fornece as uvas e com o processo da sua fermentação.

LIBAÇÕES DE GOTAS SAGRADAS EM HOMERO

A *Ilíada* e a *Odisseia* são alguns dos mais antigos textos da tradição grega, repertoriam um conjunto de narrativas dos dez anos da Guerra de Troia e do retorno de Ulisses para sua casa, em Ítaca, durante outros dez anos de tribulações depois desse evento bélico, ocorrido no século XII a.C. Recolhidos de uma tradição oral de poetas declamadores, os aedos, os textos de ambas as narrativas foram reunidos provavelmente em torno do século VIII a.C. e passaram a ser fontes centrais da cultura helênica do período chamado de micênico, tanto na definição dos deuses, suas origens e seus atributos como na descrição épica dos heróis fundadores de algumas cidades que se tornarão mais tarde as principais cidades-estado da Grécia Antiga, tais como Micenas, Esparta, Argos, Atenas, entre outras.[16]

Em Atenas, no século VI a.C., Pisístrato promoveu uma edição dos dois poemas com uma ordem que se tornará "canônica" desde então. Essa "poesia heroica" homérica celebrando os guerreiros aqueus é o repertório mais importante do pensamento grego antigo, tanto do período de sua escritura no momento de retomada da cultura escrita e da ascensão da cultura helênica como da representação que faz dos eventos ocorridos quinhentos anos antes da época do narrador.

Embora Dioniso praticamente não seja mencionado nos dois poemas homéricos, o vinho também é um dos fios condutores da narrativa homérica. Tampouco Deméter, a deusa das colheitas e paralela ao deus das vindimas, possui relevância em Homero, refletindo a prevalência dos deuses mais antigos do panteão, ligados a vocações bélicas, como Marte, Apolo, Atena, entre outros.

Mesmo sem Dioniso, entretanto, o vinho é de primeira importância. Na *Odisseia*, todas as refeições, o farnel dos viajantes, o provimento dos navios, a recepção dos hóspedes e a devoção aos deuses são feitos com a presença do vinho, que, juntamente com o pão e a carne assada, aparece como o alimento básico (aliás, ao lado do mel e do leite, praticamente os únicos alimentos a serem reiteradamente citados, à exceção de alguma menção esporádica à farinha de aveia, ao queijo e a algumas frutas, como figos e romãs). A prática da dádiva ritualizada por meio da troca de presentes e os festins servidos para hóspedes e visitantes faziam parte de um sistema de representações e símbolos que na "hierarquia das atividades aristocráticas" colocava o banquete "no mesmo plano que as batalhas e outras façanhas".[17] Não havia cerimônia que não tivesse "prendas preciosas" e festins. Sempre que um visitante chegava, tomava-se uma refeição de pão e vinho antes mesmo de saber o seu nome e

---

[16] Da imensa literatura histórica sobre Homero, indico duas obras de síntese: Moses I. Finley, *O mundo de Ulisses*, trad. Armando Cerqueira (Lisboa: Editorial Presença, 1982); *Os gregos antigos* (Lisboa: Edições 70, 1984).

[17] Moses I. Finley, *O mundo de Ulisses*, cit., p. 118.

a razão de sua vinda. O alimento partilhado celebrava não só as relações entre os homens (com a exclusão das mulheres), conhecidos e desconhecidos, como também entre os vivos e os mortos e entre os deuses e os humanos.

O pão e o vinho cotidianos são os alimentos básicos que abrem o dia no desjejum (o canto XVI começa com o amanhecer e, com a chegada inesperada de Telêmaco, que é neto de Laertes e filho de Ulisses, Eumeu, o porqueiro, surpreende-se derrubando os copos, pois estava preparando o vinho para o desjejum) e acompanham todas as refeições. O vinho também aparece como o grande veículo da devoção no dia a dia nos sacrifícios de animais[18] e como libação, ou seja, o derramamento ritual de algumas gotas na terra para consagração aos deuses. Essas "gotas sagradas" são o recurso indispensável em todos os banquetes para se obter os favores divinos.

O consumo carnívoro mediado pelo sacrifício fazia do *mágeiros* um personagem central que reunia as funções do cozinheiro, do açougueiro e do sacrificador e que colocava essa atividade no centro da vida social, servindo como rito necessário para quase todas as celebrações, consultas de oráculos e ofícios religiosos, que chegavam, como em Delfos, a fazer sacrifícios de até cem animais, as chamadas hecatombes, para satisfazer os homens e os deuses. Só se comia um animal caso ele tivesse sido devidamente sacrificado.

No sacrifício, como no de uma novilha, descrito no canto III, feito pelo rei Nestor para Telêmaco, esparge-se a branca farinha e espalha-se o vinho da oferenda. Ao visitar o Hades, Ulisses precisa fazer libações para "todas as almas" três vezes: uma com mel e leite, outra com vinho e a última com água, espalhando por cima a branca farinha de aveia, e só depois do sacrifício de animais é permitido recolher o sangue num buraco onde servirá como bebida para os mortos. Estes, sedentos, acorrem em multidão para Ulisses, que interroga o adivinho Tirésias, que lhe diz que cada morto, se beber do sangue, dirá a verdade, e então ele passa a interrogar desde sua mãe ou Agamenon até Hércules, Tântalo, Sísifo ou Minos, entre outros. O sangue para os mortos, assim como o vinho para os vivos, serve como filtro da verdade.

---

[18] Marcel Detienne & Jean-Pierre Vernant (orgs.), *La cuisine du sacrifice en pays grec* (Paris: Gallimard, 1979) traz diversos textos sobre o tema e uma imensa bibliografia.

Na *Odisseia*, todas as vezes que se bebe, as primeiras gotas são sempre ofertadas aos deuses. O banquete é visto como o auge da felicidade, assim Ulisses define, no verso 10 do canto IX, a "perfeição da vida graciosa":

> alegria e cordialidade por toda parte, filas de convivas regozijando-se cordialmente e ouvindo música, fartura do que comer na mesa, vinho à vontade em uma grande cratera. Creio que isso é a melhor coisa que os homens podem ter.[19]

A cratera demonstra que a lição de Dioniso foi aprendida, a bebida deve ser dosada, diluída e regulada. Impõe-se como sinal de civilidade, seu valor pode ser medido pelo fato de que, sempre que alguém quiser dar o presente mais precioso, dará equipamentos para o vinho: seja Menelau que declara ao jovem Telêmaco: "terás o melhor e mais precioso tesouro que existe em minha casa",[20] a cratera de misturar vinho; seja Alcino quando quer presentear Ulisses, que também lhe oferece um cálice de ouro puro: "a fim de que possa se lembrar de mim todos os dias, quando derramar as gotas sagradas, em seu salão, a Zeus e todos os deuses".[21]

O vinho é onipresente em todas refeições. No canto VI, quando a jovem Nausica sai para lavar roupas com suas servas, sua mãe lhe enche um "cesto de iguarias, tudo que o coração poderia desejar e em muita quantidade, não esquecendo a carne nem um odre cheio de vinho", o qual ela dará para Ulisses que encontra exausto e nu após escapar do naufrágio.

A primeira coisa que faz Telêmaco, ao planejar sair de barco em busca de notícias de seu pai desaparecido, é entrar em sua adega, onde, ao lado de ouro, prata, vestes suntuosas e óleos aromáticos, havia "jarras de delicioso vinho velho, repletas da divina bebida, sem uma gota de água. Estavam em prateleiras, ao longo das paredes, aguardando Ulisses quando ele voltasse para o lar"[22] e se abastecesse com barris desse vinho e com sacos de farinha de aveia.

---

[19] Homero, *A Odisseia (em forma de narrativa)*, trad. Fernando C. de Araújo Gomes (16ª ed. Rio de Janeiro: Ediouro, s/d.), p. 97.
[20] *Ibid.*, p. 52.
[21] *Ibid.*, p. 93.
[22] *Ibid.*, p. 26.

Esse mesmo vinho que os pretendentes de sua mãe, Penélope, desperdiçavam no salão, como é sublinhado muitas vezes, foi o elemento-chave na construção dos nexos condutores da narrativa, pois não só ele é mencionado e celebrado a cada refeição, a cada libação, mas também surge como o principal recurso de Ulisses, o "homem de todos os recursos", para que fosse vitorioso em suas peripécias. A principal delas é a derrota do ciclope canibal Polifemo, que é embriagado e depois cegado por Ulisses e seus companheiros, obtendo assim a fuga, mas também a ira eterna de Posêidon, pois o ciclope era seu filho.

O vinho que Ulisses dá para o ciclope era muito especial e lhe fora dado por

> Maron, filho de Euanto, sacerdote de Apolo, que era o deus protetor de Ísmaro [...] Ninguém sabia da existência desse vinho, nenhum dos servos ou das mulheres, a não ser ele mesmo, sua esposa e um adegueiro. Para beberem este vinho, costumavam derramar um copo em vinte medidas de água, e um cheiro delicioso se espalhava por fora da cratera, algo celestial. Ninguém sentia, então, vontade de ser abstêmio.[23]

Ulisses leva um odre desse vinho em sua jornada, pois "pressentira" que poderia usá-lo contra um inimigo.

O mau uso do vinho, no entanto, é a fonte dos piores males, visto que "costuma atordoar quem abre a boca demais e engole muito". O primeiro a ter sido castigado por ter se embebedado foi o centauro Eurition quando visitou os lápitos no salão de Peirito. Embriagado, ficou furioso e desandou num tumulto e como punição teve o nariz e as orelhas cortados, provocando então uma guerra entre os centauros e os homens.

Ao término da Guerra de Troia, também por estarem "cheios de vinho", os homens convocados para uma assembleia assistiram a Menelau e Agamenon discutirem sobre a volta imediata ou a espera para realização de um sacrifício, levando, assim, a divisão dos guerreiros de retorno em grupos diferentes.

---

[23] *Ibid.*, p. 101.

Depois, após a estadia com Circe, quando seus homens foram transformados em porcos, Ulisses conseguiu libertá-los com exceção de um, Elpenor, que, por ter bebido muito vinho, caiu do telhado, quebrou o pescoço e "sua alma foi para o Hades", onde vai clamar para Ulisses que não deixe seu corpo sem os cuidados devidos.

Várias expressões pejorativas são associadas ao consumo exagerado do vinho: no canto XVIII, Telêmaco diz a sua mãe que os pretendentes irão ficar como o bêbado Iros, que está "com a cabeça caída como a de um bêbado e sem poder levantar-se ou voltar para casa, inteiramente derrotado".

No canto seguinte, Ulisses, ainda incógnito diante de sua mulher, lhe diz que não quer contar sua história porque ela pode não gostar, pensando ser ele um "homem bêbado boiando nas próprias lágrimas".

Dizer que o "vinho subiu-lhe à cabeça" é a maneira de os pretendentes se dirigirem a Ulisses, disfarçado de mendigo. O porqueiro Eumeu, depois de ter recebido esse mesmo mendigo, oferecendo-lhe como parte indispensável da hospitalidade "pão e vinho" e, em seguida, carne assada, também afirma, ao contar sua própria história, que "mais vinho, menos juízo, como sabeis. O vinho faz um homem cantar mesmo quando é um sábio, fá-lo rir e gargalhar e fá-lo contar o que guardava consigo".

O vinho também esconde outras drogas como as de Circe, deusa que vive na ilha de Ajaia, que, junto com o vinho e mel e leite aromatizado, coloca as poções que transformam os homens em animais, às quais Ulisses será imune por proteção direta de Palas Atena. A deusa, depois de um ano de conúbio com Ulisses, o libertará, lhe dará provisões de farinha e vinho e lhe advertirá contra as sereias, Cilas e Caribde e os rebanhos de Hélio, recomendando, entretanto, que, antes de voltar para sua pátria, Ítaca, fosse ao Hades.

Em visita a Esparta e seu rei Menelau, Telêmaco, o filho de Ulisses, após vinte anos de sua partida, ainda chora a incerteza sobre o destino do pai, quando

> a admirável Helena, porém, teve uma ideia feliz. Não perdeu tempo: pôs algo no vinho que estavam bebendo, um remédio poderoso contra o sofrimento e as querelas e que trazia o esquecimento de todos os pesares. Quem quer que bebesse aquilo que fora misturado na cratera de vinho,

não derramava uma lágrima durante todo o dia, nem mesmo se morressem sua mãe e seu pai, nem mesmo se matassem um irmão ou um filho querido diante de seus próprios olhos.[24]

Esse remédio, a rainha Helena obtivera do Egito, terra mais familiarizada com a medicina e os remédios que qualquer outra. Não há nenhuma evidência quanto a qual substância seria, havendo hipóteses de que poderia ser ópio, resina de *cannabis* ou de outras plantas.

O vinho é representado na narrativa homérica em diversos papéis. É um dos alimentos básicos, principal veículo da devoção, na libação e no sacrifício, produtor de alegria e revelador da verdade, ardil na sua potência para qualquer incauto, cabendo a uma boa educação a prática da mistura com água na cratera. O uso descontrolado ou puro leva à desmedida, ao desequilíbrio e ao colapso. Na vida de Ulisses, ele é um dos tesouros guardados que seus rivais dilapidam, é como agradece aos deuses, especialmente Atena, é um estratagema militar que o salva do gigantesco ciclope e é o que ele bebe todos os dias como alimento e fonte de alegria, sendo um produto central da cultura material de um país com regiões pedregosas e vulcânicas, apropriadas para os vinhedos e a viticultura.

BEBER ENTRE GREGOS E ROMANOS

O consumo do vinho foi muito importante no mundo antigo e, pelo menos desde o século X a.C., passou a fazer parte de rituais da realeza assíria. Na Pérsia, igualmente usava-se do vinho de tal forma que, em um dos diálogos de Plutarco, um personagem lembra que "seguimos uma prática persa, senhores, ao falar de política durante o vinho".[25] Mais tarde, em quase todas as cidades-estado da Grécia, o vinho se revestiu de um caráter cerimonial no banquete (*symposion*), imbuído de altos valores formadores da iden-

---

[24] *Ibidem.*
[25] Plutarco, "Charlas de sobremesa", em *Obras morales y de costumbres (moralia IV)*, trad. Francisco Martín Garcia, vol. 109 da Coleção Biblioteca Clássica Gredos (Madri: Gredos, 1987), livro VII, 9.

tidade cultural grega que se sintetizavam, acima de tudo, numa noção de controle diante do excesso, como emblema de sua civilização (e a falange hoplita representaria esse controle e sua eficiência na esfera da técnica militar). O significado de simpósio é simplesmente "beber juntos".

Desde o século XIX vários autores, entre eles Richard Reitzenstein, em 1893, e Josef Martin, em 1931,[26] se dedicaram a estudar os significados da cultura do simpósio[27] na Grécia que, nas palavras de William J. Henderson, seria "um ponto focal de um complexo nexo de atividades e comportamentos"[28] indispensável para se compreender a arte, a literatura, a religião e a história grega. O banquete se constituía de uma parte inicial, da chegada em grupo de seus participantes (*kómos*), da comida (*deipnon*), seguida de consumo de vinho, o *symposion* propriamente dito, em meio a conversações, cantos em coro, espetáculos de música, dança, acrobacia e jogos diversos. Finalmente os participantes saiam num outro *kómos*, numa espécie de cortejo alegre e ruidoso.

Desde o século VII a.C. essas reuniões aristocráticas para se comer, sobretudo para se beber e conversar, se tornaram o espaço mais importante na formação dos cidadãos para se prepararem para suas funções cívicas. Era como um centro de educação do caráter, de debate de ideias políticas e filosóficas e de exercício da expressão pública das emoções de forma controlada, do ensinamento da moderação (*sophrosyne*) em oposição ao descontrole do excesso (*hybris*).

No Império Romano, o uso do vinho foi menos formal, adquiriu uma condição mais popular e passou a ser consumido diariamente como alimento e como psicoativo. Sua importância comercial aumentou e se tornou um dos produtos mais importantes da economia da Antiguidade.[29] As tavernas,

---

[26] Ver Richard Reitzenstein, *Epigramm und Skolion. Ein Beitrag zur Geschichte der alexandrinischen Dichtung* (Gießen: J. Richter, 1893); Josef Martin, *Symposion: die Geschichte einer literarischen Form* (Paderborn: Schöningh, 1931).

[27] Simpósios acadêmicos sobre o *symposion* também já foram realizados em Oxford, em 1984, na McMaster University, em Ontario, em 1989, e na British School de Roma, em 1991.

[28] William J. Henderson, "Aspects of the Ancient Greek Symposion", em *Akroterion: Journal for the Classics in South Africa*, vol. 45, Stellenbosch: University of Stellenbosch, 2000, p. 23.

[29] Norberto Luiz Guarinello, "O vinho: uma droga mediterrânica", em Beatriz C. Labate *et al.*, *Drogas e cultura: novas perspectivas* (Salvador: Edufba, 2008).

muito numerosas, eram um dos locais mais importantes na vida social das cidades romanas, conjugando com a venda de bebidas e outros serviços, tais como a hospedagem e a prostituição, como pode ser visto, por exemplo, nas ruínas de Pompeia e Herculano.

O tema dos efeitos do álcool sobre os seres humanos atraiu atenção particular dos filósofos e dos médicos da Grécia e da Roma antigas. As culturas grega e romana partilharam muitas coisas além do vinho e de sua divindade Dioniso/Baco. Após a expansão imperial romana, o gênero dos banquetes, celebrizado por Platão e Xenofonte, se tornou uma parte importante de uma literatura greco-romana, escrita, em geral, por gregos no mundo romano, como Plutarco ou Ateneu, e um de seus temas mais recorrentes foi a relação da filosofia com os efeitos do vinho.

Ao longo da história da filosofia ocidental, a embriaguez ocupou um papel significativo como um paradigma de um dos estados possíveis da alma, além da vigília, do sono, do sonho, etc. Além de um vício, assemelhado a "glutonice", oferecia um modelo de alteridade da alma, em que primavam aspectos mais alegres, espontâneos, autênticos, emotivos, gregários e vitais, bem como mais furiosos, ferozes, descontrolados e violentos que poderiam revelar a verdadeira face dos homens.

Xenófanes de Cólofon (*c.* 577-*c.* 460 a.C.), considerado o fundador da escola filosófica eleata, deixou as seguintes passagens sobre o banquete em um fragmento:

> após as libações e as preces pedindo a força de agir corretamente [...] não é excesso beber sem desrespeitar os limites, a fim de poder voltar para casa sem auxílio [...] merece um elogio especial aquele que, após ter bebido, puder expressar-se em nobre pensamentos sobre a virtude, tanto quanto lhe permitirem sua memória e seu coração.[30]

Assim como o fragmento 22:

---

[30] Xenófanes de Cólofon, *Os filósofos pré-socráticos*, org. e trad. Gerd. A. Bornheim (São Paulo: Cultrix, 1967), frag. 1, p. 31.

"É próximo ao fogo, durante o inverno, que, alongado sobre macio leito, o ventre bem nutrido, bebendo doce vinho e mastigando gulodices, devemos colocar-nos tais questões: quem és e de onde vens?[...]".[31]

Raros foram os povos entre os quais reinou uma atitude de abstinência e proibição do vinho ou de outras bebidas. Como escreve André L. Simon,

> Confúcio, Platão e todos os sábios do Oriente, do Egito, da Grécia e de Roma abençoaram o vinho e amaldiçoaram a embriaguez, mesmo que, às vezes, algum herético poderoso, Buda, Licurgo, Domiciano ou Maomé, tenham rompido, como é a regra neste mundo, a harmonia entre os humanos.[32]

Entre os gregos antigos o seu uso era tão comum que o pão e o vinho teriam constituído o desjejum (*akrátisma*) cuja própria palavra derivaria de "vinho puro" (*ákratos*).[33] Bías, um dos famosos sete sábios da Grécia, diria acerca de Dioniso que "estando cheio do deus" não temeria enfrentar uma luta.[34]

Uma interpretação que busca compreender a sua importância localiza nas invasões indo-arianas a origem de um complexo de consumo alcoólico intensivo, ligado a camadas guerreiras que investiam o efeito das bebidas de um significado bélico. Da mesma forma que os tupinambás do século XVI usavam o cauim como parte de uma cultura guerreira e antropofágica, os povos das estepes centro-asiáticas, que se espalharam pelo oeste e sul da Eurásia, cerca de 2 mil anos a.C., também possuíram um padrão emulativo e de consumo intensivo de álcool, a chamada embriaguez "de honra" ou "heroica". Os próprios deuses guerreiros eram representados como bebedores contumazes, tais como o grego Ares, o germânico Thor, o persa Varuna e o hindu Indra, e também heróis como o grego Hércules. Em escandinavo antigo, a fúria guerreira e a embriaguez eram denominadas por um só vocá-

---

[31] *Ibid.*, p. 33.
[32] André L. Simon, *Bibliotheca bacchica: bibliographie raisonnée des ouvrages imprimés avant 1600 et illustrant la soif humaine sous tous ses aspects, chez tous les peuples et dans tous les temps* (Londres: Holland Press, 1972), p. xiv.
[33] Plutarco, "Charlas de sobremesa", cit., livro VIII, 6.
[34] Plutarco, "Banquete de los siete sabios", em *Obras morales y de costumbres (moralia II)*, cit., p. 230.

bulo: *ôdr*. Assim, como analisou João Azevedo Fernandes,[35] a embriaguez alcoólica de povos belicosos de pastores nômades destronou os cultos agrários e pacíficos de consumidores de cânhamo ou ópio, substituindo-os por uma tendência alcoólica característica de um novo "ethos guerreiro".

Dionísio em seu barco.
Coleção de antiguidades do Estado, Munique, Alemanha.

Dionísio.
Biblioteca de Artes Decorativas, Paris, França.

O imperador Ciro teria justificado sua precedência ao trono persa em relação a seu irmão pela razão de que estaria mais apto para governar, porque sabia suportar melhor o vinho puro, enquanto o rei Mitrídates, do Ponto Euxino, estabelecera prêmios num concurso de quem bebia e comia mais, os quais ele próprio sempre vencia, pois era "o que mais bebia dos homens de sua época".[36]

As culturas grega e romana foram, em geral, sempre enófilas, ou seja, amantes do vinho e hábeis artesãs da viticultura e da vinicultura, que lhes

---

[35] João Azevedo Fernandes, *Selvagens bebedeiras: álcool, embriaguez e contatos culturais no Brasil colonial*, tese de doutorado (Rio de Janeiro: Universidade Federal Fluminense, 2004), p. 141.
[36] Plutarco, "Charlas de sobremesa", cit., livro I, pp. 74 e 84.

foram trazidas do oriente mesopotâmico e iraniano, onde teriam sido desenvolvidas originalmente. E também foram ambas as culturas guerreiras baseadas num ideal de virtude militar.

As regras do consumo das bebidas alcoólicas na Grécia Antiga variavam conforme o povo e a região. Apenas os espartanos foram abstêmios. Entre os áticos e os demais povos, as reuniões, exclusivamente masculinas, para se beber (simpósios), deviam ser reguladas por um simposiarca que controlava o nível do admissível e dosava a bebida, sempre misturada com água, com esse propósito. O consumo do vinho na Grécia era, sobretudo, parte de um ritual de sociabilidade festiva, pois os gregos, como os etruscos, "não têm o hábito de consumi-lo às refeições, enquanto os romanos logo o reduzirão à classe de uma simples bebida e dessacralizarão quase totalmente suas funções".[37] No banquete grego, a comida era menos importante que o consumo da bebida e, de acordo com Plutarco,[38] nem Platão nem Xenofonte deixaram qualquer registro do cardápio dos banquetes dos quais descreveram os debates filosóficos; e a conversação era acompanhada de uma série de espetáculos, jogos e concursos festivos, com a presença de hetairas, dançarinas e músicos, coroas de flores e perfumes. Platão, no entanto, em *Protágoras*, condenava até mesmo a presença de flautistas:

> onde os companheiros de banquete são homens nobres e bem instruídos não verás nem flautistas, nem bailarinas, nem harpistas, mas eles mesmos são capazes de relacionar-se [...] mediante sua própria voz, falando e escutando ordenadamente em turnos, mesmo que bebam muitíssimo vinho.[39]

Roma, segundo alguns historiadores, não tinha a mesma cultura do banquete existente na Grécia, onde a bebida era consumida em torno aos discursos poéticos ou eróticos:

---

[37] Jean-Louis Flandrin & Massimo Montanari, *História da alimentação*, trad. Luciano Vieira Machado & Guilherme J. de Freitas Teixeira (São Paulo: Estação Liberdade, 1998), p. 110.
[38] Plutarco, "Charlas de sobremesa", cit., livro VI, p. 264.
[39] Platão, *Protágoras*, 347c, *apud* Ateneu, *Banquete de los eruditos*, trad. Lucía Rodríguez-Noriega Guillén, vols. 257 e 258 da Coleção Biblioteca Clásica Gredos (Madri: Gredos, 1998), p. 97 B.

Os romanos jamais adotaram o *symposion* grego em que aquele que bebe é possuído pelo vinho e recebe em seus corpos divindades, como Eros, Dioniso ou as Musas [...] O banquete romano serve aos convivas, ao mesmo tempo, a carne e o vinho; este não é uma droga sagrada, mas, simplesmente, uma bebida, ainda que um tanto especial.[40]

As comédias de Plauto e Terêncio mostram um panorama ilustrativo de uma vida de busca dos prazeres desde os séculos III a.C. e II a.C., atribuída, nessa época, a uma suposta influência grega: "viver à grega" torna-se, não sem uma boa dose de hipocrisia, uma expressão comum para designar a busca do hedonismo, do luxo e da devassidão como algo supostamente estrangeiro.[41] Por outro lado, mesmo que os banquetes tenham se vulgarizado e perdido aspectos mais formais da tradição grega, o gênero "simposístico" subsistiu na época imperial romana, especialmente nas narrativas de autores gregos, como Plutarco ou Ateneu, que viviam e participavam, no entanto, da sociedade e dos banquetes de Roma.

Em Roma, o vinho era consumido em larga escala, em média meio litro diário por habitante. Consagrado pelo Código Justiniano, fazia parte da ração dos soldados (a "posca", um vinho azedo e água). Com uso apenas masculino, como escreveu Friedrich Nietzsche,

> havia entre os antigos romanos a crença de que a mulher só incorria em pecado mortal de duas maneiras: cometendo adultério ou bebendo vinho. Catão, o velho, pretendia que o costume de beijar-se entre parentes tinha essa origem. Era um meio de vigiar as mulheres; o beijo significava: cheiram a vinho? E se chegou a castigar com a morte as mulheres surpreendidas bebendo vinho; mas não certamente porque as mulheres, sob a influência da bebida, se esqueciam às vezes de dizer que não. O que os romanos temiam era a influência do sopro orgiástico e dionisíaco que ainda inflamava de vez em quando as mulheres do sul da Europa, então

---

[40] Florence Dupont, "Gramática da alimentação e das refeições romanas", em Jean-Louis Flandrin & Massimo Monatanari, *História da alimentação*, trad. Luciano Vieira Machado & Guilherme J. de Freitas. São Paulo: Estação Liberdade, 1998.
[41] Catherine Salles, *Nos submundos da Antiguidade*, trad. Carlos Nelson Coutinho (3ª ed. São Paulo: Brasiliense, 1987).

quando o vinho ainda era uma novidade, isto é, algo assim como uma monstruosa manifestação antinacional que comovia os alicerces do patriotismo romano. As mulheres beberem vinho era, para eles, como uma traição a Roma, uma assimilação ao estrangeiro.[42]

A pena para as mulheres que bebessem vinho era a morte e era lícito que o próprio marido a executasse.

A literatura moralista clássica sobre os efeitos do álcool sempre primou por um relativismo; sua aparente ambiguidade em destacar o vício, assim como a virtude do estado de embriaguez, é análoga à que ocorre em outras culturas, como as referências ao vinho na Bíblia, também múltiplas, contraditórias e ambivalentes, ou na tradição islâmica (onde também despontam apologistas do vinho como Omar Khayyam, por exemplo, que será citado no capítulo "Islã, Alcorão e bebidas fermentadas"). Se a embriaguez diminui o controle sobre si próprio e sobre o uso da razão, ela desvela assim a verdade oculta das pessoas que desvestem suas máscaras (*persona*) e tornam-se mais sinceras e verdadeiras. "O bronze reflete a aparência e o vinho é o espelho da alma", dizia Ésquilo. Para Plutarco, o vinho libera a alma da servidão, da angústia e da mentira e ensina aos homens, em suas relações mútuas, a verdade e a franqueza. São inúmeros os provérbios que associam o vinho à verdade, como o *In vino veritas* (No vinho está a verdade). Os acordos concluídos em torno do consumo do vinho eram tidos por invioláveis e sagrados para os antigos romanos.[43] Filocoro, segundo Ateneu, dizia que "os bebedores não só se mostram tal qual são, como também colocam em evidência a todos os demais, provocando um excesso de franqueza".[44]

As descrições de Petrônio,[45] especialmente as passagens referentes ao banquete promovido pelo escravo liberto e tornado milionário, Trimálquio, são ricas em figurar os usos excessivos da comida e do vinho na época do imperador Nero, como também mostram como a força libertadora de Baco

---

[42] Friedrich Nietzsche, *La gaya ciencia*, trad. Roberto Ganiz (México: Editores Mexicanos Unidos, 1994), pp. 83-84.
[43] Walter F. Otto, *Dionysos: le mythe et le culte* (Paris: Gallimard, 1992).
[44] Ateneu, *Banquete de los eruditos*, cit., p. 37 F.
[45] Petrônio, *Satiricon*, trad. Marcos Santarrita (São Paulo: Abril Cultural, 1981).

era respeitada quando, diante de um escravo que servia uvas aos convidados, o anfitrião declarava: "Baco liberta-te!", concedendo-lhe assim a alforria.

O vinho perpassa toda a narrativa. Trimálquio, o ex-escravo que se tornou afortunado milionário, começou sua riqueza comerciando navios carregados de vinho e ordena em seu testamento ter em sua tumba ânforas cheias de vinho. O vinho tem usos ritualísticos protetores: é jogado em baixo das mesas e aspergido sobre as lamparinas quando há um mau augúrio, como o cantar de um galo; e medicinais: ele serve para tratar feridas e é bebido às refeições e fora delas, puro ou misturado com água, com mel, com resinas.

Se o excesso no consumo era um sinal de um caráter bárbaro e descontrolado, a abstinência também era malvista na Grécia Antiga (à exceção de Esparta), assim como em Roma, havendo pouca enofobia. Tanto no mundo helênico como no romano, a bebida alcoólica e seus efeitos ofereciam uma espécie de medidor da capacidade de cada um se autocontrolar: "assim como o comportamento sexual, a relação das pessoas com o álcool há tempos é um meio de se aferir a moralidade ou a imoralidade entre países, sexos, classes sociais, religiões e grupos políticos diferentes".[46] Nesse sentido, reconhecia-se na embriaguez uma prática social legítima, cujos excessos abusivos não poderiam comprometer usos positivos e benéficos, sabedoria que ficou perpetuada num provérbio jurídico e moral latino: *Abusus non tollit usum* (O abuso não impede o uso). Sua virtude de poder exatamente medir, nos seres humanos, essa fronteira do uso e do abuso, fazia da embriaguez um indicador moral, um instrumento de aferição da prudência e da temperança em cada indivíduo. E constituía também uma fronteira cultural entre a civilização e a barbárie: em Roma, segundo Petrônio,[47] havia o provérbio "beber como um trácio" para o beber excessivo.

E a forma de se beber temperadamente era acrescentando-se água ou, na verdade, ao contrário, como descreve Xenófanes no fragmento 5: "ao misturar na taça, ninguém derramaria primeiro o vinho, mas a água, e sobre esta o vinho". Essa prática, que a mitologia atribuiu ao ensinamento dionisíaco, difundiu-se, tal como mencionado no capítulo "O deus da embria-

---

[46] Rod Phillips, *Uma breve história do vinho*, trad. Gabriela Máximo (Rio de Janeiro: Record, 2003), p. 87.
[47] Petrônio, *Satiricon*, cit.

guez: Dioniso/Baco", como o elemento que distinguia o uso civilizado do selvagem, a verdadeira fronteira entre uma embriaguez controlada e a desmedida. Muitas são as narrativas que descrevem essa adoção do costume de pôr água no vinho, como esta passagem de um dicionário do século XVIII:

> Escreve Plínio que certo homem chamado Staphilo foi o primeiro que deitou água no seu vinho. A Amphitryo, rei de Atenas, dá Ateneu a primazia deste tempero ou temperança. A fábula que a este propósito foi inventada diz que Baco, ferido de um raio e feito uma brasa viva, fora logo lançado no banho das Ninfas para apagar o fogo em que estava ardendo.[48]

Já vimos como essa narrativa de Anfictião (grafado Amphitryo por Raphael Bluteau) da boa domesticação do poder da embriaguez se opõe a outras, de maus gestores dos poderes de Dioniso e assim punidos por sua negligência ou recusa ao deus, tais como as Miníades, Penteu, Licurgo e Icário. A água do mar também era comum se misturar com o vinho, pois, segundo Ateneu: "os vinhos misturados muito cuidadosamente com água do mar não produzem ressaca, soltam o intestino, estimulam o estômago, provocam flatulências e ajudam a assimilação da comida".[49]

Tais atitudes de busca do equilíbrio diante dos prazeres em geral, e da embriaguez em particular, perpassam a cultura grega, enquanto no mundo romano, ao contrário, predominam visões hedonistas do excesso ou puritanas e estoicas da máxima contenção. O significado do consumo de bebidas, assim como outros prazeres chamados de vícios (sempre os da carne, em geral, além da bebida, a gula e a luxúria), na atração irresistível que exercem em Roma, pode ser medido pela afirmação de Plínio, que, diante "do poder embriagador das bebidas feitas com cevada, escreveu que 'a admirável habilidade dos vícios descobriria até o modo de embriagar com água'".[50] Dentre as correntes defensoras da abstinência alcoólica, destaca-

---

[48] Raphael Bluteau, *Vocabulario portuguez e latino* (Coimbra: Collegio das Artes da Companhia de Jesus, 1712-1728), p. 503.
[49] Ateneu, *Banquete de los eruditos*, cit., p. 32 E.
[50] Plínio, *apud* Bernardino Ramazzini, *As doenças dos trabalhadores*, trad. Raimundo Estrela (2ª ed. São Paulo: Fundacentro, 1999), p. 128.

-se na Antiguidade romana a dos estoicos, cujas ideias em parte influenciaram as do cristianismo.

Em Roma, no século I, viveu Epicteto que fora escravo de um servo do imperador Nero e que, liberto sob Domiciano, se tornou um dos autores mais importantes da escola estoica com o seu muitas vezes traduzido *Manual de Epicteto*. No capítulo 70, ele lembra, no entanto, que a própria abstinência deve ser discreta e isenta de orgulho e que não deve se ostentar a própria frugalidade: "Se vives sóbria e temperadamente, não te ensoberbeças por isso; e, se não bebe vinho, não digas logo com qualquer ocasião que bebes água".

A abstinência foi, entretanto, uma posição claramente minoritária na Antiguidade clássica, prevalecendo ao longo da cultura grega e da latina um ideal de moderação, identificado fortemente com o modelo da temperança, como ingestão apenas do necessário. O "nada em demasia" foi um lema atribuído a todos os sábios da Grécia.

Veremos, a seguir, como se manifestam o vinho, a embriaguez e a abstinência em alguns dos autores clássicos do helenismo – Heródoto, Hipócrates, Aristóteles, Galeno – e especialmente naqueles que se destacam na literatura "simposística" – Platão, Plutarco, Ateneu e também Epicuro, assim como no seu discípulo latino Lucrécio – e, depois, nas tradições judaica, cristã e islâmica e, principalmente, nas correntes renascentistas e ilustradas do pensamento médico e filosófico moderno que retomam o fio de continuidade entre esses autores antigos e o início da Era Moderna, chegando até o período contemporâneo do surgimento do proibicionismo estatal e das noções médicas e morais do alcoolismo.

O VINHO NA HISTÓRIA DE HERÓDOTO

O primeiro cronista da Antiguidade a buscar estabelecer critérios claros e explícitos de aferição da verdade, discriminando, metodologicamente, o testemunho pessoal do narrador dos relatos de terceiros, teria sido Heródoto de Halicarnasso (c. 480-420 a.C.), conforme uma antiga tradição do pensamento ocidental que o denominou "pai da História" (Cícero teria sido o primeiro a assim denominá-lo). Apesar de toda a sua aceitação do papel do destino, indicado por oráculos e seus intérpretes, e de muitos aspectos sobrenaturais, teria buscado expor o desenrolar dos eventos a partir de uma narrativa com pretensão de objetividade e de compreensão dos motivos intrínsecos e racionais que movem as ações humanas, mesmo quando elas são consequências de sua submissão às paixões.

Tal visão não deixou de ser objeto de críticas, não só de Tucídides, que estabeleceu que o "ouvir dizer" não poderia ser um critério de conhecimento da verdade histórica, pois exigiria o testemunho ocular direto, como também de diversos outros autores gregos, sobretudo Plutarco, que o acusou de "filobarbarismo" e de mentir sobre as origens de muitos aspectos da cultura helênica, especialmente em relação a uma origem estrangeira dos principais deuses do panteão olímpico. Mais tarde, na época da Ilustração, autores como Voltaire viram nele o "mitólogo" que conta relatos fabulosos sem distinção real do factual e do imaginário.[51]

Busto de Heródoto, de André Thevet, 1585.

---

[51] François Hartog, Le miroir d'Hérodote: essai sur la représentation de l'autre (Paris: Gallimard, 1980).

Em sua exposição das causas e do desenvolvimento dos conflitos que opuseram gregos a persas, levando a uma disputa entre Europa e Ásia, cujas consequências moldaram a história antiga e sucedânea, pois, segundo Hegel, nela o "princípio asiático" foi derrotado, encontra-se um lugar considerável para o vinho, seus efeitos de embriaguez, suas diferentes formas de consumo e seus significados entre diversos povos.

Seu relato, no entanto, revela tanto sobre os outros como sobre si mesmo, ou seja, a visão de um grego do século V a.C. É como um "espelho", na expressão que François Hartog usa para o título de seu livro O *espelho de Heródoto*, em que Heródoto vê os outros povos e os constitui num quadro ideológico que funda a visão ocidental da história. Os egípcios são ancestrais, o "povo mais antigo", para onde os sábios gregos, como Pitágoras, sempre viajaram em busca da sabedoria, de onde vieram inclusive os deuses gregos. Os persas são déspotas, império de maior tamanho, mas derrotados diante do inimigo grego.

De todos os povos descritos por Heródoto, os citas, de origem iraniana, são certamente o modelo de alteridade máxima (como os indígenas da América seriam, talvez, para a época moderna). Sem um território definido nem cidades, "são os povos mais novos" e habitavam das margens orientais do Danúbio e da costa norte do Mar Negro até o que é hoje o interior da Rússia e da Ucrânia. Nômades, boreais, cruéis e sanguinários, levavam os escalpos dos inimigos amarrados no pescoço de seus cavalos para limpar as mãos e usavam seus crânios como taças para beber. São eles que, apesar (ou, como será visto ainda neste capítulo, exatamente por essa razão) de recusarem o deus Dioniso e de não terem viticultura em suas terras, se tornaram para os gregos um símbolo de excesso no beber ("beber como um cita" era proverbial), tanto os homens como as mulheres.

Há uma relação direta, entre os citas, do sangue com o vinho. O jovem guerreiro deve beber o sangue do primeiro inimigo que matar. Só quem já matou, derramando sangue, tem direito a beber vinho e quem já matou mais tem direito a beber mais. E, nos juramentos para selar pactos, isso fica ainda mais evidente, pois deviam beber seu próprio sangue misturado ao vinho puro numa jarra na qual mergulhavam "uma cimitarra, flechas, um machado e um dardo".[52]

Dentre os diversos povos reunidos por Heródoto sob a denominação de bárbaros, os citas parecem ser os mais rudes e também os mais amigos da embriaguez, pois essas duas características convergem na sua descrição dos povos e seus costumes.

Os seus hábitos em geral, e sua forma de beber em particular, vão definir uma importante fronteira cultural que se constituirá, para os gregos, num modelo de se beber oposto ao dos citas. Em vez de descontrole, a medida e a mesura, que se constituem na prática de se acrescentar água ao vinho e em considerar o vinho puro perigoso. Os gregos atribuíram o enlouquecimento de Cleômenes, de Esparta, ao seu costume de beber vinho puro, adquirido no convívio com os citas, o que os levou os gregos a dizer uns aos outros quando iam beber vinho puro: "imitemos os citas".

Apesar de conseguirem penetrar na Média (atual Irã) e dominar a região por quase três décadas, a predileção dos citas pela embriaguez os levou a serem destruídos por Ciaxares, por meio do ardil de um banquete em que os citas foram embriagados para depois serem massacrados e, em seguida, expulsos de volta para o norte.

Foram também os citas os primeiros a terem um registro sobre o uso do cânhamo, como um meio de se obter uma forma de embriaguez, na célebre passagem do capítulo IV, a primeira da literatura ocidental sobre essa planta, em que Heródoto descreve o modo de usá-la, jogando-a sobre pedras em brasa no interior de uma tenda e respirando assim os vapores emanados por sua combustão.

Por outro lado, os citas não aceitavam um deus que presidisse a embriaguez: "os citas reprovam aos gregos a celebração de bacanais e julgam contrária à razão a ideia de um deus que leve os homens a tais extravagâncias",[53] e assim, quando o seu rei Cílis foi iniciado no culto dionisíaco, os citas o substituíram no poder pelo seu irmão, Octamasada. No *Banquete dos sete sábios*, de Plutarco, no século II da Era Cristã, um dos sábios presentes no

---

[52] Heródoto, *apud* François Hartog, *cit.*, p. 205.
[53] *Ibid.*, p. 208.

banquete imaginário é o cita Anacarsis, que, perguntado se entre o seu povo havia flautistas, respondeu "tampouco vinhedos". O fato de não cultivarem a vinha, não dominarem a vinicultura e não aceitarem Dioniso não significa que não bebessem, e muito.[54]

O próprio Dioniso, para Heródoto, teria uma origem egípcia e corresponderia a Osíris. Apesar disso, ele também afirma,[55] equivocadamente, que no Egito "não há vinhas" e, por isso, eles bebem cerveja. Em seus festins haveria um costume de fazer circular um caixão com uma figura de madeira representando um morto, que era exibido aos que bebiam com a exortação de aproveitar aquele momento antes de morrer.

Heródoto começa sua narrativa descrevendo como o rei Creso, da Lídia, terra na Anatólia de inventores de jogos e cunhagem de moedas, localizada entre gregos e persas, ao encontrar o sábio Sólon, da Grécia, acreditou poder afirmar-lhe ser o homem mais feliz do mundo, ao que o sábio grego respondeu-lhe que só depois da morte esse julgamento poderia ser feito. Sua arrogância o levaria, mais tarde, a ser derrotado e subjugado pelos persas.

Em primeiro lugar, destaca-se na narrativa de Heródoto um uso que poderia se chamar de "militar" do vinho, como estratagema ou ardil para capturar ou matar inimigos. Esse modo de astúcia militar não assume a forma do combate direto e franco, mas a da dissimulação, da sedução e do engano. O rei Ciaxares e seu povo (os medos), como mencionado anteriormente, utilizaram-se de tal recurso para eliminar os citas que detinham o "império da Ásia". Os persas da mesma forma agiram contra os masságetas, outro povo de língua iraniana, que, bêbados e adormecidos, foram trucidados, levando sua rainha Tómiris a enviar um arauto para o soberano persa, Ciro, para exigir-lhe a devolução de seu filho capturado, com as seguintes palavras:

---

[54] Os tradutores e comentadores da edição espanhola de Plutarco, Concepción Morales Otal e José García López, na nota referente a essa passagem interpretam-na, a meu ver, erroneamente, como se se tratasse de um "tema da sobriedade dos citas" presente em Heródoto, o que nunca ocorre, pois a ausência de vinhas e de culto a Dioniso não impede nunca que eles sempre sejam mencionados pelo historiador como grandes bebedores. (*Ibidem.*)

[55] Heródoto, *História,* trad. José Brito Broca e estudo crítico de Vítor de Azevedo (Rio de Janeiro: Ediouro, s/d.), p. 108.

Príncipe sedento de sangue; que este sucesso não te envaideça; não o deves senão à cepa da videira, a esse licor que nos torna insensatos e que nos penetra no corpo para refluir aos lábios em palavras incoerentes. Levaste de vencida meu filho, não numa batalha e pela força das armas, mas pela atração do veneno sedutor.[56]

O filho da rainha não foi devolvido, mas suicidou-se ao acordar da embriaguez e perceber, envergonhado, que era prisioneiro. O próprio Ciro, apesar do êxito da armadilha com o vinho, acabou morrendo depois nas mãos do exército dessa rainha, que profanou seu cadáver mergulhando-lhe a cabeça em um balde cheio de sangue humano.

Os masságetas eram apreciadores não só do vinho como de uma árvore (não identificada) "cujo fruto deitam ao fogo, em torno do qual se reúnem para aspirar-lhe os vapores. Esse vapor embriaga-os, como o vinho aos gregos; e, quanto mais frutos atiram ao fogo, mais se embriagam, até o momento em que se levantam e se põem todos a cantar e a dançar".[57] Do mesmo modo, os persas faziam uso amplo do vinho e também eram vítimas de armadilhas quando bebiam em demasia na companhia de seus adversários e comportavam-se inadequadamente, como ocorreu com sete emissários do general Megabizo junto a Amintas da Macedônia, que, "tocados pelo vinho [...] que despertou-lhes a alegria",[58] desrespeitaram as mulheres macedônias e foram por isso assassinados.

Embriagar os guardas era uma das formas mais fáceis, aparentemente, de os prisioneiros empreenderem a fuga. Assim ocorreu com o grego Fanes para escapar do soberano egípcio Amásis e também com os irmãos do filho morto do arquiteto do rei egípcio Rampsinito, cujo cadáver queriam recuperar e, para isso, usaram odres cheios de vinho para atrair os guardas e neutralizá-los.

Os colofônios, asilados em Esmirna, ao perceberem que o povo festejava a festa de Baco fora da cidade, também aproveitaram esse descuido para se apoderarem dela. Os persas, por sua vez,

---

[56] Ibid., p. 87.
[57] Ibid., p. 84.
[58] Ibid., p. 244.

tem o hábito de deliberar sobre os negócios mais sérios depois de beberem muito; mas, no dia seguinte, o dono da casa onde estiveram reunidos traz novamente à baila a questão, antes de começarem a beber de novo. Se aprovarem, ela passa; se não, abandonam o assunto. Às vezes, entretanto, dá-se o contrário: o que decidiram antes de beber passam a discutir novamente durante a embriaguez.[59]

Diferentemente dos gregos que bebem para revelar a verdade, mas não para tomarem decisões, os bárbaros transgrediriam essa fronteira entre uma esfera da sobriedade que exige a plena razão e uma outra do arrebatamento de si pela força da ebriedade.

Entre os persas também, como entre os gregos, o vinho é um "filtro da verdade", um soro da sinceridade, que leva a dizer o que realmente se pensa, mesmo sem querê-lo, como é o caso ocorrido no banquete que Atagino de Tebas realizou para distinguidos tebanos e persas, e um destes últimos declarou a Tersandro de Orcômeno, após amplas libações, que achava que dos persas lá presentes quase nenhum sobreviveria dentro de pouco tempo, pois seriam derrotados pelos gregos.

Esses usos parecem universais entre os povos listados. Entre os cários, "constitui ato muito honesto o reunirem-se para beber, homens, mulheres e crianças, pela ordem da idade ou grau de amizade".[60] Os egípcios bebem mais vinho na festa em Bubástis dedicada a deusa Diana do que em todo o resto do ano e também deitam vinho sobre o altar do animal sacrificado. Os ictiófagos da África reconhecem que somente no vinho os persas são superiores aos etíopes.

A importância do uso correto do vinho como elemento central na identificação do valor dos indivíduos pode ser aferida na forma pela qual um pai grego selecionava o seu futuro genro. No julgamento dos pretendentes da sua filha, o grego Clístenes avaliou, sobretudo, o comportamento deles nos festins. Este talvez seja o papel social mais importante do vinho: aferidor da moralidade pública, um medidor do caráter de cada um e, portanto, um

---

[59] *Ibid.*, p. 68.
[60] *Ibid.*, p. 77.

instrumento valioso de avaliação da virtude e da reputação. Assim, o enlouquecimento do rei Cleômenas, em seus desvarios, não teria sido para os espartanos um castigo dos deuses, mas o resultado direto da sua demasiada predileção pelo vinho.

A pioneira etnografia de Heródoto observava múltiplos usos possíveis do vinho, desde seu emprego como ardil militar para enfraquecer adversários até sua utilização como um expositor do caráter, que de outra forma permaneceria oculto dos seus usuários, não havendo nunca um julgamento acerca de um valor que pudesse ser intrínseco à bebida em si mesma. A bebida é sempre relativizada pelo contexto, pelo usuário e suas intenções e por sua constituição física ou até mesmo origem.

Essas passagens sobre o vinho e outras bebidas na narrativa de Heródoto são tanto uma rica fonte de informações sobre os costumes dos diferentes povos antigos, mesmo que sob o prisma distorcido de um olhar externo, como, sobretudo, uma expressão de uma implícita postura moral do próprio narrador que traduz uma atitude coletiva em sua época que já tratava de denunciar os perigos dos maus usos dos inebriantes para os que usassem deles imprudentemente, exaltando, no entanto, os que soubessem fazer da prudência nas formas de beber uma regra de vida. Estes últimos seriam exatamente os gregos que, de todos os povos, seriam os que melhor saberiam usar o vinho de maneira civilizada e honrar devidamente o seu deus Dioniso, cuja adoção trazia junto de si toda uma arte de beber de modo correto, constituindo assim no domínio da embriaguez, sem por ela ser dominado um paradigma do autocontrole em geral.

HUMORES E VAPORES DE HIPÓCRATES

Dioniso era representado também como médico, o grande curador. Na *Ilíada*, Homero apresenta Nestor usando vinho para Macaonte, ferido no ombro direito, "porque é um grande remédio contra as inflamações".[61]

---

[61] Homero, *apud* Ateneu, *Banquete de los eruditos*, cit., 10 A.

Íon de Quis, segundo Ateneu, escreveu que o vinho

> é coisa utilíssima em medicina, pois se mescla com os fármacos bebíveis e proporciona socorro aos feridos; nas reuniões de todos os dias, aos que o bebem com moderação e misturado, bom humor; em troca, se te excedes, insolência. Se o tomas meio a meio, provoca delírio; se puro, paralisia dos corpos. Por isso também por toda parte se chama a Dioniso de Médico.[62]

Um oráculo da Pítia, a sacerdotisa de Apolo no templo de Delfos, ao ser perguntado sobre como fazer para se combater o calor, ao que chegou a "ordenar aos atenienses [...] render culto a Dioniso como médico".[63] Os próprios médicos serão justamente os primeiros a usar do vinho como remédio, tanto para a cura de males específicos quanto para fazer parte de uma dieta, tal como todos os alimentos, de um modo e de uma quantidade adequados, que, junto com os exercícios, era parte central dos instrumentos da medicina.

Hipócrates (460 a.C.-370 a.C.) foi um grande médico grego, nascido na ilha de Cós, que ensinou medicina em Atenas e fez da corporação dos asclepíades (do deus Asclépio) um sinônimo da própria medicina. Pela primeira vez estabeleceu-se um critério médico quase inteiramente racional e baseado na observação dos sintomas, que indicariam um diagnóstico, um prognóstico e uma terapia adequada. Os textos a ele atribuídos fazem parte, provavelmente, da obra de um conjunto mais amplo de seguidores de uma escola que ajudou a fazer do *Corpus Hippocratum* a mais importante compilação do saber médico da Antiguidade.[64]

Conforme a teoria humoral, codificada nesses textos, considerava-se o vinho como uma substância quente e seca e, portanto, o oposto da água que seria fria e úmida. O calor e o ressecamento produzidos pelo vinho conviriam apenas aos temperamentos carentes dessas qualidades. Tal opinião diferia, por exemplo, da de Heráclito (século VI a.C.-V a.C.), que considerava que "o homem ébrio titubeia e se deixa conduzir por uma criança, sem saber para onde vai; pois úmida está a sua alma".[65]

---

[62] Ateneu, *Banquete de los eruditos*, cit., 36 AB.
[63] Ateneu, *Banquete de los eruditos*, cit., 22 E.
[64] Ver Jacques Jouanna, *Hippocrate* (Paris: Fayard, 1992).
[65] Heráclito, "Doxografia", em *Os filósofos pré-socráticos*", trad. Gerd A. Bornheim (São Paulo: Cultrix, 1967), p. 43.

O equilíbrio entre a água e o fogo no interior dos corpos definiria não apenas a saúde como também os temperamentos característicos. O fogo move e a água nutre. Do fogo mais intenso depende a alma, a inteligência, o pensamento, o crescimento, a diminuição, o movimento, a alteração, o sono ou o estar desperto. Como a alma pode tornar-se melhor ou pior de acordo com a dieta, o uso do vinho deve ser indicado apenas para alguns. Aqueles que forem demasiado dominados pelo fogo, cuja alma é muito vivaz, podem até mesmo enlouquecer em momentos de embriaguez ou de excessos sexuais ou de consumo de carnes. As mulheres, que seriam mais frias e úmidas, também seriam geradas por uma dieta mais úmida e suave, enquanto os homens, mais secos e mais afins ao fogo, nasceriam e seriam formados por dietas e comportamentos mais quentes, secos e duros.

Os estados de calor e frio, de secura e umidade e os elementos do universo (fogo, água, ar, terra) correspondiam-se com quatro órgãos (coração, fígado, baço e cérebro) e suas secreções, chamadas "humores" (sangue, bílis amarela, bílis negra, fleuma), constituindo assim os quatro temperamentos característicos (sanguíneo, colérico, melancólico e fleumático). As regiões muito aquosas ou marítimas favoreceriam a fleuma, relacionada às águas e à umidade, e a melancolia harmonizar-se-ia com a terra, também fria e úmida. O sangue, em sua fluidez e quase efervescência, seria incentivado pelo ar abundante e pelos ventos, e a cólera, produto da bílis amarela do fígado, se identificaria ao fogo e, portanto, às regiões quentes, ambos constituindo as substâncias prevalecentes dos temperamentos ativos e expansivos. As emoções seriam, assim, a causa, mas também o resultado do predomínio de determinados humores: o medo e a tristeza esfriam e ocorrem mais entre os melancólicos e fleumáticos, a ira e o ardor afetivo aquecem e são típicos dos coléricos e sanguíneos.

Esse sistema de pensamento, conhecido como teoria humoral, relacionando os corpos e a natureza, o micro e o macrocosmos, marcou toda a medicina ocidental nos quase 2.500 anos que se seguiram a Hipócrates, destacando a superioridade dos produtos oriundos de regiões quentes, pois: "todos os alimentos que provêm das zonas áridas, secas e tórridas são mais secos e mais caloríferos e trazem mais vigor ao corpo, porque são mais pesados, mais densos e mais nutritivos com o mesmo volume, do que aqueles que vêm de regiões úmidas, chuvosas e frias".[66] O sol, como fonte do calor e da vida, incorporaria seu poder vital nas plantas que aquece e ilumina.

As causas da maior parte das doenças no mundo antigo eram, assim, atribuídas à umidade e ao frio, enquanto a superioridade do calor e da secura se evidenciava pela sua aproximação, respectivamente, do verão e do outono, da juventude e da maturidade, do meio-dia e da tarde, em contraste com o frio e a umidade, característicos do inverno e da primavera, da noite e da manhã, da velhice e da infância. As especiarias foram especialmente valorizadas por serem consideradas extremamente quentes e secas. O vinho, na Antiguidade, recebia, além das especiarias, muitas resinas e por isso era chamado, em Roma, de *pigmentatum* e concentrava as qualidades do calor e da secura, devendo, além disso, ser convenientemente diluído com água, por vezes até mesmo a água do mar.

Embora os produtos banhados pelo sol fossem melhores e o povo mais são fosse o egípcio, pois lá haveria menor mudança de estações e seriam essas mudanças a maior causa das doenças, o esforço da etnografia médica hipocrática, assim como o da etnografia de Heródoto, é sempre demonstrar uma superioridade grega, comparando a coragem grega com a falta de coragem dos bárbaros, como expressão de uma diferença entre Europa e Ásia, no que diz respeito à natureza e aos costumes que delas derivam. Jacques Jouanna[67] compara Hipócrates com Heródoto mostrando os seus muitos pontos em comum na teoria da determinação pelo solo e pelo clima ("águas, ares e lugares"), da constituição dos povos ou das compleições fisiológicas e mentais dos indivíduos. Também coincidem em descrições muito semelhantes de povos como os citas, por exemplo, condicionados pelo frio, ou na determinação do caráter do povo pelo tipo de solo, os mais férteis, suaves e planos gerando homens passivos e igualmente suaves, enquanto regiões pedregosas e áridas resultariam em populações duras, guerreiras e resistentes.

A terapêutica hipocrática utilizava poucos fármacos, privilegiando a dieta e os exercícios como recursos de cura, além de uma adequada localização

---

[66] Hipócrates, "Sobre la dieta", em *Juramento hipocrático y tratados médicos*, trad. Carlos Garcia Gual et al. (Argentina: Planeta-De Agostini, 1995), p. 238.
[67] Jacques Jouanna, *Hippocrate*, cit.

em relação às águas e ares dos lugares. A dieta em Hipócrates não era apenas um regime alimentar, mas um conjunto de atitudes diante dos alimentos, cuja escolha adequada seria o segredo de uma boa saúde. A dieta devia ajudar a governar e corrigir não só os problemas do corpo, mas especialmente aqueles da alma, que pode ser melhorada ou piorada conforme o que o corpo ingere.

O vinho era sempre recomendado por Hipócrates como um remédio, em suas diversas formas e em distintos níveis de intensidade na embriaguez, conforme a natureza humoral do paciente:

> dos vinhos, os tintos e ásperos são mais secos e não são tão laxantes nem diuréticos nem expectorantes. Ressecam pelo seu calor, ao consumir a umidade do corpo. Os tintos suaves são mais úmidos e mais fracos e produzem gases ao introduzir umidade. Os brancos ásperos esquentam, mas não ressecam e são mais diuréticos que laxantes [...] O vinho doce é mais laxante para os fleumáticos.[68]

Cada vinho deveria combinar também com uma estação do ano. "Durante o inverno [...] beber tintos bastante puros e em menor quantidade"; no verão, "bebidas suaves, brancas e aquosas"; no outono, "bebidas mais escuras, suaves e não aguadas". Em alguns casos, quando os "exercícios predominam sobre os alimentos", convém a estes indivíduos "embriagar-se uma vez ou duas, mas sem excesso, e ter relações sexuais após haver bebido um pouco".

Tais concepções permanecem por muitos séculos, até mesmo por milênios, observando-se, por exemplo, um autor árabe do século XIII, Al-Qastallani, severo censor do vinho, justificar assim o fato de que

> seguidores dos diversos credos que consideram lícito bebê-lo, o consideram assim simplesmente porque o necessitam em seus países, pois um frio rigorosíssimo domina esses climas. E declararam lícito beber uma quantidade de vinho que excite o calor natural e ajude o estômago a fazer a digestão.[69]

---

[68] Hipócrates, "Sobre la dieta", cit., p. 232.
[69] Al-Qastallani, *apud Solaz del espíritu en el hachís y el vino y otros textos árabes sobre drogas*, trad. Indalecio Lozano (Granada: Universidade de Granada, 1998), p. 37.

Essas ideias presentes no mundo islâmico demonstram uma influência duradoura da visão médica e filosófica que nasceu no mundo grego e se tornou um verdadeiro paradigma de enorme abrangência, desde o Mediterrâneo onde nasceu, atingindo todo o mundo clássico e alcançando, mais tarde, as Américas e outras regiões de colonização ocidental.

A visão médica clássica do vinho como uma bebida salubre e mantenedora da saúde encontra confirmação prática num dos seus efeitos mais positivos: a purificação da água para beber. Um dos benefícios mais importantes do uso do vinho, especialmente misturado à água, era o de torná-la potável, eliminando diversos micro-organismos e impedindo a transmissão de doenças como a hepatite, por exemplo, e, como lembra David T. Courtwright, a poluição das águas talvez tenha sido "a maior ameaça para a saúde humana desde o advento da civilização",[70] posto que os caçadores nômades não tinham os problemas que as populações sedentárias vão conhecer com o risco de contaminação com os seus próprios dejetos em regiões urbanizadas e sem escoamento sanitário.

Sobre as propriedades da água, Hipócrates, no *Regime nas doenças agudas*, "permanece bastante desconfiado e encontra nela mais inconvenientes do que vantagens; não aplaca a sede nas febres e é indigesta". Múltiplas, no entanto, "são as variedades de vinhos" e diversas as suas propriedades, podendo ser "laxantes e diuréticos ou inversamente prenderem o ventre e ressecarem, alguns são fortificantes".[71]

A água é, nessa visão, uma bebida claramente inferior ao vinho. No *Tratado das afecções*, assim se elogia o vinho ao lado do mel como das melhores substâncias: "O vinho e o mel são maravilhosamente apropriados aos homens se, na saúde como na doença, são administrados com propósito e uma justa medida segundo a constituição individual. Essas substâncias são boas tomadas puras e também misturadas com outras substâncias.".[72] Diversas resinas e plantas eram assim usadas tendo o vinho como veículo.

---

[70] David T. Courtwright, *Forces of Habit: Drugs and the Making of the Modern World* (Cambridge Harvard University Press, 2001), p. 10.
[71] Jacques Jouanna, *Hippocrate*, cit., p. 237.
[72] Hipócrates, *apud* Jacques Jouanna, *Hippocrate*, cit., p. 238.

A noção do vinho como uma fonte não só de prazer e de consolo, mas de prevenção e cura das dores e dos males, ficará arraigada na cultura clássica, não só na época de Hipócrates como ao longo de toda a civilização greco-romana, como se observa numa passagem de Plutarco, em uma época muito posterior, em que um dos personagens, Trifon, afirma que os antigos basearam toda a sua medicina no uso de plantas e que Dioniso "por haver inventado o vinho, fármaco muito eficaz e agradável, foi considerado um médico excelente".[73]

Além das visões médicas, organicistas, uma outra concepção sobre os significados dos efeitos do vinho, ou seja, sobre a natureza da embriaguez, se constituiria na Grécia Antiga no âmbito da filosofia, em que o conhecimento e o cuidado de si próprio tornavam-se a divisa de uma atitude que consistia mais numa ética do que numa medicina. Uma medicina da alma tornava-se a definição da própria filosofia, não como mera reflexão abstrata, mas como um programa de vida.

A JUSTA MEDIDA EM PLATÃO

A *República*, de Platão (427 a.C.-348 a.C.)[74] é um tratado sobre o governo da cidade e o governo de si, em que ambas as esferas, a do corpo político e a do corpo orgânico, estão intimamente associadas e constituem as dimensões de uma mesma ordenação, cuja natureza podemos chamar, tomando de empréstimo o termo de Michel Foucault, de biopolítica.

A embriaguez é representada com grande relevância nessa obra platônica, expressando, quase sempre, o polo do excessivo e do desmedido. Na gênese do homem tirânico encontram-se os desejos e, ao redor do principal, que é o amor, desfilam um cortejo de incensos, perfumes, flores e, particularmente, vinhos. Assim, o "homem se torna rigorosamente um tirano quando, por natureza, por hábito ou pelos dois juntos, se torna um ébrio, apaixonado e

---
[73] Plutarco, "Charlas de sobremesa", cit., livro III, p. 1.
[74] Da imensa obra crítica sobre Platão, destaca-se uma que expõe e interpreta os aspectos centrais do pensamento platônico: Victor Goldschmidt, *A religião de Platão,* trad. Ieda & Oswaldo Porchat Pereira (São Paulo: Difel, 1963).

louco".⁷⁵ Estes três estados seriam análogos no que provocam de descontrole e na intensidade com que arrebatam os homens do domínio da razão.

Na gestão do Estado, a forma de se servir o vinho é usada como uma metáfora do bom governo, comparado com a justa medida servida pelo bom escansão (o "copeiro ou repartidor do vinho"). Quando, ao contrário, "a um Estado democrático, com sede de liberdade, se deparam maus escansões no governo e quando se embriaga com esse vinho sem mistura para além do que convém", aí então o povo passa a "castigar os chefes" e exigir excessos de liberdades, o mais extremo do qual seria a equalização dos livres com os escravizados.

Para praticar a virtude da temperança (uma das quatro virtudes cardeais, juntamente com a sabedoria, a coragem e a justiça), é preciso "ser senhor de si relativizando os prazeres da bebida, de Afrodite e da comida". O vinho encontra-se, pois, no topo da hierarquia dos prazeres, junto ao sexo e aos alimentos, e os guardiões da cidade devem se abster de consumi-lo, devendo restringir-se a uma dieta de carne assada e abdicar dos condimentos.

Mesmo que alguns, como o poeta Museu, representassem os prêmios concedidos aos justos pelos deuses como uma "embriaguez" perpétua, Platão irá dedicar-se a apresentar uma visão da virtude como virtuosa por si, independentemente dos seus prêmios e recompensas, mais afeita à sisudez e à condenação do riso e da poesia do que a uma expansão da alegria.

A visão austera e abstrata da virtude fez uma fama platônica milenar que repercutiu entre os predicadores moralistas de todo o mundo cristão, como ocorre, por exemplo, na obra de Pedro José Supico Moraes, em que se conta, sem qualquer referência à origem desse relato, que: "Platão estando com sede tirava água de um poço que tinha e tornava a lançar dentro, e perguntado por que a lançava outra vez dentro do poço se a tirava para beber, respondia: Porque assim castigo os meus apetites".⁷⁶

A exaltação do autocontrole racional como a expressão máxima da virtude não se separava, no entanto, na filosofia platônica, de um elogio de cer-

---

[75] Platão, "La République", em *Oeuvres complètes*, vol.1, trad. Léon Robin (Paris: Gallimard, 1950), p. 1177.
[76] Pedro José Supico de Moraes, *Coleçam moral de apophtegmas memoráveis* (Lisboa: Officina Augustiniana, 1732), p. 36.

tas formas de loucura "inspiradas pelos deuses", das quais se obtêm grandes bens. Assim ocorre na passagem do *Fedro*, em que Platão considera existirem quatro tipos de loucuras (manias): da embriaguez, da poesia, da profecia e do amor. Esses "delírios divinos" se distinguem das doenças da alma e são classificados em quatro tipos: o "sopro profético de Apolo, a inspiração mística de Dioniso, o delírio poético inspirado pelas Musas" e, finalmente, aquele que é o "melhor de todos", o delírio do amor inspirado por Eros e Afrodite.

Essas formas de descontrole, que manifestam a emoção e o sentimento, são expostas por Sócrates (c. 470 a.C.-399 a.C.) num estado de inspiração que ele também atribui a um furor, semelhante a um ditirambo,[77] em que ele é como que apossado por ninfas ou por um *daimónion*, chegando a ponto de quase profetizar. A pitonisa, no oráculo, entrava num estado de transe para poder transmitir as mensagens solicitadas. Esses momentos de suspensão do julgamento estritamente racional da inteligência, longe de serem vistos apenas como acessos condenáveis, são elevados à condição de momentos supremos de revelação e inspiração divinas, pois, "o delírio que procede dos deuses é mais nobre que o bom senso que vem dos homens".[78]

Em *Filebo*, Platão expõe uma teoria do prazer. Os verdadeiros e virtuosos prazeres seriam os espirituais, que nos aproximam dos deuses. Os carnais igualam-nos aos animais. Os prazeres da carne são sentidos como uma fome, um apetite, a ansiedade pela repleção de um vazio, um oco. Seja o sexo, seja a fome, seja a sede, após a satisfação o desejo arrefece. Por isso, tais prazeres são de movimento, sendo comparáveis não a um verdadeiro prazer positivo, mas a uma busca da ausência de dor. Muito diferentes são os prazeres de estado, que não se saciam nem preenchem uma carência, como os prazeres da contemplação do belo, o gozo estético.

Concebia-se a ideia da satisfação de uma carência como um prazer inferior. O desejo de algo que faltasse, cuja satisfação fosse sentida como preenchimento de um vazio, era um anseio menor. O prazer que não saciasse era o superior.

---

[77] Ditirambo no teatro grego era um "canto coral de caráter apaixonado" de faunos e sátiros ou, num sentido mais geral, qualquer "composição lírica que exprime entusiasmo ou delírio".
[78] Platão, "Phèdre", em *Oeuvres completes*, vol. 2, trad. Léon Robin (Paris: Gallimard, 1955), cit., p. 32.

O mais conhecido texto platônico acerca do vinho e do seu uso como um aferidor da moralidade pública é *O banquete (Symposium)*, em que Sócrates desponta como o modelo do bom bebedor que bebe sem se alterar, sem perder o autodomínio e a lucidez, e que permanece sempre acordado, diferentemente de Alcebíades, seu ex-amante que, desregrado, se excede, assim como os outros notívagos, perde a lucidez e a compostura e acaba por adormecer.

Como já vinham de uma noitada anterior de bebedeiras, o banquete em questão se destinaria mais a conversações que a diversão, por isso dispensam a flautista e decidem beber conforme a vontade de cada um, sem ter que seguir o protocolo de beber até cair, e passam a fazer discursos sobre o amor, que será elogiado na sua forma mais pura, como o amor pela beleza na sua forma abstrata. Eros, segundo o discurso de Diotima, já teria também desde a origem uma relação com a embriaguez, pois teria nascido filho de Poros, o Esperto, quando este se inebriou do néctar divino e copulou com Pênia, a Pobreza.

Alcebíades, ao chegar já embriagado, espanta-se de que os demais ainda estejam sóbrios e convida-os a beber, passando em seguida a ingerir uma quantidade de cerca de 2,5 litros de vinho (oito cotilas) de uma só vez, gesto que o próprio Sócrates também executa, sob o comentário de que ele é capaz de beber qualquer quantidade sem jamais homem algum tê-lo visto ficar bêbado. Ao amanhecer, quando todos não mais resistem e dormem, Sócrates continua a beber e depois vai embora inabalável. A resistência de Sócrates aos efeitos do vinho lhe permite aceitar o desafio dos intemperantes e, não obstante, manter-se invulnerável, pois continua sempre no domínio pleno da razão, que não lhe deixa perder o controle de si mesmo.

Em sua obra mais tardia, as *Leis*, Platão retoma o tema do vinho, admitindo-o com maior aceitação, desde que usado pelos mais velhos e com moderação. Distancia-se, entretanto, do preceito espartano de proibição total, propondo um interdito completo apenas para os menores de 18 anos. Aos de mais de 40, contudo, cabe a "companhia de Dioniso" até mesmo como uma forma de educação, dado que a "prova do vinho" é um teste do caráter e permite que se faça, de público, o julgamento da capacidade de cada um controlar a si próprio. Por meio do personagem "o Ateniense", Platão suaviza a apreciação do vinho do texto da *República* e, de certa forma, reconcilia-se com Dioniso, do mesmo modo seu culto público perde as características mais frenéticas e furiosas da fase tebana e torna-se, em Atenas, um culto da vida conjugal, da velhice e da saúde. "A vastidão da polêmica platônica contra o preconceito espartano do antialcoolismo", escreve Werner Jaeger, "parece indicar a existência em Atenas de grandes núcleos de sequazes e admiradores da educação espartana, partidários da abstinência da juventude lacedemônia".[79]

A questão da embriaguez ocupa os dois primeiros livros das *Leis*, sendo considerada "um ponto de grande importância que não deve ser deixado a um legislador medíocre para julgar". Contra Megilos, o personagem espartano desse diálogo, Platão coloca na boca do personagem Ateniense a consideração de que diversas raças guerreiras, como os citas, persas, cartagineses, celtas, iberos e trácios, não só usavam do vinho como também praticavam com ele ritos de exaltação da felicidade. Dessa forma, defende que o papel da embriaguez em um banquete é trazer bens para o Estado, na medida em que serve como uma forma de "educação" (*Paideia*), pois o vinho intensifica os prazeres, os sofrimentos, as cóleras e os amores, ao mesmo tempo em que debilita e até anula as sensações, as memórias, as opiniões e os pensamentos, levando quem nele se excede a chegar ao estado de uma criança de colo. Como ele nos leva a uma intrepidez e autoconfiança temerárias e fora da razão e a cometer atos vergonhosos despertados pelas paixões descontroladas, é possível usá-lo para fazer a prova e o ensaio dessas paixões e buscar vencê-las nas condições inofensivas de um banquete.

Assim, antes de fazer contratos com alguém é conveniente observá-lo numa festa de Dioniso, em que revelará sua verdadeira natureza: "o que faz conhecer o caráter e a disposição dos homens é uma das coisas mais úteis na arte de torná-los melhores, que é, podemos dizer, a arte da política".[80] A função política do vinho seria, portanto, revelar os homens em seus defeitos para que se possa melhorá-los, por meio de uma correta educação.

---

[79] Werner Jaeger, *Paideia: a formação do homem grego*, trad. Artur M. Parreira. (São Paulo: Martins Fontes, 1979), p. 1231.
[80] Platão, "Les lois", em *Oeuvres complètes*, vol 2, trad. Léon Robin (Paris: Gallimard, 1955), p. 672.

Proibido aos menores de 18 anos, moderado até os 40, o uso do vinho, após essa idade, assume a forma de um remédio (*phármakon*):

> Dioniso ao dar o vinho aos homens, ofereceu-lhes um remédio para suavizar a austeridade da velhice, que rejuvenesce, leva ao esquecimento das tristezas e amolece a dureza de nosso caráter, de maneira que, como o ferro ao fogo, torna-se mais maleável.[81]

Mas, para esse fim, é preciso que o banquete seja regulado por um sóbrio condutor, pois, como não se entrega o comando de um barco a um piloto ébrio, o próprio banquete precisa ser conduzido por um simposiarca que se abstenha de beber. Desse modo, serão evitadas a imprudência e a desarmonia, cada um saberá beber, falar e cantar no momento certo, não haverá disputas nem brigas e os bebedores se retirarão da bebedeira mais amigos do que antes. O vinho e seus efeitos são, portanto, um grande presente que traz o maior dos bens, ao "introduzir em nossa alma o pudor e em nossos corpos a saúde e a força".

A referência ao vinho nas *Leis* termina com a advertência de que "se um Estado, atribuindo importância a esta instituição, utiliza-a segundo as leis e as regras, tendo em vista a temperança" ele cumprirá o papel de condutor e modelador dos cidadãos, mas, se usar apenas para a diversão, permitindo a quem quiser de "beber quando quiser e com quem quiser e da forma que desejar", a embriaguez não deverá jamais ser admissível.

E, de qualquer maneira, deverão existir regras e proibições estritas estabelecendo que nenhum soldado beba durante suas atividades militares, nem os juízes em exercício, nem os pilotos, nem qualquer escravo, nem uma assembleia que delibera, e também deverá ser interditado o uso para todos durante o dia e, mesmo à noite, para o casal que quiser procriar, além de outros "infinitos casos onde o bom senso e a lei devem proibir o consumo do vinho".

Mesmo que nos escritos iniciais de Platão o vinho tenha chegado a aparecer como um delírio de inspiração divina (referência feita a *Fedro*),

---
[81] *Ibid.*, p. 693.

ele foi visto de forma mais geral no conjunto de sua obra, essencialmente como um meio de se aferir a virtude, ou seja, a capacidade de autocontrole de cada um para se evitar a embriaguez, sem, para isso, deixar necessariamente de beber, comportamento cujo modelo emblemático é o próprio Sócrates. O vinho assim não seria bom ou mau em si mesmo, mas um instrumento útil de medicação, de educação pública e de conhecimento de si mesmo, e o banquete, como sinônimo de beber e filosofar, seria o momento privilegiado de exercício dessa função pedagógica da gestão do beber com vistas a se evitar a embriaguez.

XENOFONTE, A EMBRIAGUEZ E O AMOR SOCRÁTICO

Após o *Banquete,* de Platão, o mais conhecido dos textos gregos de mesmo título é o *Banquete,* de Xenofonte (c. 430 a.C.-355 a.C.). Contemporâneos, ambos trazem muitos personagens em comum, inclusive o mais famoso de todos, que é Sócrates. Os especialistas divergem quanto o qual teria sido o primeiro, mas a temática certamente é semelhante. Xenofonte foi um importante personagem, não só como autor de obras fundamentais, mas, sobretudo, por tê-las escrito como consequência de uma vida guerreira cheia de peripécias. Participou da expedição de Ciro, o jovem, contra Artaxerxes e depois liderou a retirada dos 10 mil mercenários gregos de volta à Grécia por território inimigo. Daí resultou a *Ciropédia* e a *Anábase.* Ele também escreveu grande parte das narrativas socráticas, inclusive uma apologia e longas recordações, e um manual de equitação.

Sua defesa de Sócrates diante do julgamento por impiedade, por não crer nos deuses da cidade e por corromper a juventude são, juntamente com a de Platão, os relatos mais importantes desse episódio. A figura de Sócrates, conduzido à morte por filosofar, como um protomártir do racionalismo, se tornou fonte de um pensamento que não teve textos de sua própria autoria, mas, sim, um registro em outros autores, dos quais os mais importantes foram Platão e Xenofonte.

Refutando todos os seus acusadores, o ensinamento de Sócrates é resumido da seguinte forma por Xenofonte: "exercitar o autocontrole sobre o desejo de comida e bebida, sobre a luxúria e o sono, o frio, o calor e a fadiga".[82] Se houvesse uma guerra, escreve, não escolheríamos para nos guiar alguém que constasse que fosse "escravo do estômago e do vinho e dos prazeres do sexo, da fadiga ou do sono".[83] Não ser escravo do próprio estômago significaria em relação à bebida só beber quando se tem sede. Necessitar pouco ou nada é o melhor para praticar a continência. Sócrates nem por isso deixa de beber: "meus amigos desfrutam sem problemas da comida e da bebida, porque se abstêm delas enquanto não sentem desejo".[84] Essa frugalidade destaca-se diante da imagem da mulher insaciável que encarna o vício diante de Hércules e que lhe busca "vinhos caríssimos" e até "neve no verão".

O banquete, de Xenofonte, ocorre ao longo de uma recepção oferecida por Calias e, quando terminada a refeição, os convivas se reúnem para beber vinho e conversar. O tema proposto por Sócrates será "qual a maior razão de orgulho para cada um e o que sabe fazer de bom".

As respostas de cada um dos presentes ao banquete são: Calias declara ser seu maior orgulho sua beleza; Nicerato, seu conhecimento de Homero, que podia declamar de cor; Critobulo, sua própria beleza; Licón, seu filho, e este, Autólico, seu pai; Antístenes, sua riqueza não material; Cármides, a pobreza; Hermógenes, a amizade dos deuses; enquanto Sócrates afirma que seu maior orgulho era ser um proxeneta, ou seja, a arte de prostituir a outro e fazê-lo valer ante os clientes.

Tornando todos capazes de agradar não uma só pessoa, mas toda a cidade, Sócrates cumpria o papel de educar para que as pessoas se tornassem agradáveis.

É importante lembrar que a palavra proxeneta tem origem grega, e proxenia significa "a hospitalidade que se deve prestar a um estrangeiro". *Proxenetés* seria o "mediador entre os estrangeiros e os cidadãos". Próxeno é o termo para cônsul em grego. Embora em grego também houvesse o sentido de "agenciador de prostituição", por isso a afirmação de Sócrates provoca

---

[82] Xenofonte, *Recuerdos de Sócrates. Económico. Banquete. Apología de Sócrates*, trad. Juan Zaragoza, vol. 182 da Coleção Biblioteca Clásica Gredos (Madri: Gredos, 1993), p. 59.
[83] *Ibid.*, p. 51.
[84] *Ibid.*, p. 70.

risos, ele a usa num sentido metafórico de intermediação para agradar, dizendo a seguir ser Antístenes o exemplo de homem desse tipo.

Depois de todos discorrerem a esse respeito, o próprio Sócrates vai fazer um discurso sobre o amor e, realizada uma última representação de atores sobre a paixão entre Dioniso e Ariadne, a cena se encerra com a ida apressada de alguns para suas casas, excitados pelo tema erótico, enquanto outros saem a passeio.

Em relação aos aspectos materiais do próprio banquete, segue-se a ausência de comentários sobre as comidas (a única exceção talvez seja a cebola, que é mencionada como acompanhamento para a bebida), mas há vários sobre o vinho. Também se apresentam espetáculos de dança acrobática, danças eróticas e há cantos em coro. Os perfumes, sugeridos, não são usados diante da objeção de Sócrates, que também critica os saltos em aros e sobre espadas de belos jovens, que não "harmonizam com o vinho",[85] dizendo preferir vê-los em repouso.

Quanto à substância dos diálogos, o que predomina é o tema do amor, tanto no contexto interpessoal quanto no conteúdo dos debates. Amor, bem entendido, entre homens e jovens rapazes, pois esse é o contexto do banquete grego.

O discurso final de Sócrates retoma o mesmo tema platônico da distinção entre duas formas de amor: uma vulgar e outra espiritual, com o elogio unicamente deste último. Assim como nos diálogos de *O banquete*, de Platão, são tratadas as duas Vênus, a vulgar e a Urânia, que seria superior, que inspirava o amor homoerótico puramente espiritual pelos belos jovens, no *Banquete*, de Xenofonte, este trata do assunto, inclusive com muito mais desenvoltura, o que o levou a receber censuras, muitos séculos mais tarde, no período helenístico, por exemplo, de Ateneu, ainda mais que um dos rapazes desejados, Autólico, comparece ao banquete acompanhado de seu pai, Licón. O amor é "uma grande divindade, da mesma idade que os deuses eternos, porém mais jovem de aspecto, que domina todo o universo com seu poder, mas se assenta na alma humana".[86] Dedica-se a demonstrar

---

[85] *Ibid.*, p. 344.
[86] *Ibid.*, p. 345.

que o amor ou a amizade espiritual é mais forte, pois resiste ao tempo, à idade e a todos os desgastes. E, reconhecendo em si os efeitos do vinho, exclama que "se minha linguagem é excessivamente desavergonhada, não estranhem, pois o vinho por um lado me excita e, por outro, o amor que sempre convive comigo me provoca para falar com toda a liberdade contra o amor que é o seu rival", enquanto ataca todas as formas diretas de sexo entre um homem e um jovem, especialmente se este último se prostitui, porque "o rapaz tampouco participa como uma mulher dos deleites amorosos com um homem, mas, ao contrário, contempla abstêmio um homem embriagado de amor".[87]

A relação erotismo-ebriedade mais uma vez torna-se um eixo prático e simbólico de uma aliança entre duas forças igualmente capazes de vencer a razão, a prudência e passar a governar os homens segundo os seus desejos e as suas paixões. Essa perigosa aliança precisa ser domesticada pela arte da palavra durante o banquete. E mesmo que o objeto do modelo socrático de amor pela alma continue a ser rapazes jovens e imberbes, os efebos, a relação deverá ser apenas espiritual, pois "não só os homens como também os deuses e os heróis dão mais importância ao afeto espiritual que ao comércio do corpo" e, por isso, nem Zeus buscou em Ganimedes sua beleza corporal nem Aquiles teria em Pátroclo um "objeto de paixão, mas, sim, um companheiro de armas".[88]

Uma boa parte das referências socráticas usa o vinho como tema ou como metáfora. Num momento em que Hermógenes está muito quieto, Sócrates lhe pergunta: "O que é ter mau vinho?", ao que aquele responde que "ter mau vinho é amargar a companhia por causa do vinho".[89]

Assim dizia Sócrates: "também para mim me parece muito bom o beber, amigos, pois na realidade o vinho ao regar as almas adormece as penas, como a mandrágora faz com os homens, mas desperta as alegrias como o azeite faz com a chama".[90] Compara, em seguida, o corpo humano com as plantas que nascem na terra, que, se excessivamente regadas, irão ficar

---

[87] *Ibid.*, p. 349.
[88] *Ibid.*, p. 351.
[89] *Ibid.*, p. 341.
[90] *Ibid.*, p. 318.

caídas, enquanto, se forem irrigadas o quanto lhes agradar, crescerão retas, darão flores e muitos frutos.

Sócrates ainda dizia que bebendo de pouco em pouco, no entanto, não haverá embriaguez, mas "persuadidos" pelo vinho "alcançaremos um maior grau de alegria". O texto se encerra com mais um espetáculo no banquete, uma dança que representa Dioniso e sua amada Ariadne em sua câmara nupcial aos beijos e abraços. Dioniso, chegando do banquete dos deuses, entra embriagado, senta-se no colo de Ariadne beijando-a ao som da flauta. Excitados pela cena, os personagens do banquete se retiram, os casados para as carícias de suas mulheres, os solteiros fazendo promessas de amor e Sócrates e alguns outros saem para um passeio matinal encerrando a noitada e a madrugada.

Em *Apologia de Sócrates*, texto que relata sua versão sobre o julgamento e a condenação à morte de Sócrates, Xenofonte se baseia no testemunho direto de Hermógenes, posto que ele próprio não estava em Atenas na ocasião. Diferencia-se de Platão na explicação das razões dadas por Sócrates para aceitar seu destino de condenado à morte e tomar a cicuta, recusando-se a se defender ou fugir, que seria principalmente por considerar que, devido a sua idade avançada (60 anos), morreria poupando as dores da velhice.

O relato de Xenofonte também menciona uma profecia feita por Sócrates para um de seus acusadores, Ânito, a respeito de seu filho, que tivera uma relação com Sócrates, dizendo que ele não tinha um espírito fraco e por isso não seguiria a vida servil que seu pai lhe preparara, mas, "por não ter nenhum conselheiro diligente, cairá em alguma paixão vergonhosa e chegará longe na carreira do vício". E assim foi, como comenta Xenofonte, o rapaz "tomou gosto pelo vinho e nem de dia nem de noite deixava de beber, e ao final não foi de nenhuma utilidade nem para a cidade, nem para seus amigos e nem para si mesmo".[91]

A função educadora de Sócrates perante a juventude é assim resumida nesta passagem final, sintetizando, pelo exemplo do consumo excessivo do vinho, o risco de todos os desvios e enganos na formação dos jovens, ar-

---

[91] *Ibid.*, p. 377.

rastados pela tentação dos prazeres sensoriais e necessitados de um guia na dura tarefa de buscar um ponto de equilíbrio entre o excesso (representado por Aristipo) e as abstinências ascéticas de tipo pitagórico. Essa tarefa de educação para o autocontrole, especialmente em relação a comidas, bebidas e sexo, foi a marca mais característica desse pensamento que igualou virtude, beleza e justiça com a ideia de um bem inseparável da felicidade, a ser obtida por meio de uma ação reta, prudente e equilibrada.

A TEMPERANÇA EM ARISTÓTELES

As noções de virtude e vício da ética clássica grega, presentes nos trabalhos de Platão, foram sistematizadas por Aristóteles (384 a.C-322 a.C.) em *Ética a Nicômaco*, texto dirigido ao seu próprio filho.

A busca da felicidade é uma atividade de exercício de virtudes, que são a expressão do bem, portanto o homem bom deve ser feliz. As virtudes seriam, conforme esse modelo, referentes a cada uma das esferas da alma: para a esfera apetitiva, a temperança; para a afetiva, a coragem; para a intelectiva, a prudência; e, para equilibrar todas, a justiça.

O conceito de temperança ou moderação (*sophrosyne*) governa as atitudes não em relação aos prazeres da alma (como o amor à honra ou ao estudo), mas aos prazeres corporais, especialmente os oriundos do paladar e do tato, pois os da visão, da audição e do olfato são a contemplação do belo e do agradável, sem risco de intemperança. Os prazeres mais propensos ao excesso são aqueles cuja preferência partilhamos com os animais e que, além da prática do sexo e da ingestão dos alimentos, incluem o consumo de bebidas inebriantes. A embriaguez, portanto, deve ser governada pela virtude da moderação.

Uma virtude é sempre um ponto intermediário entre dois vícios, um por excesso e o outro por carência (por exemplo, em relação ao medo, o excesso é do covarde, a carência do temerário, e só o ponto mediano constitui a coragem). No caso da temperança, essa virtude corresponde ao afastamento tanto do excesso dos intemperantes como da carência dos insensíveis:

"o que se entrega a todos os prazeres e não se abstém de nenhum torna-se intemperante, enquanto o que evita todos os prazeres, como fazem os rústicos, se torna de certo modo insensível. A temperança e a coragem, pois, são destruídas pelo excesso e pela falta".[92]

Os que se descontrolam com a bebida cometem uma dupla falta, a embriaguez é, portanto, um agravante. Aristóteles refere-se a Pítaco, tirano de Mitilene, capital da ilha grega de Lesbos, que duplicava a pena no caso do réu ter estado embriagado ao cometer o crime. Mas, caso o ato seja não voluntário e implique na ignorância das suas consequências, merece piedade:

"agir por ignorância parece diferir também de agir na ignorância, pois do homem embriagado ou enfurecido diz-se que age não em resultado da ignorância, mas de uma das causas mencionadas e, contudo, sem conhecimento do que faz, mas na ignorância".[93]

Essa condição de "possuir conhecimento em certo sentido e ao mesmo tempo não o possuir, como sucede com os que dormem, com os loucos e os embriagados" é a mesma dos afetados pelas paixões e que possuídos de cólera ou apetite sexual tornam-se incontinentes.

Aristóteles faz uma distinção entre o incontinente e o intemperante, pois o primeiro não tem a deliberação e a convicção de que é dominado totalmente pela paixão "a ponto de fazê-lo acreditar que deva buscar tais prazeres sem reservas". O segundo é incorrigível e privado da razão, já o incontinente é "como os que se embriagam depressa e com pouco vinho – isto é, com menos do que a maioria das pessoas". E, como o hábito "não é senão uma longa prática que acaba por fazer-se natureza", o incontinente e o intemperante diferem essencialmente pelo fato de o segundo "pensar que se deve proceder assim, enquanto o primeiro pensa de modo contrário".

Além da perda do autodomínio, o álcool traz a sensação absolutamente oposta, de confiança exagerada em si mesmo, e, podendo aparentar-se aos bravos na sua temeridade, enfrentam, entretanto, riscos e perigos de forma

---

[92] Aristóteles, *Ética a Nicômaco*, trad. Leonel Vallandro & Gerd Bornheim, Coleção Os Pensadores (São Paulo: Nova Cultural, 1987), p. 28.
[93] *Ibid.*, p. 42.

irresponsável, pois, como dizia Aristóteles, "os bêbados também se portam dessa maneira, tornam-se otimistas".

Em *A política*, Aristóteles aconselha os governantes a usar com moderação dos prazeres sensuais ou, ao menos, dar a aparência de fazê-lo, pois "não se surpreende com facilidade e não se despreza um homem sóbrio, mas sim um homem embriagado, nem um homem vigilante, mas sim um homem adormecido".[94]

Hoje em dia, o direito penal, seguindo a tradição do direito canônico tomista, em boa parte inspirado em Aristóteles, considera que há diversos tipos de embriaguez, a patológica pode equivaler à loucura e tornar o réu até mesmo inimputável. Caso seja uma embriaguez fortuita, será um atenuante. A agravante ocorre apenas no caso de embriaguez não acidental, voluntária e culposa ou no de ser preordenada.

Os antigos viam na temperança uma equidistância tanto do excesso como da abstinência. O "caminho do meio" (expressão depois conhecida no provérbio latino *aurea mediocritas*) era, nesse como em outros casos, o mais correto e virtuoso. As virtudes se reforçam mutuamente, assim ter a prudência de ser temperante seria a expressão da coragem moral. De outro modo, os vícios se potencializariam.

Uma condição essencial para o vício é que ele seja voluntário, ninguém é responsabilizado por seus defeitos de nascença ou naturais. A virtude também é uma prática voluntária. A embriaguez faz perder o controle sobre a vontade e o intelecto e é contrária à virtude. Contudo, Aristóteles não condena o prazer em si, reconhece-o como um bem, desde que seja um "prazer necessário" e assim admite que "todos os homens deleitam-se de um modo ou de outro com acepipes saborosos, com vinhos e com a união sexual". E também deixa claro que os prazeres corporais parecem dignos de escolha por muitas causas, entre elas porque "expulsam as dores" e são desejados violentamente como alívio. Do mesmo modo, escreve, "as pessoas jovens, devido ao processo de crescimento, encontram-se numa condição

---

[94] Aristóteles, *Tratado da política*, trad. M. de Campos, trad. M. de Campos (Lisboa: Publicações Europa-América, 1977), p. 189.

semelhante à dos embriagados, e a mocidade é um estado agradável".[95] Este tema será retomado, muitos séculos depois, por La Rochefoucauld, 1613--1680, ao escrever que "a juventude é a embriaguez permanente".

Para o filósofo, os maiores e melhores prazeres não estão no movimento, e sim no repouso. Por isso, não estão nos divertimentos, mas nas virtudes morais e, especialmente, na excelência da razão, que é séria e contemplativa, portanto, o "filósofo será o mais feliz dos homens".

O aluno mais célebre de Aristóteles, o grande conquistador Alexandre Magno, não ficou conhecido por ter seguido estritamente as lições do seu mestre, mas, longe disso, notabilizou-se por um especial destempero e exagero no consumo alcoólico, possivelmente, abalando a sua saúde e precipitando a sua morte prematura, sobretudo levando-o a atos de rompantes de violência contra os próprios companheiros, um dos quais chegou mesmo a matar, seu principal amigo e companheiro de batalhas e glórias, Clito. Por isso, como registra o primeiro livro sobre vinhos, publicado em português, em 1712: "Quinto Curcio, fazendo a lista das virtudes e proezas do mesmo Alexandre, conclui que deslustrou a todas e aniquilou com este vício e que perdera mais com o dito vício do que ganhara com tão excelentes ações".[96] Plutarco escreve "sobre os abusos de Alexandre na bebida", comentando que a afirmação de que "não é que bebesse muito, mas sim que empregava muito tempo a beber",[97] era falsa, pois ele realmente bebia demasiado, dormindo até dois dias seguidos depois das bebedeiras, e morreu jovem exatamente por essa causa: "depois de ter bebido muito, teve vergonha de recusar o convite de Médio e se pôs a beber de novo desmesuradamente, cujo resultado foi a sua morte".[98]

A reputação de Alexandre, dessa forma, uniu a noção de um *ethos* militar e guerreiro com o gosto pela desmedida no consumo de bebidas. Na época da Ilustração, o filósofo David Hume também escreveu, em 1757, que "as expedições militares do piedoso Alexandre foram em grande me-

---

[95] Aristóteles, *Ética a Nicômaco*, cit., p. 135.
[96] Vicêncio Alarte, *Agricultura das vinhas e tudo o que pertence a elas até o perfeito recolhimento do vinho, e relação de suas virtudes, e da cepa, vides, folhas e borras* (São Paulo: T. A. Queiroz, 1994), p. 111.
[97] Plutarco, "Charlas de sobremesa", cit., livro I, p. 6.
[98] Plutarco, "Consejos para conservar la salud", em *Obras morales y de costumbres (moralia II)*, cit., p. 130.

dida motivadas por sua rivalidade com Hércules e Baco, que ele pretendia justamente ter superado".[99]

Outro texto de autoria incerta, mas atribuído a Aristóteles, o chamado Problema XXX,[100] analisa a condição melancólica dos artistas e filósofos e das pessoas geniais e excepcionais em geral, considerando-a como uma predisposição natural devido ao predomínio do humor melancólico em seus corpos. Para analisar essa condição, compara-a com os estados produzidos pelo vinho, que podem ser os mais diversos, tornando os que o ingerem "irascíveis, benevolentes, compassivos, audaciosos", algo que não ocorre com quem bebe água, leite ou mel. Esses estados temporários podem ser encontrados, de forma permanente, na constituição natural de cada um que é formada e determinada, antes de tudo, pelo calor. O vinho, além de quente, contém ar, o que é demonstrado pela espuma que ele pode produzir quando agitado e que explicaria também sua propensão à luxúria, pois o "impulso amoroso é da natureza do sopro de ar"; não só Afrodite deve seu nome à espuma (*aphrós*) do esperma de Zeus, como também o próprio membro viril inflaria devido à força do sopro do ar.

O vinho, aumentando o calor natural, alegra e traz boas esperanças, mas se quem o bebe é um melancólico ou um velho desesperançado, e a "velhice é uma espécie de resfriamento", após a embriaguez, o calor artificialmente aumentado, ao extinguir-se, pode levar a um tal desânimo que resulte até mesmo no suicídio: "eis porque alguns acabam com si mesmos ao saírem da embriaguez, o calor vindo do vinho é trazido de fora e, quando ele se apaga, surge esse estado afetivo".[101]

A temperança proposta por Aristóteles deve, assim, levar em conta não só os excessos dos prazeres, mas também os da tristeza. O equilíbrio, a harmonia, a isonomia dos humores do corpo, também em Aristóteles, que nisso segue Hipócrates, devem ser o fundamento de uma vida bem regrada, condição para a saúde do corpo e para a tranquilidade da alma.

---

[99] David Hume, *História natural da religião*, trad. Jaimir Conte (São Paulo: Unesp, 2005) [1757], p. 82.
[100] Raymond Klibansky, Erwin Panofsky, Fritz Saxl, *Saturne et la mélancolie. Études historiques et philosophiques: nature, religion, médecine et art*, trad. Fabienne Durand-Bogaert & Louis Évrard (Paris: Gallimard, 1989).
[101] *Ibid.*, p. 72.

A "COLHEITA DO DIA" EM EPICURO E LUCRÉCIO

Embora tenha ficado vulgarizado como sinônimo de consumo desenfreado de prazeres, o epicurismo é exatamente o oposto disso. O filósofo Epicuro (341 a.C-270 a.c.), conhecido como o grande mestre da "escola do jardim", fundou uma doutrina que se tornou conhecida por uma defesa da ataraxia, ou seja, a ausência de perturbações da alma, além de uma física atomista peculiar e uma negação da interferência das forças divinas nos assuntos humanos, assim como da recusa da crença na eternidade da alma. Sua defesa do prazer como um bem pressupõe um uso equilibrado dos prazeres que não traga, com a satisfação de um excesso momentâneo, uma dor duradoura posterior.[102]

Num momento de crise da civilização grega, com a desagregação do império alexandrino, a vida pública foi substituída pela disputa militar aberta, e as escolas filosóficas desse período alexandrino refletiram essa situação com um distanciamento das questões políticas e um refúgio na ética da individualidade. Tanto estoicos como epicuristas identificaram no conhecimento e na regulamentação dos desejos a receita para a felicidade, que consistiria, sobretudo, na proporção entre os desejos satisfeitos em relação a todos os desejos. Mais feliz é quem tem poucos desejos, mas satisfeitos, do que quem tem muitos que nunca satisfaz.

Há registros de um *Banquete*, de Epicuro, cujo texto não restou nenhuma passagem, mas que era comentado na Antiguidade por outros autores. Entre seus preceitos se encontraria o de não fazer amor após um banquete, pois

> o vinho puro, que é um alvoroçador e provocador da confusão, tira os corpos de suas casas. E se a calma e o sono não se apoderam de nosso corpo nesse estado, mas outras alterações devido aos prazeres sexuais, ao estar oprimido e deslocado, o que precisamente serve para sujeitar e unir ao corpo, existe o risco de que o corpo fique destroçado como uma casa removida desde os alicerces.[103]

---

[102] Entre os muitos estudos sobre o epicurismo, destaque-se o de Benjamin Farrington, *A doutrina de Epicuro*, trad. Edmond Jorge (Rio de Janeiro: Zahar, 1968).
[103] Plutarco, "Charlas de sobremesa", cit., livro III, p. 6.

Por isso, o sexo só deveria realizar-se quando a digestão já tivesse terminado e o corpo estivesse calmo e sem fome.

Lucrécio (c. 98 a.C-c. 55 a.C.), discípulo latino de Epicuro, descrevia apenas os efeitos negativos ao relatar as perturbações causadas pelo vinho na alma (para argumentar contra a sua imortalidade):

> por que [...] quando a força de um vinho generoso penetrou num homem e o calor, dividindo-se, se espalhou pelas veias, se segue um peso nos membros, vacilam as pernas, inclinando-se, retarda-se a língua, perturba-se o espírito, nadam os olhos, e aparecem gritos, soluços e provocações, todas as consequências desse gênero? Por que motivo vem isto, senão porque a veemente violência do vinho costuma perturbar a alma dentro do próprio corpo? Ora, toda substância que pode ser perturbada e impedida declara por aí que, se nela se insinua alguma coisa de mais grave, perece e se priva do tempo futuro.[104]

Um outro significado foi atribuído, no entanto, ao epicurismo, como sinônimo de apego aos prazeres carnais, especialmente os do sexo, da comida e da bebida, ou seja, como expressão de um hedonismo, cuja matriz, entretanto, encontra-se em outras fontes antigas, por exemplo Safo, cujas odes, desde o século VI a.C., já festejavam a ebriedade dos prazeres:

> A negra terra bebe a chuva,
> As árvores bebem a terra,
> O mar bebe a brisa;
> O sol bebe o mar,
> E a lua bebe o sol.
> Por que então, meus amigos,
> Combater os desejos,
> Se eu beber quero também?[105]

---

[104] Lucrécio, "Da natureza", em *Epicuro, Lucrécio, Cícero, Sêneca, Marco Aurélio*, trad. Agostinho da Silva *et al.*, Coleção Os Pensadores (2ª ed. São Paulo: Abril Cultural, 1980), p. 69.

[105] Sappho, *Anacréon et Anacréontiques*, trad. Maria Neunier (Paris: Bernard Grasset, 1932), p. 158.

Essa atitude de fruição da vida em geral, não só do vinho, marcou uma vertente da poesia latina, da qual Horácio (65 a.C.-8 a.C.), com seu verso famoso do *carpe diem*, talvez tenha sido o mais notável representante:

saboreia, coa os vinhos e
já que o tempo é breve,
encurta a longa esperança.
Enquanto falamos o tempo invejoso terá fugido:
colhe o dia, crendo o menos possível no futuro[106]

Outro poema de Horácio decreta:

Nenhum verso poderá agradar e viver por muito tempo,
se escrito por um bebedor de água.
Desde que Baco alistou os poetas, meio embriagados, entre os Faunos e
os Sátiros,
as doces Musas trouxeram-lhes o vinho desde a manhã.
O elogio do vinho traiu o gosto de Homero.
O venerável Ênio jamais se lançou a cantar os combates
sem antes beber [...][107]

Nos *Epigramas* de Paladas de Alexandria (360-430), no período crepuscular da Antiguidade clássica do século IV, assolada pela crescente intolerância cristã diante do paganismo, quando os editos de 391 de Teodósio, o Grande, contra pagãos e heréticos incitaram monges furiosos a pilhar templos gregos e romanos e assassinarem a filósofa pagã Hipácia, encontramos diversas expressões desse espírito hedonista, devoto do vinho, mas já nostálgico e melancólico como nas passagens a seguir:

---

[106] "[...] sapias, vina liques et spatio brevi spem longam reseces. Dum loquimur, fugerit invida aetas: carpe diem, quam minimum credula postero". Cf. Horácio, "Ode XI", livro I, em José Paulo Paes (org.), *Poemas da antologia grega e palatina: séculos VII a.C. a V d.C.* (São Paulo: Companhia das Letras, 1995).

[107] Horácio, apud Jean-Anthelme Brillat-Savarin, *A fisiologia do gosto*, trad. Paulo Neves (São Paulo: Companhia das Letras, 1995), p. 364.

Só isso, a vida: um instante de prazer.
Para longe, mágoas.
Se é tão breve a existência dos homens, que venha Baco
com suas danças, coroas de flores, mulheres,
Hoje eu quero ser feliz, ninguém sabe do amanhã.[108]
[...]
Todos os mortais têm de pagar a dívida da morte
pois ninguém sabe se amanhã estará vivo.
Aprende bem esta lição e cuida de alegrar-te,
oh! homem que tens no vinho o esquecimento do teu fim.[109]

Em toda essa poesia clássica encontra-se a temática epicurista do desfrute do momento fugaz, do destemor da morte, do ceticismo nas promessas de felicidades futuras e na busca de uma felicidade possível no aqui e agora, no gozo equilibrado dos prazeres, entre os quais o vinho tem lugar de relevo, algo diametralmente oposto à perspectiva cristã, abstinente e escatológica, que passou a dominar o mundo antigo após a cristianização do Império Romano.

A influência epicurista imbuiu-se, em parte, de uma reputação não merecida, devido muito mais a comentadores do que a divulgação dos seus próprios textos, quase perdidos, salvo fragmentos. A Igreja Católica usou o seu nome como sinônimo generalizado de impiedade e desenfreio, tornando seu nome mais conhecido como um epíteto injurioso do que pela sua obra efetiva. No Renascimento e na época moderna, fragmentos de Epicuro e, especialmente, textos de Lucrécio, seu grande divulgador latino, foram publicados e alguns autores como Michel de Montaigne (1533-1592), Giordano Bruno (1548-1600) e Pierre Gassendi (1592-1655) reivindicaram o pensamento epicurista, comparando-o ao estoicismo. Francisco de Quevedo (1580-1645) em sua obra *Defensa de Epicuro contra a opinião comum* logo no início anuncia que "não é culpa dos modernos terem a Epicuro por glutão fazê-lo provérbio da embriaguez e da desonesta lascívia",[110] pois,

---
[108] Paladas de Alexandria, *Epigramas*, trad. José Paulo Paes (São Paulo: Nova Alexandria, 1992), livro V, canto 72.
[109] Paladas de Alexandria, *Epigramas*, cit., livro XI, canto 62, p. 75.
[110] Francisco de Quevedo, *Defensa de Epicuro contra la común opinión* (Madri: Tecnos, 1986), p. 4.

desde seus contemporâneos, a confusão de seus ensinamentos teria sido deliberadamente fomentada para caluniar a sua doutrina.

Contudo, as palavras do filósofo, num dos poucos fragmentos que dele nos restaram, são claras a esse respeito:

> quando dizemos, então, que o prazer é fim, não queremos referir-nos aos prazeres dos intemperantes ou aos produzidos pela sensualidade, como creem certos ignorantes, que se encontram em desacordo conosco ou não nos compreendem, mas ao prazer de nos acharmos livres de sofrimento do corpo e de perturbações da alma.[111]

Essa busca da ausência de perturbações ou ataraxia, assim como da ausência de paixões ou apatia, caracterizou a atitude epicurista, muito mais do que a postura a ela atribuída de ser uma busca insaciável pelos prazeres carnais.

O vinho, assim como os outros prazeres, deve ser usufruído na medida correta, ou seja, aquela que não traga para os gozos presentes sofrimentos futuros, o cálculo da felicidade se constituindo, assim, numa equação entre os momentos vividos e o conjunto da existência, na qual os primeiros devem ser subordinados ao conjunto mais amplo do tempo por viver.

PLUTARCO E O GÊNERO LITERÁRIO DO SIMPÓSIO

Depois de *O banquete*, de Platão, e do *Banquete*, de Xenofonte, o gênero simposístico foi desenvolvido por vários outros autores gregos antigos. Mais tarde, na época imperial romana do final do século I e início do século II, durante os dias dos imperadores Trajano e Adriano, a obra do grego Plutarco (*c*. 50-*c*. 120)[112] também terá sua narrativa de banquete, em nove livros chamados de *Symposiaka*, ou, na tradução latina, *Quaestiones convivales*,

---

[111] Epicuro, "Antologia de textos", em *Epicuro, Lucrécio, Cícero, Sêneca, Marco Aurélio*, trad. Agostinho da Silva *et al.*, Coleção Os Pensadores (2ª ed. São Paulo: Abril Cultural, 1980), p. 17.

[112] Os estudos sobre Plutarco são vastos, grande parte reunindo-se na International Plutarch Society, *Symposion e philanthropia em Plutarco*, 8º congresso, Coimbra, 23-27 de setembro de 2008.

em que vai retomar o tema e o estilo dos diálogos de seu mestre Platão, para levantar questões relativas à embriaguez e à filosofia. O que era simpósio em grego (beber juntos) tornou-se *convivium* em latim, abrangendo, para uma esfera ainda mais ampla, as relações sociais cultivadas ao redor do beber vinho. Não foi o único autor antigo a escrever esse tipo de literatura, registrando-se ao menos os nomes de Aristóxeno de Tarento, do gramático Dídimo, do estoico Perseu, além de um texto perdido de Epicuro. Após Plutarco, entretanto, vários outros autores se apoiaram na sua temática ou mesmo diretamente em passagens suas, tanto no período helenístico, como Ateneu em *Deipnosophistaí*, ou Eliano (175-235) em *Varia historia*, como no período cristão grego bizantino, com Michel Psellus (*c*. 1018-*c*. 1096) em *Omnifaria doctrina*.[113] Até mesmo o imperador Juliano escreveu um *Banquete*. Em todos esses autores, o tema do simpósio, da reunião para beber e conversar, dos seus critérios e das suas conveniências ordena a exposição de um conjunto de ideias filosóficas naturais, morais e políticas, em grande parte devedoras da tradição platônica, cujo fio condutor é quase sempre o vinho e seus efeitos.

Plutarco, no entanto, foi possivelmente o mais influente dos autores a tratar dos simpósios. Seus textos sobre os banquetes também tiveram grande divulgação, embora suas obras mais conhecidas tenham sido as biografias comparadas de gregos e romanos ilustres, *Vidas paralelas*.[114]

O próprio Plutarco no livro I reconhece que os banquetes são, desde que os seus convivas sejam filósofos, momentos privilegiados para filosofar, "misturando Dioniso com as Musas não menos do que com as Ninfas", estas representando a água que deve misturar-se ao vinho, o que permite que ele "entre em nosso corpo sereno e tranquilo", e aquelas levando a bebida de forma alvoroçadora para nossas almas.

Assim, a primeira questão proposta no primeiro diálogo do livro I é "se se deve filosofar durante a bebida", ao que Plutarco responde, referindo-se a Platão, que "é de uma inteligência iminente não parecer filosofar quando se filosofa e levar a cabo as tarefas de gente séria em meio a brincadeiras".

---

[113] Plutarco, "Charlas de sobremesa", cit., p. 38.
[114] *Vidas paralelas*, de Plutarco, teve 62 edições entre 1450 e 1700, o que a torna a terceira obra histórica grega mais publicada no período moderno, só superada por dois livros de Flávio Josefo. Cf. François Hartog, *Le miroir d'Hérodote*, cit, p. 308.

Dessa maneira, os bebedores poderão ser instruídos tanto sobre as formas adequadas de se beber como sobre questões filosóficas mais gerais e, assim, evitar os vícios da embriaguez.

Entre as questões especificamente ao próprio banquete se discute como devem ser ocupados os lugares, quais os lugares de honra, como escolher e quais as funções do "simposiarca", que é quem deve presidir as atividades e dosar o vinho, se as coroas de flores e os perfumes são adequados, entre outras dúvidas sobre a etiqueta e os costumes do banquete.

O simposiarca deveria saber "governar seus amigos", conhecendo cada um e os seus limites, sendo uma mistura equilibrada entre a seriedade e a diversão, tendo em vista sempre que a finalidade do banquete deve ser o fortalecimento da amizade, em que devemos ser comensais não só com o ventre, mas também com a alma. Por isso, é especialmente recomendável buscar manter o decoro, pois o vinho tende a diminuir a compostura e é preciso, portanto, tomar cuidado diante das situações escorregadias criadas pela embriaguez, zelando para que as brincadeiras e os chistes não sejam ofensivos, já que podem ferir mais do que os próprios insultos.

A conversação é o aspecto mais importante a se cultivar no banquete, visto que é por meio dela que se conhecem uns aos outros, e os que permanecerem calados não serão capazes de se conhecer, "pois não é possível conhecer aos que comem e bebem em silêncio [...] o vinho nos descobre e revela, porque não nos deixa permanecer em silêncio, mas nos suprime a afetação e a compostura" e, por isso, "a Esopo, Platão e qualquer outro que precise uma investigação do caráter, o vinho lhes é útil para isto".[115] A loquacidade e a "fecundidade em palavras" é, portanto, uma característica notável dos efeitos do vinho. O condimento "mais divino do jantar e da mesa é a presença de um amigo" e quando se come só "se engole, não se janta".[116] No "Banquete dos sete sábios", Plutarco escreve que, quando homens dessa qualidade se reúnem, nem o vinho seria necessário, pois "as Musas" colocam em meio deles "a palavra como uma cratera de sóbrio conteúdo".[117]

---

[115] Plutarco, "Charlas de sobremesa", cit., livro III, p. 148.
[116] *Ibid.*, livro VII, p. 291.
[117] Plutarco, "Banquete de los siete sabios", cit., p. 152.

Contudo, a palavra na conversação deve ser medida e contida como a bebida no banquete, pois nada é mais característico do embriagado que a tagarelice, a qual deve ser evitada a todo preço. A discrição, a capacidade de guardar segredos, a contenção cautelosa de si mesmo são todas virtudes que se perdem ao se embriagar: "Tanto o silêncio é profundo, religioso, sóbrio, quanto a embriaguez é faladeira: sendo sem inteligência e dotada de pouco espírito, por isso mesmo faz muito barulho".[118]

Plutarco compara a embriaguez com a loucura:

> todo homem decente e honesto, penso eu, recusaria embriagar-se. Se alguns pensam que a raiva frequenta a loucura, então a embriaguez coabita com ela, ou antes, ela própria é uma loucura cuja duração é menor, mas a causa é maior, já que ela provém de uma escolha livre.[119]

Uma loucura voluntária, portanto, e por isso pior, embora passageira. E seu efeito mais condenável, segundo Plutarco, é a falta de limites para as próprias palavras e atos: "nada se censura tanto à embriaguez quanto a incontinência e a falta de limite das palavras [...] arranca de nós as palavras que era preciso manter secretas". Distinta da alegria, a embriaguez é uma "logorreia".

Entretanto, adverte o filósofo, "não é o beber que é criticado, se o beber vier seguido de silêncio, mas o delírio, que transforma a alegria em embriaguez". A bebida é como a linguagem, pode servir a muitos e contraditórios fins:

> do mesmo modo que o vinho, que foi inventado para o prazer a para a boa convivência, é transformado por aqueles que são forçados a bebê-lo muito e sem mistura num veneno intragável, assim também a linguagem, o mais agradável e o mais humano dos símbolos, torna-se, por aqueles que a empregam mal e negligentemente, inumana e insociável.[120]

Há também uma relação entre a embriaguez, a música e o erotismo, porque "enamorar-se é semelhante a embriagar-se, pois faz os homens ar-

---

[118] Plutarco, *Sobre a tagarelice e outros textos*, trad. Mariana Echalar (São Paulo: Landy, 2008), p. 15.
[119] *Ibid.*, p. 14.
[120] *Ibid.*, p. 17.

dentes, alegres e relaxados, e, quando assim se convertem, se deixam dominar por acentos musicais e especialmente ritmados".[121] Plutarco é, no entanto, um crítico acérrimo do "veneno do canto e do ritmo". Em geral, contudo, Plutarco não é um puritano, pois seria recomendável "evitar mais a privação do que a fartura excessiva".[122]

Algumas das considerações que aparecem nos diálogos de Plutarco são claramente errôneas e contrárias até mesmo ao senso comum, refletindo muitas vezes uma pouca presença de um espírito empírico na mentalidade greco-romana. Assim, se declara que as mulheres se embriagam pouquíssimo devido à sua natureza fria, úmida, lisa e branda, portanto,

> quando o vinho cai em tanta umidade, submetido, perde sua têmpera e se torna completamente inconsistente e aguado [...] é natural que também o seu corpo, pelo incessante trânsito de fluxos para suas menstruações, seja muito poroso e cortado como por canais e condutos, nos quais sendo introduzido o vinho puro este se espalha rapidamente e não se detém nas partes principais.[123]

Atribui a Aristóteles a curiosa ideia de que os que tomam de um só trago são os que menos caem embriagados.

Já os anciões, devido à sua constituição dura, seca, rugosa e terrosa, quando bebem absorvem a bebida como uma esponja seca e, além disso,

> a natureza dos anciões tem em si mesma os sintomas da embriaguez. Pois são sintomas claríssimos do embebedamento os tremores dos membros, os balbucios da língua, os excessos de charlatanice, o repentino das cóleras, os esquecimentos e extravios da mente [...] de maneira que a embriaguez num ancião supõe não o nascimento de sintomas particulares, mas a intensificação dos comuns. E prova disto é que não há nada mais semelhante a um ancião que um jovem bêbado.[124]

---

[121] Plutarco, "Charlas de sobremesa", cit., livro I, p. 80.
[122] Ibid., livro IV, p. 200.
[123] Ibid., livro III, p. 161.
[124] Ibid., p. 162.

A mesma comparação da embriaguez com a velhice também se encontra em outra obra de Plutarco, em que se refere a um jovem falecido, dizendo que "partiu prematuramente desta vida mortal, como de um banquete, antes de cair no comportamento próprio de um ébrio, que costuma acompanhar a uma velhice avançada".[125]

Admite também que o vinho é frio, o que contraria uma opinião médica hipocrática e, depois, galênica, muito difundida sobre o assunto, argumentando que isso seria assim, pois

> aos que se embriagam ocorre-lhes o mesmo que aos homens que sofrem pelo frio: tremores, pesadez, palidez, agitação do hálito vital em torno aos membros, falta de claridade na língua, estrangulamento dos nervos nas extremidades e entumescimento. E na maioria das pessoas a embriaguez acaba em um desfalecimento, quando o vinho puro abate e extingue totalmente o calor.[126]

Também seria por insuficiência de calor que os aficionados ao vinho envelheceriam cedo, teriam calvícies e ficariam grisalhos precocemente.

A mais importante das conclusões a respeito do vinho surge quando se discute se deve se tratar de política durante a bebida, e um irmão de Plutarco argumenta a favor dessa tese que

> o beber se diferencia do embriagar-se e os que estão bêbados a ponto de desabar acreditamos que devem ir se deitar; em troca, dos que se servem de vinho em quantidade e bebem demais, se são homens de inteligência, não há por que temer que percam a cabeça [...] a muitos o vinho lhes acrescenta um atrevimento cúmplice da audácia, não desavergonhado nem desmedido, mas agradável e sedutor [...] alguns, de um engenho natural, mas tímidos e encolhidos enquanto estão sóbrios, quando se põem a beber se elevam como o incenso pelo calor. E o vinho expulsa o medo, que é um dos obstáculos nada pequenos para deliberar, e apaga outros muitos sentimentos desprezíveis e deixa descoberto o mau humor e a perfídia como certas duplicidades da alma, e torna patente nas palavras

---
[125] Plutarco, "Escrito de consolación a Apolonio", cit., p. 108.
[126] Plutarco, "Charlas de sobremesa", cit., livro III, p. 167.

qualquer maneira de ser e sentimento, e é o maior procriador da sinceridade e por ela da verdade [...] portanto, não há que temer que o vinho mova as paixões, pois não move as piores, salvo nos muito malvados, cuja vontade jamais está sóbria.[127]

Na alma desses malvados "habita sempre uma embriaguez sem vinho" e os que consideram "a malícia sagacidade e a falsa opinião e baixeza prudência, naturalmente, declaram tontos aos que no vinho dizem sem truques nem enganos o que lhes parece".[128]

Em "Banquete dos sete sábios", Plutarco retoma, em torno de um encontro imaginário entre os sete sábios da Grécia (Sólon, Tales, Bias, Pítaco, Quilon, Cleóbulo e Anacársis), os temas do simpósio, momento central na sociabilidade grega, pois, quando a insolência ou o desagrado surgem por causa do vinho, uma antipatia mútua pode durar a vida toda. Por isso, é indispensável se conhecer muito bem com quem se comparte um banquete, uma vez que este, diferente da guerra ou da navegação, não obriga ninguém a conviver junto a não ser voluntariamente.

Plutarco, em diversos outros escritos, também tratou do vinho seguindo uma inspiração declaradamente socrática, segundo a qual só devemos comer quando temos fome e beber quando temos sede. Em "Conselhos para conservar a saúde", retoma as palavras de Eurípides em relação à Afrodite para aplicá-las ao vinho: "Oxalá estejas sempre comigo, mas sempre com moderação; Oxalá nunca me abandones".[129] O vinho,

das bebidas é a mais útil, e dos remédios o mais agradável, e dos alimentos o que menos sacia, se recebe uma boa mistura, tomando-o a seu devido tempo, mais do que por misturá-lo bem com água. E a água, não só a que se mescla com o vinho, mas também a que se bebe só em meio ao vinho mesclado torna inofensiva a mistura de vinho.[130]

---

[127] *Ibid.*, livro VII, p. 337.
[128] *Ibid.*, p. 338.
[129] Plutarco, "Consejos para conservar la salud", cit., p. 153.
[130] *Ibid.*, p. 152.

Recomenda que se tome de "dois a três copos de água" durante a refeição, pois a "umidade da água é mitigadora e moderada", enquanto a umidade do vinho "possui um ímpeto muito grande e uma força nem saudável nem benigna com as dores recentes".

Plutarco, que defendeu o vegetarianismo e elogiou a abstenção de carnes, adotou em relação ao vinho uma atitude, comum a praticamente todos os autores antigos, de busca do equilíbrio, considerando-o útil como alimento, como remédio e, sobretudo, como um alimento espiritual que eleva o ânimo, sela a amizade e estimula a reflexão e a poesia.

Abolir as fronteiras entre a filosofia e a medicina: esse era seu objetivo declarado, ao advertir contra os excessos, defendendo comidas simples e baratas em vez dos refinamentos da época, diagnosticando nos "desânimos e temores irracionais que apagam nossa esperança"[131] causas corporais e aconselhando, acima de tudo, o cuidado com a escravidão aos prazeres que levaria às enfermidades e aos males. Cita Demócrito, "se o corpo promovesse um julgamento contra a alma por seus maus tratos, esta seria condenada",[132] para afirmar que as paixões da alma levam a condutas perniciosas ao corpo, excedendo em todos os sentidos o limite do razoável.

Um outro representante da literatura simposística contemporâneo de Plutarco foi Ateneu, nascido em Náucratis, cidade de cultura helenística no Egito, viveu em Roma no final do século II da Era Cristã, contemporâneo dos imperadores Marco Aurélio e Cômodo, e com o *Deipnosophistaí*, ou *Banquete dos eruditos*, vai dar seguimento ao fecundo filão da literatura sobre o banquete na época clássica. O papel do vinho na arte da conversação e da reflexão filosófica é central, constituindo-se tanto como o contexto quanto o tema das conversas nos banquetes.

Como explica Lucía Rodriguez-Noriega Guillén no *Banquete*, de Ateneu,[133] o gênero simposístico desde Platão tinha algumas convenções estabelecidas: tratava-se de diálogos narrados *a posteriori*, cujo desenvolvimento previa a definição do motivo do banquete, da descrição dos parti-

---
[131] *Ibid.*, p. 144.
[132] *Ibid.*, p. 163.
[133] Ateneu, *Banquete de los eruditos*, cit.

cipantes, da ocasião e do lugar, em seguida, quase sempre sem referir-se a parte culinária e alimentar (Ateneu é a exceção), passava-se para uma narrativa das opiniões contrapostas sobre diversos assuntos no decorrer da segunda parte do banquete, que era a da bebida e da conversação.

Ateneu busca resumir e citar quase todos que trataram do banquete, começando por Homero, ao qual longamente comenta, mostrando que ele conhecia a "medida beneficiosa e adequada" e condenava a "avidez", que produz embriaguez e foi a causa pela qual perecera o Ciclope Polifemo, morto por Ulisses. Ao mencionar todos os que na narrativa de Homero se perdem ou se destroem por muito beber (Elpenor, Antínoo, Enas, Agamenon), compara a embriaguez com a loucura, as quais devem "ser colocadas no mesmo prato da balança".

Ele também relata que no tempo homérico se comia sentado, diferentemente da época helenística quando se faziam os banquetes em leitos ou divãs (os triclínios), se lavava as mãos e se comia recostado. Lembra que os heróis homéricos na *Ilíada* só comiam carne que eles próprios preparavam, que já faziam brindes à saúde com o copo na mão direita. Já na *Odisseia*, os pretendentes de Penélope se banqueteavam de forma ociosa e perdulária.

Ateneu descreve uma enorme quantidade de tipos de vinho de diversas regiões, o mais famoso já era o Falerno, que podia envelhecer até quinze ou vinte anos antes de ser bebido. Também se destacam o de Lesbos e o de Pramnio "que alguns chamam também drogado". Existem vinhos que fazem conceber e outros, abortar, alguns que são soníferos e outros que deixam insone e há vinhos com aromas de flores. No Egito, onde a vide primeiramente teria sido descoberta, também a cerveja teria sido inventada para os pobres que não podiam beber do fermentado de uva, e Aristóteles é citado para se afirmar que os que se embriagavam de vinho caíam com a cabeça para frente, enquanto os que o faziam com cerveja caíam com ela para trás, pois o vinho deixaria a cabeça pesada e a cerveja faria adormecer.

Nessa extensa reunião de Ateneu de um conjunto de citações, comentários e tradições sobre os banquetes, não só entre gregos e romanos, mas também entre os povos mais diversos do mundo antigo, concentram-se muitos séculos de uma sabedoria clássica sobre a forma de se fazer do bem beber e do bem comer um estilo de vida alçado como exemplar da capacidade grega de autodomínio, que se manifestou também em muitas outras obras do prolífico gênero da literatura sobre os banquetes.

TEMPERAMENTOS DO CORPO E PAIXÕES DA ALMA EM GALENO

O mais importante médico da Antiguidade foi Galeno (129-199), que nasceu em Pérgamo, na Ásia Menor, e, antes de estabelecer-se em Roma, estudou em diversas cidades, entre as quais Alexandria. Foi médico de gladiadores e escreveu as obras mais influentes do pensamento médico filosófico antigo, reunindo, de forma um tanto eclética, as ideias hipocráticas, platônicas e aristotélicas. Nos banquetes descritos por Ateneu, ele teria sido um dos personagens famosos que neles participaram.

As faculdades e as paixões da alma, para Galeno, eram resultado direto dos temperamentos existentes no corpo. Seguindo a noção platônica de uma alma tripla: racional (no cérebro), irascível (no coração) e concupiscível (no fígado), não concordava, entretanto, que apenas a primeira fosse de natureza imortal e, mesmo sem definir uma posição clara a esse respeito, tendia a identificar as formas materiais do corpo e do meio ambiente como elementos constitutivos fundamentais do caráter singular de cada pessoa.

A maior secura ou umidade, assim como calor e frieza, tanto da alimentação como da região ou da estação do ano, definiria a mistura de humores que poderia ou não ser adequada ao bom funcionamento corporal e, portanto, também a ocorrência de maior ou menor tendência a ceder diante das paixões da alma.

Estas últimas, que eram vistas pelos estoicos essencialmente como quatro: prazer, tristeza, desejo e medo (sendo estas duas a projeção para o futuro da expectativa das duas primeiras), se tornam, na obra de Galeno, o conjunto mais elaborado dos vícios (que o cristianismo considerará como os pecados capitais): cólera, luxúria, gula, inveja, tristeza e avareza.

Essas paixões são as doenças da alma, que devem ser combatidas com o auxílio de um conselheiro e pedagogo que possa indicar a cada um o diagnóstico do quanto está sofrendo e a terapia adequada para vencê-las e corrigi-las. É, portanto, como um tratado terapêutico das paixões da alma que ele escreve a esse respeito, considerando que ignoramos nossos próprios erros, pois somos cegos em relação a nós mesmos, porque nos amamos excessivamente e tendemos assim a não enxergar devidamente o objeto amado, ainda mais quando ele se trata da própria pessoa.

A pior das paixões seria a insaciabilidade, que provoca o desejo erótico, a glutonaria e a embriaguez. Para explicar a razão pela qual somos afetados pelo vinho e por outras drogas, Galeno recorre à teoria dos humores, segundo a qual a alimentação, as bebidas e o regime de vida determinam a composição desses supostos fluidos do corpo, uma vez que o excesso de cada um provocaria efeitos característicos. Assim, a demasiada bílis amarela levaria ao delírio; a bílis negra, à melancolia; e a fleuma, a letargia. Esses efeitos são ligados às características de calor e umidade desses humores, pois os de natureza fria (como a fleuma) levam ao sono e à perda da memória, e as substâncias de natureza quente (como o vinho) tendem a produzir calor e suscitar a atividade dos humores quentes, como o sangue.

Assim, escreve Galeno:

> é claro que o vinho suaviza todas as tristezas e abatimentos [...] se ele é bebido com medida, pela digestão, a distribuição dos sucos, a produção do sangue e a nutrição contribuem grandemente a tornar a nossa alma mais suave e ao mesmo tempo corajosa, por meio, é claro, do temperamento do corpo, o qual, por sua vez, é produzido por meio dos humores.[134]

No entanto, se bebido em demasia, o vinho, por excesso de calor, pode matar, assim como outras drogas podem fazer o mesmo por excesso de frio. Assim, "o vinho tem o poder de separar a alma do corpo, de levar ao delírio, de privar da memória e da inteligência, de tornar mais triste, amedrontado e desencorajado, como ocorre nas melancolias, enquanto aquele que o bebe com medida tem os efeitos contrários".[135]

---

[134] Galeno, *L'âme et ses passions. Les passions et les erreurs de l'âme. Les facultes de l'âme suivent les tempéraments du corps*, trad. Vincent Barras, Terpsichore Birchler e Anne-France Morand (Paris: Les Belles Lettres, 1995), p. 85.
[135] *Ibidem*.

Retomando as passagens de Platão dos livros *Leis* e *Timeu*, em que este trata do vinho como de um potencial tirano que toma o comando da alma, Galeno faz suas as palavras do filósofo grego que recomendava o seu consumo moderado apenas a partir de certa idade, proibindo-o aos jovens, assim como aos que desempenham funções de comando, tais como pilotos de navio, guerreiros ou juízes. Retomando Platão, Galeno escreve que o vinho "preenche todo o corpo e, sobretudo, a cabeça de vapor quente; ele é causa de um movimento imoderado tanto na parte concupiscível como na parte irascível da alma, enquanto, para a parte racional, ele é a causa de decisões precipitadas".[136] Em resumo, o vinho, ao provocar o aquecimento dos humores, pode tanto lesar como ajudar.

Em sua teoria, Galeno identifica, além da educação e da própria vontade, os fatores externos ao indivíduo como a causa da natureza do seu caráter, seguindo uma concepção hipocrática que via nos ares, nos lugares, nas estações, etc., os elementos condicionantes do seu comportamento, o que faria, por exemplo, que os asiáticos ou os habitantes dos vales fossem mais suaves e mais pacíficos que os europeus ou os que vivem nas montanhas, devido às mudanças mais abruptas de clima e temperatura a que estes últimos estariam submetidos.

A busca da "justa medida" como a melhor das coisas reaparece em Galeno como um dos maiores postulados morais da filosofia e da medicina da Antiguidade. Atribuído por Diógenes Laércio a Cleóbulo de Lindos, um dos sete sábios da Grécia, esse adágio eternizou-se em quase todos os mais importantes autores antigos. Relacionado ao regime de viver, ele assume na obra galênica o significado de um consumo moderado de alimentos e bebidas, cuja função, além de nutrir o corpo, deverá ser a de fornecer à alma a mistura adequada de humores que lhe permita fortalecer sua parte racional e assim dominar as faculdades concupiscíveis e irascíveis que produzem o desejo e a cólera.

Essa noção de uma "dieta moral", de uma farmaconomia que vê nas paixões da alma desequilíbrios do corpo, possui um aspecto profundamente materialista que recusa qualquer diagnóstico ou interpretação fisiológica

---

[136] *Ibid.*, p. 108.

e psicológica que não leve em conta o estado das substâncias que o corpo ingere, enfatizando, em vez disso, que

> a ideia de que a nutrição pode tornar alguns mais razoáveis, outros licenciosos, capazes ou não de se controlar, corajosos, covardes, suaves, gentis, ou amando a querela e os conflitos, [faz] virem me consultar para aprender o que devem comer e beber. Eles se beneficiarão grandemente da filosofia ética e, além disso, em relação às faculdades da alma racional, progredirão em direção à virtude, adquirindo mais inteligência e memória. Além dos alimentos, das bebidas e dos ventos, lhes ensinarei também os temperamentos do ambiente e as regiões que convêm escolher ou fugir.[137]

Os temperamentos são aquilo que marca não só o corpo individual, como também a própria natureza, cujas estações ou lugares possuem também suas características temperamentais e cuja determinação última é da própria temperatura que as governa. Assim, fecha-se o circuito, e os mundos micro e macro se harmonizam sob a regência destes princípios de analogia e similitude, de simpatia e antipatia, a partir dos estados possíveis entre o frio e o quente, que regulam os astros, as estações, os lugares, as plantas, os animais e os homens.

As funções dos órgãos e dos fluidos se relacionam assim a uma dinâmica cósmica, em que temperaturas, temperamentos e temperos interagem e são termômetros da saúde e da doença, da virtude e do vício, da salvação e da destruição. Tal a ideia mais geral do galenismo que, sob a forma da teoria da medicina humoral, reinou por mais de um milênio e meio e, entre outras noções, conservou aquela que atribui calor ao vinho e aos seus efeitos.

Correntes mais relativistas e céticas, inspiradas em Protágoras e Pirro, questionaram certos pressupostos da teoria humoral hipocrática e das constituições dos indivíduos e das substâncias, afirmando que coisas como o azeite, o mel e o leite resultariam da mistura e união de coisas diversas, não podendo ser definidas como possuidoras de uma só natureza. Em relação

---

[137] *Ibid.*, p. 106.

ao vinho, por exemplo, como vimos anteriormente, também existiu uma noção de que, ao invés de quente, ele seria frio, ou, como na obra perdida sobre o *Banquete*, de Epicuro, possuiria átomos produtores tanto de calor como de frio que se combinariam com as diferentes misturas de átomos dos corpos, de maneira que "ao embriagar-se, alguns se esquentam muito, enquanto outros experimentam o contrário".[138] Após a reformulação galênica das ideias hipocráticas, no entanto, a teoria humoral dominou de forma quase inquestionável.

O reinado do galenismo passou a ser sancionado pela escolástica como um dogma. Tanto o cristianismo medieval como o moderno e contrarreformista fizeram de Galeno um postulado inatacável. Na época moderna em um país como a Espanha, "declarar-se antigalenista era interpretado com caráter de heresia" e qualquer livro visto nesse sentido era proibido pelo *Index* inquisitorial.[139] Tanto as concepções anatômicas e fisiológicas como os procedimentos terapêuticos ficaram dogmaticamente amarrados aos textos galênicos, o que dificultou sobremaneira a emergência de uma medicina iatroquímica, empiricista e experimental, que só veio a despontar na primeira década do século XVI, a partir de Paracelso, chamado de "o Lutero da Medicina".

---

[138] Plutarco, "Charlas de sobremesa", cit., livro III, 5.
[139] Sagrario Muñoz Calvo, *Inquisición y ciencia en la España moderna* (Madri: Nacional, 1977), p. 224.

ERA JUDAICA, CRISTÃ E ISLÂMICA

A VINHA DE NOÉ

Uma hipótese acerca da base real para a crença disseminada no dilúvio (presente também no livro sumério *Gilgamesh*) seria a situação do mar Negro, que, até cerca de 5.600 a.C., era um lago de água doce com menor superfície que a atual e sofreu então uma enorme inundação marinha, com a ruptura de uma faixa de terra no Bósforo. A diáspora que se seguiu a essa catástrofe expandiu muitos elementos das culturas que circundavam esse mar, entre os quais, o vinho, o que explicaria, por essa origem comum, a sua denominação ser parecida em muitos idiomas. "A oferenda de vinho aos deuses era comum na Mesopotâmia, no Egito, na Grécia e em Roma, e os deuses chegaram a ser associados à uva e ao vinho".[1] Essa seria a explicação para o fato de existirem muitos mitos a respeito do dilúvio em diversos povos da Antiguidade[2] e muitos deles relacionarem esse evento ao surgimento do plantio da vinha e da vinificação.

---

[1] Rod Phillips, *Uma breve história do vinho*, trad. de Gabriela Máximo (Rio de janeiro: Record, 2003), p. 36.

[2] O relato mais antigo do terceiro milênio antes de Cristo é o do dilúvio da Suméria, relatado nas diversas versões da epopeia de Gilgamesh. Ver Samuel Noah Kramer, *La historia empieza en Sumer* (Barcelona: Orbis, 1985).

Como em grande parte dos povos do Mediterrâneo, o vinho também terá considerável importância entre os judeus e fará parte de sua liturgia, mas, para garantia de sua "pureza", deverá ser feito e consumido conforme normas estritas. As complexas regras e os tabus alimentares judaicos deram motivo para inúmeros estudos e tentativas de interpretação dos seus significados. Alguns estudiosos viram nessas normas um meio, mesmo que inconsciente, de se garantir a salubridade da comida, assim haveria sempre um motivo de ordem médica ou sanitária que explicaria a aparente irracionalidade das disposições do Antigo Testamento. O caso mais conhecido da recusa do porco seria, conforme essa tese, devido à ausência de água abundante em regiões áridas que levariam esse animal a se cobrir com os próprios dejetos para se refrescar, tornando-o sujo e impuro.[3] Uma análise mais ampla é a que considera a importância cultural dessas medidas como meio de se garantir uma noção de pureza, tanto em relação a uma ameaça de poluição simbólica como no que diz respeito à necessidade de se manter a integridade do povo judeu diante de seus diversos vizinhos, evitando-se, assim, todo tipo de mistura e hibridez. A integridade, a conformidade com a classe a que cada coisa pertence e a não mistura entre essas classes de coisas seriam os princípios que explicariam por que o animal puro deve ser estritamente de sua "classe", e não possuir características de outra classe.[4] Para evitar que o povo hebraico se misturasse com outros povos, estabelecem-se regras estritas que só admitem o consumo de animais que sejam sangrados ritualmente e proíbem aqueles que não se locomovam conforme a sua categoria (andar, nadar, voar), por isso são considerados como "abominações" todos os rastejantes ou os que se fixam ou os que possam ser considerados "híbridos", tais como peixes sem escamas e barbatanas e outros animais marinhos, como moluscos e crustáceos, pássaros de rapina e outros animais carnívoros, e quadrúpedes que tenham a pata fendida (como lebres ou camelos, por exemplo), além de qualquer mistura de carnes e laticínios. Até mesmo no vestuário prevalece essa exigência

---

[3] Marvin Harris, *Vacas, porcos, guerras e bruxas: os enigmas da cultura* (Rio de Janeiro: Civilização Brasileira, 1978).
[4] Mary Douglas, *Pureza e perigo* (São Paulo: Perspectiva, 1976).

de pureza e recusa ao híbrido, proibindo-se o uso de roupas que misturem panos de lã e de linho.[5]

O vinho, entre os judeus, não só é considerado puro, caso produzido por judeus conforme as regras rabínicas, mas também é usado como a metáfora mais comum para definir tudo que se refere ao Bem, à Torá, a Jerusalém, ao Messias e à própria Israel, como em Salmos 80:9, por exemplo: "Ele era uma vinha: tu a tiraste do Egito, expulsaste nações para plantá-la; preparaste o terreno à tua frente e, lançando raízes, ela encheu a terra"[6] e, diante dos javalis e feras que sobre ela se atiram após suas cercas terem sido rompidas, se roga a deus para que olhe para essa vinha, protegendo-a.

A identificação tão forte de Israel com o vinho a ponto de sua sacralização foi um dos argumentos usados na controvérsia entre os cristãos contemporâneos contra a proposta puritana de proibição das bebidas alcoólicas para mostrar que desde o Antigo Testamento o vinho era usado de forma legítima e até mesmo litúrgica. Em 1914, um ministro da igreja episcopal de New Jersey, Edmund A. Wasson,[7] para combater as correntes puritanas que defendiam a proibição das bebidas alcoólicas sob argumentos pretensamente bíblicos, publicou, *Religion and Drink* para, como ele dizia, responder à questão: Deus proíbe ou permite que se beba? Qual a vontade de Deus em relação à bebida?

Sua resposta será favorável ao vinho, considerado juntamente com o pão, como uma das dádivas divinas. Para isso, faz uma compilação de todo o debate a respeito entre diversas confissões cristãs e entre os judeus para chegar à conclusão de que, em praticamente todos, à exceção dos puritanos do tronco metodista e alguns outros, o vinho é não só bom como também sagrado no mais alto nível. O que é sempre condenado é o excesso, a intemperança, mas o uso moderado é visto tanto por judeus como por católicos e a maioria dos protestantes como adequado e o uso litúrgico como indispensável.

---

[5] Jean Soler, "As razões da Bíblia: regras alimentares hebraicas", em Jean-Louis Flandrin & Massimo Montanari, *História da alimentação*, trad. Luciano Vieira Machado & Guilherme J. de Freitas Teixeira (São Paulo: Estação Liberdade, 1998).
[6] Emil G. Hirsch & Judah David Eisenstein, "Wine", em *JewishEncyclopedia.com*, disponível em http://jewishencyclopedia.com/view.jsp?artid=201&letter=W&search=wine.
[7] Edmund A. Wasson, *Religion and Drink* (Nova York: Burr Printing House, 1914).

O deus dos judeus pede sua devoção diária em vinho. Duas vezes por dia, no *shabbat* dobrado.[8] Wasson empresta a autoridade do rabino Baer Hailperin para lembrar que o Talmude determina que "todo louvor a Deus deve se acompanhar de vinho".[9] Assim, na circuncisão, no casamento, na sagração e no encerramento do *shabbat* e especialmente na Páscoa (*Pessach*), usa-se obrigatoriamente do vinho.

Segundo Wasson, existem pelo menos onze palavras em hebraico no Antigo Testamento para designar bebidas alcoólicas. A mais comum, *yayin*, considerada como vinho, aparece 150 vezes, enquanto *tirosh*, que seria o suco da uva desde a fruta até o início da fermentação (podendo também ser alcoólico), surge 38 vezes, além de referências a "bebida forte" (*shekar*), que poderia ser feita de tâmaras ou de romãs. O termo *yayin* será traduzido para o grego *oinos* e para o latim *vinum*.

O vinho usado pelos judeus deve ser *kosher*, ou seja, conforme as normas rabínicas, o que significa que as uvas só poderão ser pisadas por judeus que deverão também controlar todo o processo de vinificação. Só assim ele poderá ser consumido e usado ritualmente em diversas festas do calendário sagrado, inclusive nos dias do *shabbat*.[10] O vinho era, portanto, um gênero de primeira necessidade e, juntamente com o pão e alguns legumes e leguminosas, fazia parte da dieta geral e cotidiana do povo. Essa sua posição central no suprimento da nutrição é que vai explicar a sua elevação à condição de substância sagrada e indispensável nos rituais de devoção.

Durante quarenta anos, o povo hebreu teria vagado pelo deserto, e, ao estabelecer as condições da aliança com Deus, Moisés recorda ao povo, conforme em Deuteronômio 29:5, que durante todo esse tempo "não tivestes pão para comer, nem vinho ou bebida embriagante para beber, para que compreendêsseis que eu sou Iahweh, o vosso Deus". Em Deuteronômio 28:39, ao enumerar as maldições para os que não obedecerem a Deus, declara que "plantarás vinhas e as cultivarás, porém não beberás vinho e nada

---

[8] Bíblia de Jerusalém, Nova edição revista (São Paulo: Paulinas, 1985), Êxodo 29:38-40 e Números 28:9.
[9] Edmund A. Wasson, *Religion and Drink*, cit., Berachot 35 A.
[10] Ariel Toaff, "Cocina judia, cocinas judias", em Massimo Montanari, *El mundo em la cocina: historia, identidad, intercambios* (Buenos Aires: Paidós, 2003).

vindimirás, pois o verme as devorará". Ao chegarem à terra prometida de Canaã, os enviados, para investigar suas condições, trazem como prova de sua imensa fertilidade, várias frutas, tais como figos e romãs, mas acima de tudo lhes impressionam os cachos de uvas, tão grandes que, pendurados em uma vara, precisam ser carregados por dois homens.[11] Após entrarem na "terra prometida", foi estabelecido que deverão realizar sacrifícios ou holocaustos de animais, como cordeiros ou cabritos, em agradecimento a Deus, que também devem ser acompanhados de ofrendas ("oblações") de farinha e de vinho.

O mundo destruído pela água, de Gustavo Doré, 1866.

Na narrativa do Gênesis, Noé, logo após o dilúvio, plantou uma vinha, numa passagem que é a primeira referência bíblica à bebida produzida com o fruto dessa planta. Mais tarde, embriagou-se e a atitude diferenciada de seus filhos diante de sua ebriedade (Cam vê o pai nu, e Sem e Jafet o cobrem respeitosamente sem olhar, ou como traz um texto portu-

---

[11] Bíblia de Jerusalém, cit., Números 13:23.

guês: "com os rostos virados da desonestidade que o vinho causou em seu pai, o cobriram com suas capas",[12] teria resultado, segundo uma exegese teológica que se inscreveu na própria denominação das raças humanas, numa descendência desigual das ordens sociais medievais e mesmo dos diferentes povos da terra (os negros descenderiam de Cam, levando, assim, a maldição consigo; os de Sem seriam os semitas; e os de Jafet, os europeus). Robert Graves[13] interpreta essa passagem como uma referência aos cananeus, cujas festas rituais, chamadas de "tabernáculos", com uso do vinho foram censuradas pelos judeus, justificando desse modo a sua conquista e destruição.

A vinha de Noé, ilustração de uma Bíblia alemã, 1534.

A primeira menção no Antigo Testamento ao vinho e ao pão, apresentados conjuntamente, surge em Gênesis 14, quando Melquisedec, rei de Salém, os traz para Abrão, que foi interpretado na tradição patrística cristã

---

[12] João de Barros, *Dialogos da viçiosa vergonha* (Lisboa: Lodowicum Rotorigui Typographum, 1540), p. 248.
[13] Robert Graves, *Os mitos gregos*, trad. Fernanda Branco, vol. 1 (Lisboa: Dom Quixote, 1990).

como um anúncio do sacrifício eucarístico que seria estabelecido, mais tarde, pelo cristianismo.

As filhas de Ló, a quem foi permitido escapar de Sodoma, também embriagaram o pai para dele engravidarem, pois a mãe, contrariando as ordens divinas, havia olhado para trás e se convertido numa estátua de sal:

> A mais velha disse à mais nova: Nosso pai é idoso e não há homem na terra que venha unir-se a nós, segundo o costume de todo o mundo. Vem, façamos nosso pai beber vinho e deitemo-nos com ele; assim suscitaremos uma descendência de nosso pai. Elas fizeram seu pai beber vinho, naquela noite, e a mais velha veio deitar-se junto de seu pai, que não percebeu nem quando ela se deitou, nem quando se levantou.[14]

E não há censura alguma diante desse gesto incestuoso que, por meio do ardil da bebida, permite a continuidade da linhagem. Mais à frente, ainda no livro do Gênesis, Isaac diz a seu filho Jacó, "que Deus te dê o orvalho do céu e as gorduras da terra, trigo e vinho em abundância!",[15] mostrando claramente que o vinho era parte inseparável das benesses indispensáveis da terra.

Em Deuteronômio 14:26, diz Deus, dirigindo-se a Moisés em relação ao dízimo, que ele deve comer no lugar dedicado à divindade e que, caso esse lugar seja muito distante, deverá trocar os produtos por dinheiro e, no local escolhido, "trocarás o dinheiro por tudo o que desejares: vacas, ovelhas, vinho, bebida embriagante, tudo enfim que te apetecer. Comerás lá, diante de Iahweh teu Deus, e te alegrarás, tu e a tua família", o que claramente expressa uma aprovação do uso do vinho (assim também como de outra bebida embriagante) como necessidade e fonte de alegria legítima.

Em Isaías 1:22 condena-se a mistura de água na bebida, mas, seguindo a maneira grega, prevaleceu entre os judeus também misturar a água ao vinho, e vice-versa, o que serve inclusive para finalidades salubres, dado que a torna mais potável, como se evidencia em 2 Macabeus 15:38: "é nocivo beber somente vinho, ou somente água, ao passo que o vinho misturado à água é agradável e causa um prazer delicioso".

---

[14] Bíblia de Jerusalém, Gênesis 19:31-38.
[15] *Ibid.*, Gênesis 27:28.

Há, entretanto, diversas passagens do Antigo Testamento fortemente condenatórias do uso do vinho, todas interpretadas por Wasson como se referindo ao uso excessivo, e não ao vinho em si, como quando Jeremias, em 23:9, compara ser enganado pelos falsos profetas com sentir-se bêbado, "como um homem que o vinho dominou". Seria preciso, portanto, dominar o vinho para não ser dominado por ele.

As seguintes passagens, em Provérbios 20:1, também suscitam debate, censurando o excesso do vinho e o proibindo para os reis:

> A zombaria está no vinho, e a insolência na bebida! Quem nisso se perde não chega a ser sábio;[16]

> Não estejas entre bebedores de vinho, nem entre os comedores de carne, pois bebedor e glutão empobrecem;[17]

> Para aqueles que entardecem sobre o vinho e vão à procura de bebidas misturadas. Não olhes o vinho: como é vermelho, como brilha no copo, como escorre suave! No fim ele morde como a cobra e fere como a víbora. Teus olhos verão coisas estranhas, e teu coração dirá disparates. Serás como alguém deitado em alto-mar ou deitado no topo de um mastro. 'Feriram-me... e eu nada senti! Bateram-me... e eu nada percebi! Quando irei acordar? Vou continuar a beber!';[18]

> Galho de espinhos na mão de um bêbado é o provérbio na boca dos insensatos. Um arqueiro que fere a todos: tal é o que emprega o insensato e o bêbado que passam;[19]

> Não é próprio do rei beber vinho, ó Lemuel, não é próprio do rei beber vinho, nem dos governadores gostar de licor; porque ao beber se esquecem das leis, e não atendem ao direito dos pobres. Dá licor ao moribundo, e vinho aos amargurados; bebam e esqueçam-se da miséria, e não se lembrem de suas penas!.[20]

---

[16] *Ibid.*, Provérbios 20:1.
[17] *Ibid.*, Provérbios 23:20-21.
[18] *Ibid.*, Provérbios 23:30-35.
[19] *Ibid.*, Provérbios 26:9.
[20] *Ibid.*, Provérbios 31:4-7.

Esta última passagem, segundo o verbete vinho da Enciclopédia Judaica,[21] vai justificar a recomendação rabínica de que os enlutados bebam dez taças de vinho para consolo de sua dor.

E há outras, como em Eclesiastes 2:3: "Ponderei seriamente entregar meu corpo ao vinho, mantendo meu coração sob a influência da sabedoria", que mostram como o álcool já era um modelo de comportamento, que necessitava ser regido com sabedoria, servindo como um parâmetro moral, um prisma, filtro ou peneira que separava os que sabiam beber dos que se deixavam levar pela desmedida, assim como os que deviam beber para apaziguar a aflição ou os amargores dos que não deviam fazê-lo para não perder a capacidade de governar. Os fortes e poderosos não deviam beber, mas, sim, os que perecem, os que são pobres e trabalham. Como conta a parábola de Jotão em Juízes 9:13, quando as árvores resolveram escolher dentre elas um rei, a videira recusou a honra, dizendo: "iria eu abandonar o meu vinho novo, que alegra os deuses e os homens, a fim de balançar-me por sobre as árvores?". Em Ezequiel 15:2, novamente a vinha é comparada às demais árvores e a parreira é considerada "mais preciosa do que todas as plantas sarmentosas que se encontram entre as árvores do bosque".

Há outras passagens, ainda, que recomendam que se evite o vinho em certas situações ou condições, mas não o proíbem. Especialmente o espaço do sagrado é separado do vinho. A fermentação é vista com desconfiança, pois ela se situa na fronteira dos elementos híbridos, fortemente condenados como expressões da mistura das coisas distintas (pois a fermentação combina o frio e o quente, o líquido e o gasoso, o comestível e o apodrecido), o que deve ser, como mencionado anteriormente, evitado (não se deve semear o campo com duas espécies de sementes, nem atrelar um boi e um asno juntos para lavrar a terra, nem sequer usar roupas que misturem a lã e o linho). Os fermentados, em geral, também são objeto de restrições, como em Levítico 2:11, em que se estipula que não deverá se fazer nenhuma oferta ao Senhor nem de fermentados nem de mel e, principalmente, quando se institui a celebração da semana dos ázimos que se segue à páscoa judaica,

---

[21] Emil G. Hirsch & Judah David Eisenstein, "Wine", cit.

quando não se comerá nem se guardará em casa durante sete dias nenhum produto fermentado.[22]

Em Levítico 10:9, proíbe-se terminantemente o consumo das bebidas no local das reuniões, sob pena de morte: "quando vierdes à Tenda da Reunião, tu e os teus filhos contigo, não bebeis vinho nem bebida fermentada: isto para que não morrais. É uma lei perpétua para todos os vossos descendentes". Em Números 6:3, é vedado para os que tomavam ordens pelo senhor (os nazireus) beber vinho, vinagre, suco de uva e, até mesmo uvas, frescas ou secas, nem sequer as cascas e as sementes.

A abstinência não foi, entretanto, uma exigência da tradição judaica, segundo Wasson, havendo apenas uma seita, dos recabitas, da época do primeiro cerco de Jerusalém pelos babilônios, em 598 a.C., que se mantiveram não só abstêmios, como também continuaram vivendo nômades em tendas, não aceitando nem a agricultura nem as cidades e considerando tanto o vinho como o pão e o óleo como parte dos ritos imorais dos cananeus para Baal, que os judeus teriam herdado a partir de uma interpretação da passagem Oséas 2-8 a respeito da esposa infiel. No livro de Jeremias, lê-se então que "as palavras de Jonadab, filho de Recab, foram observadas; ele proibiu que seus filhos bebessem vinho e até hoje não beberam obedecendo à ordem de seu pai",[23] e o profeta então os exalta comparando-os com o seu povo que não o escutou e os aceita em Jerusalém.

Em vários momentos, ter deixado de tomar vinho ou bebida forte é um sinal de privação que confere distinção e é condição para a manifestação do sagrado, como Juízes 13:4, 7 e 14, em que um anjo anuncia a Manué que sua mulher estéril teria um filho, a quem dará o nome de Sansão, desde que ela não bebesse vinho nem qualquer bebida fermentada.

Em Isaías 5:1, há uma parábola da vinha, "a vinha de Iahweh dos Exércitos é a casa de Israel e os homens de Judá são a sua plantação preciosa", mas, como ocorreu com o povo, a vinha também deu "uvas bravas" e tiveram que ser destruídos o seu jardim, o seu outeiro e o seu lagar. O profeta passa então a bramir contra os que "madrugam cedo para correr atrás de be-

---

[22] Bíblia de Jerusalém, Êxodo 13:3.
[23] *Ibid.*, Jeremias, 35:14.

bidas fortes, e à tarde se demoram até que o vinho os aqueça. Os seus banquetes se reduzem a cítaras e harpas, a tamborins e flautas, e vinho para as suas bebedeiras. Mas para os feitos de Iahweh não tem um olhar sequer".[24] Por isso, por deixar-se levar pelo apetite do prazer, do qual o vinho é a metáfora, o povo será levado cativo e sobre ele se abaterão as calamidades e derrotas trazidas pela ira do Senhor.

Ao bradar contra Samaria e os bêbados de Efraim, o profeta Isaías anuncia que "a orgulhosa coroa dos bêbados de Efraim será calcada aos pés".[25] Quando se amaldiçoam os povos com um apocalipse, não há palavras mais adequadas do que as proferidas em Isaías 24:7-11:

> o vinho novo se lamenta, a videira perece, gemem todos os que estavam alegres. O som alegre dos tambores calou-se, o estrépito das pessoas em festa cessou; cessou o som alegre das cítaras. Já não se bebe vinho ao som do cântico, a bebida forte tem um sabor amargo para os que a bebem. A cidade da desolação está arruinada, todas as suas casas estão fechadas, ninguém pode entrar nelas. Nas ruas clama-se por vinho, toda a alegria se acabou; o júbilo foi desterrado da terra.

O vinho e seus júbilos são a perda mais notável do fim da alegria, que parece ser quase um sinônimo do próprio efeito da bebida.

Mais à frente, ao clamar contra os falsos profetas e anunciar o castigo de Efraim e de Judá, novamente se evoca o risco da bebida: "também estes se puseram a cambalear por efeito do vinho, andam a divagar sob a influência da bebida forte. Sacerdote e profeta ficaram confusos pela bebida, ficaram tomados pelo vinho, divagaram sob o efeito da bebida, ficaram confusos nas suas visões, divagaram nas suas sentenças", e depois proclama: "embriagai-vos, mas não com vinho; cambaleai, mas não por causa de bebida forte",[26] o que mostra um comum e ilustrativo paralelo entre o estado de embriaguez e a revelação divina.

---

[24] *Ibid.*, Isaías, 5:11-12.
[25] *Ibid.*, Isaías 28:3.
[26] *Ibid.*, Isaías 28:7-8 e 29:9.

O arrebatamento dos que recebem a revelação de Deus muitas vezes também foi confundido com a embriaguez, como em Samuel 1:15, quando Eli vê sua mulher Ana orando compenetrada ao senhor e, pensando que ela estivesse embriagada, lhe diz: "até quando estarás embriagada? Livra-te do teu vinho!", ao que ela lhe responde "não bebi vinho nem bebida forte: derramo a minha alma perante Iahweh".

Ao anunciar o banquete divino que espera o povo de Israel, Isaías descreve o seu cardápio dizendo que

> Iahweh dos Exércitos prepara para todos os povos, sobre esta montanha, um banquete de carnes gordas, um banquete de vinhos finos, de carnes suculentas, de vinhos depurados. Destruiu neste monte o véu que envolvia todos os povos e a cortina que se estendia sobre todas as nações; destruiu a morte para sempre.[27]

Este é um dos trechos dos livros judaicos proféticos que, segundo Jean Delumeau,[28] serão apropriados muito mais tarde pela tradição cristã medieval milenarista, especialmente Joaquim de Fiore, para anunciar o longo e próximo período de libertação após a segunda vinda do messias à Terra e à inauguração de um milênio de glória. Joaquim de Fiore, na sua concepção das "três idades", vai usar diversas metáforas para indicá-las: "O primeiro estado foi o da ciência; o segundo, o da sabedoria; o terceiro será o da plenitude [...] O temor caracterizou o primeiro; a fé, o segundo; a caridade marcará o terceiro [...] O primeiro é comparável à água; o segundo ao vinho; o terceiro será ao óleo".[29]

Não faltarão nesses textos medievais proféticos e anunciadores do paraíso na terra uma boa quantidade de referências ao vinho como analogia da graça e da sabedoria, como, por exemplo, neste escrito anônimo de 1318: "o Espírito Santo se mostrará e se oferecerá [...] como a adega do vinho espiritual, como a farmácia dos unguentos espirituais".[30]

---

[27] *Ibid.*, Isaías 25:6.
[28] Jean Delumeau, *Mil anos de felicidade: uma história do paraíso*, trad. Paulo Neves (São Paulo: Companhia das Letras, 1997).
[29] Joaquim de Fiore, *apud* Jean Delumeau, *Mil anos de felicidade*, cit., p. 45.
[30] Jean Delumeau, *Mil anos de felicidade*, cit., p. 58.

A vergonha de Noé, Julius Schnorr von Carolsfed, 1860.

Se no judaísmo o vinho foi importante, no cristianismo tornou-se essencial, corporificando a própria deidade. A embriaguez, no entanto, é condenada tanto na Bíblia antiga como no Novo Testamento, de forma semelhante, aliás, a que ocorria também no mundo greco-latino, em que se aceita a "alegria", mas não o "descontrole". A embriaguez de Noé marca, como uma segunda fundação da civilização humana, o estatuto da vinha, primeira planta a ser semeada depois do dilúvio e a primeira a suscitar um conflito com estabelecimento de privilégios e exclusões e que deverá, portanto, ter os riscos dos seus efeitos severamente controlados. Nos textos proféticos, como o de Isaías, o vinho surge como uma metáfora da revelação e da salvação, mas também pode manifestar, nos efeitos da embriaguez profana, a confusão dos falsos profetas. Só com Jesus, entretanto, a divindade vai se encarnar no próprio vinho.

A festa da páscoa judaica (Seder de Pessach) foi estabelecida para celebrar a passagem do anjo da morte que trouxe a décima praga de Iahweh, que exterminou todos os primogênitos do Egito (inclusive dos animais), poupando apenas os que aspergiram as portas com o sangue do cordeiro, e permitindo assim a saída dos judeus em direção à terra prometida. Além do cordeiro, do pão ázimo e de outros alimentos cerimoniais, nessa ocasião também se consome ritualmente o vinho quatro vezes, mas ele não encarna nenhuma divindade. São quatro taças porque foram quatro as referências à libertação registradas no livro do Êxodo 6:6-7. E, além do mais, na festa dos pães ázimos (Chag haMatzot), que se segue durante uma semana à páscoa judaica, proíbe-se que se consuma e mesmo que se tenha em casa qualquer tipo de produto fermentado ou derivado da fermentação. Ao substituir o cordeiro pascal judaico pelo sacrifício de si próprio como "cordeiro de Deus", Cristo, abolindo as interdições alimentares e tornando puros todos os alimentos ("nada há no exterior do homem que, penetrando nele, o possa tornar impuro"),[31] estabeleceu, no lugar da lei e do rito judaico baseado em tabus e prescrições alimentares que serviam para distinguir um povo dentre todos, uma nova lei baseada num rito de vocação universal, a eucaristia, em que o pão e o vinho relembram e dão graças a esse sacrifício.

O VINHO TORNADO CRISTO

O sangue de Cristo incorpora-se no vinho, que é, portanto, a substância mais sagrada do cristianismo, e a vinha é a planta mais citada na Bíblia, com a qual Cristo se comparou, e os seus discípulos com os brotos: "eu sou a verdadeira videira e meu Pai é o agricultor [...] eu sou a videira e vós os ramos".[32] O primeiro milagre de Jesus é a transformação da água em vinho nas bodas em Caná na Galileia, a pedido de sua própria mãe, levando os convivas a exclamarem que normalmente se serve o vinho bom primeiro, mas naquele casamento o melhor vinho fora servido depois.[33]

O próprio Cristo foi acusado por seus inimigos, em mais de uma passagem, de ser um bêbado: "veio o Filho do Homem, que come e bebe, e dizem: Eis aí um glutão e beberrão, amigo de publicanos e pecadores"[34] e, diferentemente de João Batista, que não bebia vinho nem comia pão, Jesus

---

[31] Bíblia de Jerusalém, Marcos 7:15.
[32] *Ibid.*, João 15:1-7
[33] *Ibid.*, João 2:1-10.
[34] *Ibid.*, Mateus 11:19, Lucas 7:34.

anuncia-se como "o filho do homem, que come e bebe".[35] E até mesmo na cruz, sua última ingestão teria sido o consolo piedoso de um pouco de "posca", um vinho avinagrado usado pelos pobres.

Os evangelhos são cheios de referências à vinha e ao vinho.[36] Quando se recomenda sobriedade, está endereçado especialmente aos que ocupam posições importantes e clericais: os bispos devem ser "sóbrios" e não serem "dados ao vinho";[37] os diáconos devem ser "não inclinados ao vinho"[38] e também as mulheres devem ser "sóbrias".

As bodas de Caná, de Julius Schnorr von Carolsfed, 1860.

O apóstolo Paulo recomenda não se embriagar com vinho, pois ele "é uma porta para a devassidão" (curiosamente traduzido como "há contenda" na versão de João Ferreira da Silva), mas, sim, "buscar a plenitude do Senhor".[39] Em Romanos 14:13-22, ao estabelecer-se a atitude correta diante

---

[35] Ibid., Lucas 7:33.
[36] Segundo Wasson, a palavra grega *oinos*, "vinho", aparece 35 vezes nos evangelhos, seis com sentido figurado, e a palavra *sikera*, "bebida forte", uma única vez. Ver Bíblia de Jerusalém, cit., Lucas 1:15; Edmund A. Wasson, Religion and Drink, cit.
[37] Bíblia de Jerusalém, cit., 1 Timóteo 3:3.
[38] Ibid., 1 Timóteo 3:8.
[39] Ibid., Efesios 5:18.

dos alimentos, reconhece que, mesmo que todos sejam puros, deve evitar-se chocar alguém que tenha outros costumes: "tudo é puro, é verdade, mas faz mal o homem que se alimenta dando escândalo". Mesmo que "o Reino de Deus não consiste em comida ou bebida", explicita-se que "é bom se abster de carne, de vinho e de tudo que seja causa de tropeço, de queda, ou de enfraquecimento para o teu irmão".[40] Essa noção do "escândalo"[41] mostra que o critério da reprovação pública, respeitando-se inclusive as particularidades de diferentes tradições religiosas, de diferentes povos e regiões, era o parâmetro para enquadrar o consumo do vinho no limite do aceitável.

As interdições alimentares passam a ser vistas como uma "superstição", mesmo que um cristão deva diante delas ser condescendente e tolerante. É preciso ter fé para se comer de tudo, nada é impuro em si, mas, se houver um irmão "mais fraco", deve-se respeitar sua fraqueza, abstendo-se, assim como ele, de certas coisas (que eram sempre a carne e o vinho, tal como ocorria com os essênios, entre os judeus, ou entre outras correntes pró-abstinência da época helenística, tal como a que representa, por exemplo, Porfírio). Contudo, não há impureza em si em nenhum alimento ou bebida, mas só para aquele que assim a considera.[42] Em Colossenses 2:16--21, fica ainda mais explícita essa recusa à "falsa ascese" dos que se apegam a proibições como "não proves, não pegues, não toques", declarando que "ninguém vos julgue por questões de comida e de bebida".

A bebedice, entretanto, como excesso é sempre listada ao lado de diversos outros pecados, aparentemente sem uma ordem de hierarquia clara na sua gravidade comparativa com os demais, o que parece torná-los todos homólogos: "como de dia, andemos decentemente; não em orgias e bebedeiras, nem em devassidão e libertinagem, nem em rixas e ciúmes";[43] "fornicação, impureza, libertinagem, idolatria, feitiçaria, ódio, rixas, ciúmes, ira, discussões, discórdia, divisões, invejas, bebedeiras, orgias e coisas se-

---

[40] *Ibid.* Romanos, 14:21.
[41] O sentido de escândalo deriva do grego *skandalon*, significando "obstáculo" para a noção no baixo latim de "ocasião do pecado criada pela pessoa que incita os demais a se desviar de Deus; o pecado cometido por aquele que incita e pelo que se deixa levar". Cf. verbete "skandalon" em *Dictionnaire de la Langue Française Le Petit-Robert* (Paris: Le Robert, 1991).
[42] Bíblia de Jerusalém, cit., Romanos, 14:20.
[43] *Ibid.*, Romanos 13:13.

melhantes [...] os que cometem tais coisas não herdarão o reino de Deus";[44] "não vos associeis com alguém que traga o nome de irmão e, não obstante, seja impudico ou avarento ou idólatra ou injurioso ou beberrão ou ladrão. Com tal homem não deveis nem tomar refeição";[45] "nem os impudicos, nem os idólatras, nem os adúlteros, nem os depravados, nem os efeminados, nem os sodomitas, nem os ladrões, nem os avarentos, nem os bêbados, nem os injuriosos herdarão o reino de Deus".[46]

Compara-se claramente a vida antes da conversão ao cristianismo quando, no seio do paganismo clássico, as práticas da devoção aos ídolos religiosos se misturavam, segundo o texto evangélico de 1 Pedro 4:3, a uma sexualidade desenfreada e aos excessos alcoólicos: "já é muito que no tempo passado, tenhais realizado a vontade dos gentios, levando uma vida de dissoluções, de cobiças, de embriaguez, de glutonerias, de bebedeiras e de idolatrias abomináveis".

A "bebedeira" ou "embriaguez" é claramente um consumo excessivo que ultrapassa os padrões socialmente aceitos e, portanto, provoca "escândalo", não se confundindo com o uso moderado (temperante) do vinho que não provoca embriaguez (pelo menos aparente).

Essas passagens mostram que havia uma distinção supostamente muito clara entre beber vinho e embriagar-se. O vinho é parte essencial da civilização, indispensável na alimentação e nas festas, com grande importância econômica e usos devocionais e medicinais ("não continues a beber somente água; toma um pouco de vinho por causa de teu estômago e de tuas frequentes fraquezas").[47] Esta passagem é citada por Isidoro de Sevilha, no século VI, para justificar o emprego de remédios e da própria medicina: "não se deve rechaçar o emprego das medicinas, pois sabemos que Isaías deu um remédio a Ezequias, que estava doente, e São Paulo Apóstolo disse a seu discípulo Timóteo que um pouco de vinho era conveniente para a saúde".[48]

---

[44] *Ibid.*, Gálatas 5:19-21.
[45] *Ibid.*, 1 Coríntios 5:11.
[46] *Ibid.*, 1 Coríntios 6:10.
[47] *Ibid.*, 1 Timóteo 5:23.
[48] Isidoro de Sevilha, *Etimologias*, livro IV, org. de Jose Oroz Reta & Manuel A. Marcos Casquero (Madri: La Editorial Católica, 1951), p. 107.

Jesus bebe e multiplica o vinho no primeiro milagre, depois anuncia que seu sangue se converterá nele e, finalmente, o bebe na cruz na forma da posca avinagrada antes de morrer. O vinho também é usado para explicar por que os seus discípulos não estavam jejuando na parábola sobre a necessidade de não se pôr o vinho novo em odres velhos, mas, sim, de se colocar o vinho novo em odres novos para juntos envelhecerem e se tornarem então melhores do que o vinho novo.[49]

No dia seguinte ao episódio da expulsão dos vendedores do Templo, ao responder aos sacerdotes novamente, Jesus usa da vinha como material para suas parábolas.[50] Na primeira se refere aos dois filhos mandados pelo pai para trabalharem na vinha, ao que um responde que não quer, mas vai, e o outro que declara ir, não vai. Na outra parábola, fala do proprietário que arrenda sua vinha para vinhateiros que depois se recusam a entregar-lhes seus frutos e matam os seus enviados, para assim atacar os sacerdotes que seriam aqueles que se recusariam a ceder a quem tinha legítimo direito os frutos dos quais eram guardiães.

Finalmente, no momento decisivo da paixão e da ressurreição, será na ceia pascal com os apóstolos que Jesus irá afirmar a instituição da eucaristia, dizendo diante do cálice de vinho "bebam" que "este é o meu sangue" e, como que anunciando a sua morte próxima, que "desde agora não beberei deste fruto da videira até aquele dia em que convosco beberei o vinho novo no Reino de meu Pai".[51]

Tal valorização do vinho não poderia ser mais característica numa região como a mediterrânica, onde o vinho, desde uma perspectiva tanto helênica e latina como semítica, recebia todos os títulos de bebida primordial. De Dioniso, além do vinho, o cristianismo absorveu também outros elementos, tais como o culto do deus-criança e o ciclo da morte e ressurreição divina. Da fusão da cultura clássica com a herança semítica cristã nasceu um novo tipo de império romano, que, sob a bandeira do cristianismo, dominou as mais vastas extensões da Europa, da Ásia e da África,

---

[49] Bíblia de Jerusalém, cit., Mateus 9:17, Marcos 2:22, Lucas 5:37-39.
[50] *Ibid.*, Mateus 21:28-45.
[51] *Ibid.*, Mateus 26:26-29, Marcos 14:24, Lucas 22:17, 1 Coríntios 11:25.

levando consigo a sacralização do vinho, assim como seu uso alimentar e medicinal.

Algumas poucas seitas do cristianismo primitivo pregaram a abstinência de álcool, carne, e até mesmo a eucaristia chegou a ser feita com água. No entanto, esses pequenos grupos chamados de encratitas ou ebionitas, também conhecidos como "aquarianos" ou "homens água", foram fortemente condenados como heréticos pelos grandes patriarcas da Igreja, como Clemente de Alexandria, Irineu e outros. São Crisóstomo, na Homilia LVII 5-6, ridiculariza os que querem abolir o vinho pelo mau uso que dele se faz, afirmando que seria então necessário abolir o ferro por causa das facas que matam, a noite por causa dos ladrões e as mulheres por causa das adúlteras.[52] O ascetismo foi, assim, apenas uma vertente minoritária do antigo cristianismo que abdicou do vinho, da carne e das mulheres.

A posição oficial dos patriarcas e dos concílios foi a da licitude do uso moderado do vinho. Para sua regulamentação moral, pregou-se um modelo de virtude baseada no autocontrole, com uma forte semelhança com os preceitos estoicos e mesmo de uma ética grega mais ampla. Os dogmas escolásticos basearam-se também numa noção platônica/aristotélica de virtude. Segundo Platão, Aristóteles e mais uma prolífica herança de seguidores, cada plano da alma exige uma virtude característica que deve governá-la: no plano sensual, a *sophrosyne* (temperança, moderação), serve para limitar os seus ímpetos; no plano afetivo, a *andria* (coragem, força, fortaleza) serve para perseverar e resistir; no plano racional, a *phronesis* (prudência, sabedoria) indica o caminho e a atitude a seguir. A *diakaiosyne* (justiça) deve garantir a boa relação dessas virtudes entre si.

Esse modelo foi apropriado pelo cristianismo que o tornou um paradigma por meio da noção das sete virtudes, desenvolvida por santo Tomás de Aquino (1225-1274), em que três (fé, esperança e caridade) são teologais, pois são voltadas para Deus, e quatro (temperança, força, prudência e justiça) são cardeais, voltadas para os homens e seu comportamento.[53]

---

[52] São Crisóstomo, *apud* Edmund A. Wasson, *Religion and Drink*, cit.
[53] Tomás de Aquino, *Suma teológica*, trad. Alexandre Corrêa (2ª ed. Porto Alegre/Caxias do Sul: Escola Superior de Teologia São Lourenço de Brindes/Livraria Sulina Editora/Universidade de Caxias do Sul, 1980).

A noção moderadora da temperança deriva da noção médica hipocrático-galênica da teoria dos humores (tratada no capítulo "Antiguidade Clássica"), em que as temperaturas governam os temperamentos. O tempero adequado produz o temperamento equilibrado. Para isso, é preciso resistir às tentações, que são sempre solicitações sensuais da carne (especialmente a gula e a luxúria, assim como a preguiça), ou seja, os pecados, que representam o oposto das virtudes e corporificam os vícios. Para "sair da carne, permanecendo no corpo" como dizia Cassiano, é preciso domar, moderar, temperar as solicitações sensuais, mas não aboli-las. Com a abolição da tentação, não haveria o mérito da resistência a ela.

Por isso, nem santo Agostinho, nem santo Tomás de Aquino, nem Lutero, nem Calvino nunca pregaram a abstinência total de álcool. Até Calvino escreveu: "nunca foi proibido rir, alegrar-se [...] deliciar-se com música ou beber vinho".[54] Santo Agostinho, no próprio ato de sua conversão, renega seu consumo de vinho, assim como seu comportamento dissoluto: "não vivais nos festins, nos excessos de vinho, nem nas volúpias impudicas".[55] Contudo, não condenou o uso do vinho em si, e sim o excesso, associando o pecado da intemperança ao da gula e da luxúria. Ao mesmo tempo, censurou toda forma de privação corporal, como o jejum, que causasse dano ao corpo e considerou que, como os atos da sobrevivência do corpo produzem prazer, este não deve ser condenado em si mesmo.

Santo Tomás de Aquino sistematizou a visão escolástica dos vícios e das virtudes. Para a temperança, dedicou vários trechos. Diante da questão de se a embriaguez é um pecado, responde que não necessariamente, pois pode-se beber sem pecar.

Na segunda seção da segunda parte, são dedicadas as questões de 141 a 170 sobre a temperança. Na questão 150, sobre "a embriaguez", colocam-se quatro perguntas com a exposição de diversos argumentos contrários e a conclusão de São Tomás.[56] As perguntas são: É pecado a embriaguez? É pecado

---

[54] João Calvino, Institutos (livros III e XIX, vol. 9), disponível em http://www.cel.org/ccel/calvin/institutes.v.xx.html.
[55] Santo Agostinho, *Confissões*, trad. J. Oliveira Santos e A. Ambrósio de Pina, Coleção Os Pensadores, (2ª ed. São Paulo: Abril Cultural, 1980), p. 144.
[56] Tomás de Aquino, *Suma teológica*, cit., questão 150.

mortal? É o mais grave dos pecados? Exime do pecado? Em suas respostas, o grande doutor das leis do cristianismo vai enfatizar que tudo depende da noção do ato voluntário ou acidental.

A volição, a intenção deliberada, a premeditação constituem pecados mortais, no caso da embriaguez quando esta é buscada com consciência deliberada. Se a embriaguez é sinônimo de perda da razão, e é a perda da razão que nos leva a cometer todos os pecados, embriagar-se seria tornar-se voluntariamente escravo do pecado e abdicar da razão. E, nesse caso, beber intencionalmente para perder a razão é um pecado mortal.

Se a embriaguez, no entanto, for acidental, fortuita (como no caso de Noé) e a pessoa só se embriagou porque não conhecia o teor de álcool da bebida, nem sequer é pecado.

Todavia, sabendo-se do risco de embriagar-se, e acabar bebendo em excesso sem premeditar, será um pecado pequeno, venial.

Os outros pecados cometidos sob a influência da embriaguez são atenuados por essa condição, pois a pessoa não estaria no pleno domínio de si mesmo e de sua vontade e poderia ser levada, por exemplo, a cometer atos de luxúria que, de outra forma, não os faria. O caso bíblico clássico é o de Ló, culpado por embriagar-se, mas inocentado do incesto cometido sob esse estado.

Esse modelo tomista, citado no capítulo "A temperança em Aristóteles", na parte "Antiguidade Clássica", cuja origem veio da *Ética a Nicômaco*, de Aristóteles, é o mesmo que subsiste até hoje no direito penal, em que se distingue o delito pelo tipo de embriaguez: agravante ou atenuante ou, até mesmo, motivo de inimputabilidade.

Santo Tomás, seguindo Aristóteles, também aponta o outro extremo da intemperança, ou seja, a insensibilidade como um vício. A insensibilidade é a abstinência total do prazer, seja pela comida, seja pela sensualidade erótica, seja, nesse caso, pela embriaguez.

O cristianismo, portanto, ao longo da sua história não pregou a abstinência alcoólica, ao contrário, considerava que não só o uso do vinho possuía virtudes como até mesmo uma leve e ocasional embriaguez podia ser admitida. A produção do vinho, produto litúrgico essencial, tornou-se economicamente importante para a Igreja. Alguns dos monastérios medievais se tornaram os maiores proprietários de terras e produtores de vinho da

Europa. Isso se refletiu nas regras dos monges, que destinavam diariamente um quarto de litro (uma hemina, exatamente 0,27 litro) para cada monge, conforme a Regra de São Bento, do século VI, que no capítulo 40, "Da medida da bebida", estipulava:

> 3 - atendendo à necessidade dos fracos, parece-nos que uma medida de vinho (1/4 de litro) por dia é suficiente para cada um.
> 4 - Quanto àqueles a quem Deus dá força para dispensá-lo, fiquem certos de que eles receberão recompensa especial.
> 5 - Se a necessidade do lugar, o trabalho ou o rigor do verão exigir mais, a vontade do superior decidirá, cuidando, porém, antes de tudo, de não sobrecarregar a saciedade ou a embriaguez.
> 6 - Lemos, é verdade, que "o vinho não convém aos monges", mas em nossos tempos, como disso não podemos persuadir os monges, convenhamos não bebê-lo até a saciedade.[57]

Uma outra regra estabelecia que, caso o monge se atrasasse para o almoço, seria privado de sua ração de vinho. Vê-se que, desde a Alta Idade Média, o consumo de vinho era não só aceito, como também parte primordial da dieta diária, pelo menos das camadas clericais. A abadia de Cluny, situada na região vinícola da Borgonha, até mesmo se tornou uma importante vitivinicultura, pelo menos desde o século XI. Licores famosos, como a Chartreuse e o Bénédictine, foram produzidos por monges, este último recebendo no rótulo a famosa inscrição D. O. M. (*Deo Optimo Maximo*), ou seja, "para Deus o máximo e o melhor".

A inclusão do vinho como um elemento indispensável nas descrições do paraíso, ou mesmo das utopias medievais tal como o país da Cocanha, é outra ilustrativa expressão da visão cristã medieval sobre a importância e o valor da bebida. As diversas narrativas espalhadas pela Europa dessa terra lendária de felicidade e gozo trazem sempre presentes os "riachos de vinho" e "quatro vindimas por ano" (versão francesa, século XIII); "belos e grandes rios, de azeite, mel e vinho" (versão inglesa, século XIII); "um rio de vinho bom e de cerveja boa, moscatel e ainda clarete" (versão holandesa,

---

[57] Pacômio *et al.*, *Regra dos monges*, trad. Maria Cecília de M. Duprat (São Paulo: Paulinas, 1993), p. 106.

século XV); "fontes de malvasia, que corre sozinha para a boca das pessoas" (versão alemã, 1530); "com muitas fontes de aloja, e a cada passo no meio da neve há mil garrafas de vinho" (versão espanhola, século XVII).[58]

Embora o consumo de vinho às refeições e por diversão cresça na Europa à medida que a produção de vinho também se expande, no âmbito do culto litúrgico, no entanto, o uso do vinho pelos fiéis vai se limitando cada vez mais, e o cristianismo ocidental, em contraste com as Igrejas Ortodoxas, separadas desde o Cisma de 1054, acaba por facultar apenas ao sacerdote a ingestão do vinho, relegando aos fiéis apenas os pedaços de pão, na forma da hóstia.

Quando surge a primeira rebelião de caráter reformista no século XV, a guerra dos hussitas da Boêmia, seguidores de Jan Huss, assassinado em 1415, durante o Concílio de Constança, que antecede em muito a eclosão formal do protestantismo luterano de 1517, uma de suas principais reivindicações é a "comunhão em duas espécies", ou seja, em pão e vinho, a ponto de ficarem conhecidos como "utraquistas", dessa expressão em latim *sub utraque species* (sob duas espécies). Os rebeldes hussitas só se submeteram após cinco "cruzadas" feitas contra eles, quando o imperador Sigismundo, do Sacro Império Germânico Romano do Ocidente, e o concílio de Basileia, em 1436, aceitaram provisoriamente dar aos leigos o cálice de vinho na missa, que será depois recusado pela Igreja Católica sob o argumento de que basta o pão para manifestar ao mesmo tempo o sangue e a carne da presença divina.

Mais tarde, quando eclodem as reformas luterana e calvinista no século XVI, novamente o tema do vinho será objeto de duras batalhas teológicas em torno da ideia da transubstanciação, que católicos e ortodoxos e alguns anglicanos defendem, segundo a qual, a substância do vinho e do pão é alterada na consagração, tornando-se outra substância: a do sangue e do corpo de Jesus, ainda que seus aspectos "acidentais", como o odor, o sabor, a textura, a forma e a cor permaneçam os mesmos. Os luteranos sustentam, por sua vez, a noção da consubstanciação, ou seja, de que as duas substâncias coexistem, enquanto outros protestantes negam qualquer presença divina no vinho e no pão e reconhecem na santa ceia apenas um caráter simbólico.

---

[58] Hilário Franco Júnior, *Cocanha: várias faces de uma utopia* (Cotia: Ateliê Editorial, 1998).

A Igreja Católica é muito rigorosa e minuciosa no que diz respeito às normas que determinam qual tipo e como o vinho deve ser usado no sacramento eucarístico. No Concílio de Florença, no *Decreto para os Armênios*, o cânon 814 do direito canônico e os missais romanos são explícitos em determinar que o vinho só pode ser feito de uvas que não sejam verdes, precisando necessariamente conter álcool, ou seja, ser fermentado (o suco de uva ou mesmo o mosto não servem), e não pode ser avinagrado ou receber outras substâncias, à exceção da água que pode ser misturada em pequena quantidade (menos de um quinto) ao vinho consagrado. O vinho de passas foi autorizado em regiões onde não se encontrem uvas frescas. A cor do vinho não importa, mas as igrejas orientais se habituaram a usar vinho rosado e, nas católicas, o branco é de uso muito comum, embora nos textos antigos a referência ao vermelho, na sua semelhança explícita com o sangue, seja mais comum.

As atitudes do cristianismo a respeito do uso laico do vinho também variavam conforme a região. Se em alguns países católicos, especialmente na França, o uso do vinho foi encarado com tolerância e complacência, em outros, como em Portugal, esse consumo tornou-se objeto de uma crescente censura a partir do enrijecimento do moralismo contrarreformista, passando a ser um tópico central das prédicas de controle comportamental a sua condenação em geral, e para as mulheres em particular. Assim, o padre Manuel Bernardes escrevia:

> Assim como no vinho há luxúria (como disse São Paulo aos Efésios [5, 18] *Vinum in quo est luxuria*) assim na luxúria há vinho; quero dizer, efeitos semelhantes aos do vinho quando é muito; que aliena o juízo e desterra os cuidados de importância, deixando só vontade de rir, folgar e dormir e tornar a beber.[59]

Mas, mesmo em meio ao clero português, há elogios copiosos ao vinho, como no dicionário do padre jesuíta Raphael Bluteau, que dizia, no início do século XVIII, ser o vinho "néctar da terra e ambrosia dos mor-

---

[59] Manuel Bernardes, *Armas da castidade: tratado espiritual em que por modo prático se ensinam os meios, e diligências convenientes para adquirir, conservar e defender esta Angélica virtude* (Lisboa: Officina de Miguel Deslandes, 1699), p. 37.

tais", consistindo sua "bondade" numa "certa proporção e união natural dos seus princípios, que no nervo da língua faz uma agradável impressão e acelerando o movimento dos espíritos animais alegram o estômago, o coração e o cérebro" e seu uso resultava na revelação da verdade: "o vinho é um líquido imã, que dos ferros da vontade e da casa do segredo, no peito humano traz à luz do dia a verdade, é a chave, que sem dar voltas, abre o coração e solta os pensamentos que a dissimulação tem presos".[60]

Todavia, o que prevalece em Portugal, bem mais fortemente do que no resto da Europa católica, é um discurso fortemente antialcoólico. Contava-se com orgulho, em Portugal no século XVIII, que a esposa portuguesa infértil de Frederico III, da Prússia, tendo sido recomendado pelos médicos que tomasse vinho, respondeu que preferia morrer a ter filhos dessa maneira.[61]

A época medieval conheceu o que Jacques Le Goff chamou de a grande renúncia ao corpo. Mesmo que muitos monges e clérigos pudessem ser apreciadores e até produtores de vinho, a embriaguez em si era associada cada vez mais na prédica moralista aos demais pecados da carne. Como escreve Le Goff,

> a embriaguez é reprimida, por um lado, porque as conversões ao cristianismo se davam, sobretudo, entre os camponeses e os "bárbaros", muito apreciadores de bebedeiras, que era o caso de conter; por outro, porque os pecados da carne [...] se encontram associados à embriaguez.[62]

Nos dias de hoje, o catecismo católico contemporâneo continua absolvendo os usos moderados do álcool, pois eles se constituiriam num dos prazeres legítimos do gosto, mas, se usados exclusivamente para a "alteração do espírito", para a embriaguez, são censurados e condenados, da mesma forma que as drogas (mas não o tabaco!), conforme se verifica na seguinte passagem:

---

[60] Raphael Bluteau, *Vocabulario portuguez e latino* (Coimbra: Collegio das Artes da Companhia de Jesus, 1712-1728), p. 502.
[61] Pedro José Supico de Moraes, *Coleçam moral de apophtegmas memoráveis* (Lisboa: Officina augustiniana, 1732).
[62] Jacques Le Goff & Nicolas Truong, *Uma história do corpo na Idade Média*, trad. de Marcos Flamínio Peres (Rio de Janeiro: Civilização Brasileira, 2006), p. 58.

É pecado um adulto beber cerveja? Não, desde que seja com moderação, nunca permitindo perder o controle de si mesmo. É proibido fumar? Não, apesar de que o cigarro faz mal à saúde e deve ser sempre evitado. Mas os que fumam (adultos) não pecam se o fazem com boa medida. E o caso das drogas? As drogas não são como o cigarro ou a bebida. Quando o homem bebe vinho ou cerveja, ele quer saborear um produto, sentir o seu gosto. Quando ele fuma um bom tabaco, também sente o seu perfume e sente o seu gosto. Mas quando uma pessoa se droga, que seja maconha, cocaína, lança-perfume (éter), etc. ele não está provando um produto elaborado para o paladar, ele está querendo alterar o seu estado de espírito. Nesse caso, é como se alguém que só bebesse para ficar embriagado. É um pecado grave, portanto, experimentar qualquer tipo de droga ou fumo, ou bebida que altere a consciência de si mesmo.[63]

Curioso argumento, em que se considera que nem a maconha nem o éter teriam gosto e se distingue a legitimidade do beber apenas no caso de ser um prazer para a língua, mas não para o espírito. Na verdade, nada mais é do que um certo contorcionismo argumentativo para justificar que o uso das drogas lícitas na civilização cristã, usadas por milhões de pessoas diariamente, não seja considerado como um pecado desde que o seu uso seja na busca de um gosto, e não da transformação da mente. A alteração voluntária do estado mental ou sentimental por meio do consumo de bebidas ou de outras substâncias psicoativas assume no cristianismo a condição inaceitável de uma modulação de si mesmo que é sempre condenada, distanciando-se assim de um consumo de bebidas associado à alimentação ou mesmo ao seu emprego medicinal, estas sim vistas como formas legítimas de se beber.

ISLÃ, ALCORÃO E BEBIDAS FERMENTADAS

As bebidas alcoólicas são proibidas pelo islamismo, que se constitui como o movimento cultural proibicionista mais influente no mundo na atualidade.

---

[63] *As virtudes cardeais*, disponível em http://www.capela.org.br/Catecismo/cardeais.htm.

A justificativa para essa proibição do álcool decorre de três versículos do Corão. Em II:219, considera-se que o uso do vinho (ao lado dos jogos) traz benefícios e pecados, mas mais dos últimos que dos primeiros:

> Perguntam-te pelo vinho e pelo jogo de azar. Dize: "Há em ambos grande pecado e benefício para os homens, e seu pecado é maior que seu benefício". E perguntam-te o que devem despender. Dize: "O sobejo". Assim Allah torna evidentes, para vós, os sinais, para refletirdes.

A nota do editor a esse versículo afirma que a proibição do vinho teria se imposto paulatinamente, pois "o Islão percebeu que uma proibição categórica e inicial não poderia lograr bons resultados. Por isso, agiu gradualmente na enunciação destas prescrições".[64]

Mais à frente, em IV:43, está escrito: "Ó vós que credes! Não vos aproximei da oração, enquanto ébrios, até que saibais o que dizeis[...]".

Este trecho que faz supor que o uso do álcool continuava presente, tanto que se buscava limitar a sua presença nos momentos das orações, que, sendo cinco ao dia, nos faz pressupor que a ebriedade não seria permitida enquanto não se soubesse o que se dizia. Contudo, devemos também levar em conta que se podia tolerar um consumo de bebida que não chegasse até a ebriedade, como se depreende do versículo II:219, citado no início desta seção, em que se constata gastar (despender) nesse consumo o "sobejo", ou seja, o excessivo, o que também faz supor poder haver um modo anterior que seria o suficiente.

Mas, finalmente, em V:90, estipula-se mais categoricamente:

> Ó vós que credes! O vinho e o jogo de azar e as pedras levantadas com nome dos ídolos e as varinhas da sorte não são senão abominações: ações de Satã. Então, evitai-as na esperança de serdes bem-aventurados.

Apesar deste versículo, o puritanismo não foi, entretanto, necessariamente uma marca do Islã antigo, que, muito mais do que na época contem-

---

[64] Alcorão, trad. Helmi Nasr (Medina: Complexo de edição do Rei Fahd, 2005), p. 59.

porânea, tolerou e até mesmo exaltou os prazeres da carne, entre os quais os do sexo e da embriaguez. Dessa forma, o vinho não é amaldiçoado em si mesmo, ao contrário, tanto que estará abundantemente disponível no paraíso onde correrão rios de vinho ao lado de rios de água pura, leite e mel, conforme diz o Corão, na Sura 47:15:

> Eis o exemplo do Paraíso, prometido aos piedosos: nele, há rios de água nunca malcheirosa, e rios de leite, cujo sabor não se altera, e rios de vinho, deleitoso para quem o bebe, e rios de mel purificado.

Mais à frente, na Sura 83:22-27, detalha-se mais sobre essas fontes de bebidas deliciosas:

> Por certo, os virtuosos estarão em delícia,
> Sobre coxins, olhando as maravilhas do Paraíso.
> Reconhecerás em suas faces a rutilância da delícia.
> Dar-se-lhes-á de beber licor puro, selado,
> Seu selo é de almíscar – e que os competidores se compitam então, para isso –
> E sua mistura é de Tasnin [nome da nobre bebida paradisíaca de fonte celestial],
> Uma fonte de que os achegados a Allah beberão.

A poesia árabe, de influência persa, de Abû Nuwâs, da segunda metade do século VIII, é por isso mesmo chamada de báquica e libertina. Abrigado pelo califa Harûn Ar-Rachîd (morto em 809), esse poeta nascido no Irã, embora escrevesse em árabe, elogiou em sua obra a ebriedade do vinho comparando-a com a do amor, em versos, tais como os citados a seguir:

> O que é a existência?
> Uma embriaguez de embriaguezes escoltada,
> Mais profunda é a embriaguez menos se sente do tempo o fardo,
> Como a sobriedade é prejuízo, sentir-se levado sob as asas do vinho
> é o verdadeiro benefício.
> [...]
> Subindo das entranhas, os vapores do vinho

rasgam, da consciência os véus
e soltam todos os segredos cativos.⁶⁵

Apesar da interpretação corânica majoritariamente proibicionista e repressiva que prevaleceu no Islã, a cultura da ebriedade subsistiu, contudo, em várias épocas e países muçulmanos. Segundo Omar Merzoug, que apresenta e traduz o livro de Nuwâs, uma importante influência veio da tradição persa, em que subsistiu uma atitude de ressentimento contra os conquistadores árabes, chamada de *shûûbite*, que se tornou, com a islamização, uma forma de *zandaqa*, ou seja, descrença, materialismo ou mesmo ateísmo. Essa atitude, que culminou no século XI com Omar Khayyam, já vinha, pelo menos, desde o século VIII de Nuwâs e outros que exaltavam uma forma "islâmica" de culto dionisíaco e erótico (e até mesmo homoerótico, como no caso de Nuwâs).

O mais importante representante da poesia báquica islâmica certamente é o poeta Omar Khayyam, do século XI, que, além de ser um grande matemático e astrônomo, tendo estabelecido um calendário solar mais preciso que o gregoriano e avançou nos estudos da álgebra, foi também um notável poeta.

Sua poesia é uma das mais apologéticas do vinho, apresentado como um estado de transe e êxtase que é superior a tudo e consola todas as tristezas de um mundo em que vigora uma determinação cega do destino, o que levou a muitos muçulmanos a verem nisso uma metáfora da revelação divina, e não simplesmente o elogio de uma bebida, o que parece uma distorção absurda do seu sentido. Além de hedonista, Khayyam expressa um materialismo que se assemelha muito (mesmo que não haja conhecimento de qualquer relação de filiação direta conhecida) ao epicurismo. Seus argumentos sobre a contradição entre a bondade de Deus e a crueldade da sorte são análogos aos de Epicuro e Lucrécio e sua saudação do vinho como caminho do prazer e da felicidade ressoa os mesmos temas presentes em Horácio.

---

[65] "Qu'est-ce que l'existence?/ Une ivresse d'ivresses escortée./ Plus profonde est l'ivresse, moins tu sens du temps le fardeau./ Lors que sobriété est préjudice, se sentir sur les ailes du vin emporté./ Voilà le vrai bénéfice!/ [...] "Montant des entrailles les vapeurs du vin/ déchirent de la conscience les voiles/ et en délivrent tous les secrets captifs!". Em Abû Nuwâs, *Poèmes bachiques et libertins*, trad. de Omar Merzoug (Lonrai: Verticales/Le Seuil, 2002), pp. 35 e 58. Agradeço a Marina Soares por várias indicações preciosas sobre a cultura islâmica em geral e, em especial, sobre a obra de Abû Nuwâs.

Bebe vinho, amigo!
A vida,
a que sucede a morte,
é digna de ser vivida,
mas só pode ser bem vivida
entre a serenidade do sono
e o êxtase da embriaguez
[...]
Não percebeste ainda
que vinho é espírito?
Que ele cria, educa, embeleza,
modela o verdadeiro homem?
[...]
Bebe vinho,
penhor da vida eterna,
único fim e razão da existência!
[...]
Uma só taça de vinho
vale as mil promessas
de todas as religiões.

Um simples trago
é mais importante
que a China inteira.
[...]
Quero apenas respirar,
evadir-me de mim mesmo,
esquecer minh'alma.

Só por isso
bebo e me embriago.
[...]
A vida eu não suportaria
se não existisse o vinho –
acre, rosado e límpido.[66]

---

[66] Omar Khayyam, *Rubáiyát*, versão poética de Christovam de Camargo baseada no texto persa de Ragy Basile (São Paulo: Martin Claret, 2005).

Outro representante dessa vertente erótica e apologista do vinho na poesia islâmica é o persa Hâfez Shirâzi, falecido em 1389, que escrevia versos destronadores de reis, em que estes deveriam se curvar ao poder da beleza, da embriaguez e da amizade:

> Quando a rosa e o vinho e o amigo estão junto a ti,
> nesse dia o rei do mundo é teu escravo[67]

A garrafa de sangue, entretanto, surge como metáfora do vinho no sentido do risco que o seu consumo trazia, e o poeta também alerta, assim, para os perigos envolvidos no vinho, perseguido pelas autoridades, cujo consumo deveria ser discreto e clandestino:

> Beba prudentemente, porque vivemos
> tempos de cizânia.
> Tome o cuidado de dissimular
> a taça de vinho em sua manga,
> Porque o Tempo é uma garrafa:
> é de sangue ou é de vinho? [...]
> Porque este período é devoto,
> é o tempo da abstinência.[68]

O tradutor do livro de Hâfez ao francês, Vincent-Mansour Monteil, escreve na introdução aos seus poemas que:

> O vinho é um de seus *leitmotiv*. Mas qual vinho? Hâfez diz ele mesmo: "É um vinho de Verdade e não de metáfora". Pensamos no grande místico Abû-l-Qâsim Jonayd, morto em 911, que dizia que o adepto espiritual passa da "embriaguez da empreitada divina à lucidez do desembriaga-

---

[67] "Quand la rose et le vin et l'ami sont à toi,/ le roi du monde est ton esclave, ce jour-là". Ver Hâfez Shirâzi, *L'amour, l'amant, l'aimé*, trad. Vincent-Mansour Monteil & Akbar Tadjividi, Coleção Unesco de Obras Representativas (Arles: Acte Sud, 1998), p. 53.
[68] "Bois prudemment, car nous vivon des temps de zizanie./ Prends bien soin de dissimuler,/ la coupe de vin dans ta manche,/ Car le Temps est une carafe:/ est-ce de sang, est-ce de vin? [...] Car cette période est devote,/ et c'est le temps de l'abstinence". Em Hâfez Shirâzi, *L'amour, l'amant,* l'aimé, cit., p. 47.

mento". Mas esta embriaguez é uma loucura que, sozinha, permite furar ou levantar o véu das aparências.[69]

A posição do profeta Maomé sobre as bebidas alcoólicas consolidou-se após sua tomada vitoriosa de Medina em 627, ano cinco da Hégira, quando, segundo Barnaby Rogerson, "o Islã primitivo passou a rejeitar o álcool. Uma das primeiras revelações insistia em que os crentes não deveriam rezar quando estivessem bêbados (tradicionalmente, acreditava-se que era uma reação ao comportamento beberrão do tio do Profeta, Hamzah)".[70]

Embora a lei islâmica sempre proibisse oficialmente o uso do vinho e de qualquer bebida alcoólica, incluindo o leite fermentado e levemente alcoólico de égua e camela, a questão da natureza de outras substâncias produtoras de outros tipos de "embriaguez", tais como o haxixe, o cat (*Catha edulis*), o café, o tabaco, entre outros, suscitou intensos debates e conflitos em diferentes épocas do Islã. Até mesmo o açafrão foi objeto desse debate, dado que em grande quantidade poderia embriagar.

A posição mais consolidada parece ser aquela resumida por Ibrahim B. Ibrahim Al-Laqqant, no século XVII:

> É lícito tomar ópio, beleno, cicuta, datura e outras plantas e produtos corruptivos para a mente em quantidades tais que não produzam desordens mentais nem insensibilizem os sentidos, nem produzam dano algum a quem os consuma, e isto mesmo que do ponto de vista médico não existisse necessidade de tomá-los.[71]

Esse autor egípcio, falecido em 1631, escreveu vários livros, entre os quais um que contém esta citação: "Aviso a meus irmãos de fé para que evitem o tabaco, que condena essa nova planta adventícia".

No século XIII, o haxixe passou a ser objeto de perseguição oficial, *fatwas* foram emitidas contra ele, e o elemento central da argumentação

---

[69] *Ibid.*, p. 15.
[70] Barnaby Rogerson, *O profeta Maomé: uma biografia*, trad. Lis Alves (Rio de Janeiro: Record, 2004), p. 204.
[71] Ibrahim B. Ibrahim Al-Laqqant, *apud Solaz del espíritu en el hachís y el vino y otros textos árabes sobre drogas*, trad. Indalecio Lozano (Granada: Universidade de Granada, 1998), p. 177.

proibitiva era sua comparação com o vinho como produtor de "perda do entendimento". Uma das condenações mais importantes é o texto *Enaltecimento dos que vivem na proibição do haxixe*, do egípcio Qutb Al-din Al-Qastallant (1218-1287), em que justifica essa proibição com base em que "a lei islâmica proíbe que se aliene o entendimento usando aquilo que o aniquila e o tira do seu curso habitual desde o ponto de vista da natureza; e por esta razão proíbe embriagar-se bebendo vinho de uva ou de qualquer outra coisa".[72]

A evocação do vinho surge muitas vezes em contraste com outras substâncias, especialmente o haxixe. Inúmeros foram os textos, em poesia e prosa, que trataram dessa disputa entre o verde e o vermelho, designando as apologias e condenações respectivas do haxixe ou do vinho.

Dentre a poesia árabe do haxixe, podem-se mencionar alguns dos textos traduzidos ao espanhol por Indalecio Lozano, como "Dois poemas sobre o haxixe e o vinho", de Muhammad Ibn Rustum al-Is'irdí (1222-1258), de Alepo; "Seis poemas sobre o haxixe e o vinho", de Safi'l-din al-Hillí (1278-1349), de Bagdá; e "Solaz do espírito no haxixe e no vinho", de Taqi l-din al-Badri (1443-1489), de Damasco. Nesses textos comparam-se sempre essas duas substâncias para um elogio, em geral, do haxixe e censura do vinho, embora Ibn Rustum utilize o recurso de fazer dois poemas contraditórios, cada um dizendo o inverso do outro em relação a censura e elogio contrapostos a esse par de drogas. O vinho, "fogo que arde sem fumaça", faz esquecer, mas o haxixe traz à memória "os arcanos da beleza unificada", pois ele é "o segredo com que o espírito se eleva às mais sublimes moradas, na ascensão celestial de um entendimento livre de ataduras mundanas".[73] Quase um século depois, Safi'l-din al-Hillí continuava contrapondo ambos para elogiar o haxixe, como um

> vinho que tenho no bolso e que ao comer me embriaga. Não o proíbe o Livro Sagrado, nem unânime é sua condenação entre os legisladores.

---

[72] Qutb Al-din Al-Qastallant, *apud Solaz del espíritu en el hachís y el vino y otros textos árabes sobre drogas*, cit., p. 57.
[73] Ibn Rustum al-Is'irdí, *apud Solaz del espíritu en el hachís y el vino y otros textos árabes sobre drogas*, cit. p. 49.

De evidente utilidade, sua embriaguez livra a alma de tristezas. Maior é o agradecimento que a ele se deve que a embriaguez que ele produz, e maior é seu proveito que seu pecado.[74]

No sexto poema, ele expõe mais explicitamente um elogio geral da embriaguez, ao dizer:

> na embriaguez do vermelho e do verde há um seguro contra a negra e a amarela bílis. Este sem fogo ferve e aquele sem ar seus ramos balança. Tempera a fogosidade deste com a languidez daquele e maravilha-te da harmonia das partes. É a embriaguez das duas compostas: a indolência do haxixe e a diligência do vinho.[75]

O ópio também foi tradicionalmente utilizado no mundo islâmico e árabe, onde entrava na composição de muitos eletuários e triagas. Apenas no século XVII, haverá medidas contra ele na Pérsia governada pela dinastia safávida. O café também sofreu resistências no Egito em 1532, e, mais tarde, nos domínios do sultão otomano Murad IV, seu uso, assim como o do tabaco, podia ser punido com a morte.

Ainda no final do século XX, essa polêmica sobre a definição de embriaguez e das plantas que a produzem continuava em relação ao cat, cuja perseguição pela legislação internacional que o considera uma droga levou o conselho dos ulemás do Yemen a emitir uma *fatwa* em defesa do cat, que traz um argumento que, em última instância, liberta qualquer planta da tutela proibitiva do Estado, pois, segundo esse documento, há

> uma norma bem conhecida entre os alfaquis, a saber: que em sua origem todas as coisas criadas por Deus são lícitas e que o propósito buscado com isso é tornar possível obter um proveito delas, em sua qualidade de alimentos, bebidas, vestidos, medicamentos, meios de transporte ou objetos decorativos.[76]

---

[74] Safi'l-din al-Hillí, apud *Solaz del espíritu en el hachís y el vino y otros textos árabes sobre drogas*, cit., p. 64.
[75] Ibid., p. 66.
[76] *Solaz del espíritu en el hachís y el vino y otros textos árabes sobre drogas*, cit., p. 168.

Essa mesma noção de que tudo na terra é uma "dádiva de Deus", que nada é ruim em si mesmo, mas, sim, no uso que se pode fazer, estava presente no judaísmo e no cristianismo que não vê defeitos na criação e considera toda a natureza perfeita, havendo pecado apenas no coração dos homens devido à queda e à expulsão do paraíso original, o que trouxe a inimizade entre as espécies, a morte e a corrupção.

Muitos países islâmicos, especialmente os mediterrânicos, possuem bebidas tradicionais, tais como o *arak* (em árabe essa palavra significa suor ou transpiração), que era feito originalmente da seiva brotada de incisões no tronco de palmeiras, mas atualmente é um destilado de uvas acrescido de anis, popular no Líbano, na Síria e na Jordânia, onde não há proibição das bebidas alcoólicas, existente apenas nos países governados pelo fundamentalismo sunita, na Arábia Saudita, ou xiita, no Irã. No Iraque era produzido até mesmo um *arak* de tâmaras.

A embriaguez não está, assim, ausente da cultura islâmica, apenas se refugia mais e sofre maior perseguição, mas não deixa de mostrar seu encanto e sua sedução, tanto na poesia como na vida cotidiana.

ÉPOCA MODERNA

O ALAMBIQUE DO CORPO: MEDICINA E FILOSOFIA RENASCENTISTAS

Até a Idade Média, a embriaguez só era produzida pelos fermentados, e no mundo europeu, especialmente pela cerveja e pelo vinho. O álcool destilado foi produzido em pequenas quantidades em mosteiros medievais a partir, provavelmente, de técnicas de origem árabe, o que é evidenciado por vários termos, como, por exemplo, alambique e álcool. Desde a Antiguidade, o vinho foi encarado como uma bebida "quente", útil para manter e regenerar os organismos. Seu uso era acompanhado de outras substâncias igualmente "quentes", como as especiarias. Misturado com mel, pimenta e outras substâncias como canela, açúcar e gengibre, o vinho era chamado no mundo latino de *pigmentatum*, ou seja, pigmentado, dando origem ao termo pimenta. Mais tarde, na época medieval, esse vinho com especiarias foi denominado de *hypocras* (vinho de Hipócrates) e era visto como uma bebida plena de poderes curativos e estimulantes, especialmente como afrodisíaco, sendo o néctar mais característico dos amantes.[1]

---

[1] Um poema do século XVI assim se manifestava: "Boire hypocras à jour et à nuité;/ Rire, jouer, mignonner et baiser;/ Et nu à nu pour mieux le corps s'aiser" ["Beber vinho de Hipócrates de dia e de noite;/ Rir, jogar, acariciar e beijar;/ e de corpo em corpo nu para melhor se regozijar"]. Em

O vinho e as especiarias agiriam como as chamas do fogo, não só expulsariam os humores corruptos, mas também os queimariam. Como a fênix que renasce do fogo, o calor das especiarias e do vinho possuiria um poder palingenésico, excitando, recompondo, estimulando, tonificando e vitalizando.

Um comentador árabe de Galeno, Ibn Wâfid, no século XI, relaciona os sabores das coisas com suas qualidades e considera assim que o doce sempre é quente e "quanto mais doce, mais quente". A doçura se adquire por calor inato ou por um calor vindo de fora, ou seja, pelo cozimento. Dessa forma, o processo de fermentação que produz calor e doçura é assim explicado:

> a coagulação das uvas não adquire a doçura que possui só por seu calor inato, mas também pelo calor adquirido de fora, havendo nela uma participação que consiste em que nas uvas e nos demais frutos, semelhantemente à chama, e com esse calor, o aquoso que há nelas amadurece com uma maturação mediana, se consolida e se faz semelhante à coisa que o transforma e altera.[2]

A relação do calor não só com a doçura como também com os bons aromas e cheiros agradáveis era antiga e servia para explicar por que as especiarias nasciam em climas quentes. O vinho concentrando o calor das uvas e do sol que elas receberam desenvolvia mais profundamente as suas propriedades de doçura, perfume e aquecimento, acrescentando a elas o calor recebido no próprio processo de fermentação. Esse calor do vinho era não só salutar e curativo de enfermidades, mas também possuía a capacidade de transformá-lo diretamente em sangue.

Arnaud de Villeneuve, no século XIII, recomendava a temperança, ou seja, o consumo alcoólico moderado, bem como propugnava por uma ebriedade mensal para ajudar nas evacuações (pelos vômitos), pois a depuração dos humores era a principal terapia da medicina medieval para a saúde do corpo, por meio de métodos catárticos (eméticos, laxantes e sangrias).[3]

François Villon, *apud* Georges Vigarello, *Le sain et le malsain: santé et mieux-être depuis le Moyen Âge* (Paris: Éditions du Seuil, 1993), p. 33.

[2] Ibn Wâfid, *Libro de los medicamentos simples (Kitâb al-adwiya al-mufrada)*, trad. Luisa Fernanda Aguirre de Cárcer, vol. 1 (Madri: Consejo Superior de Investigaciones Científicas, 1995), p. 29.

[3] Arnaud de Villeneuve, *apud* Fernand Braudel, *Civilização material e capitalismo: séculos XV-XVIII*, trad. Maria Antonieta Magalhães Godinho (Lisboa: Cosmos, 1970).

O uso do vinho era considerado de tal forma uma fonte de boa saúde que a sua privação era vista como causa até mesmo de mortes.

Se o vinho já possuía uma reputação de remédio extraordinário, o espírito do vinho se tornou ainda mais notável, daí a sua denominação como água da vida (*eau-de-vie*). Sua virtude conservadora, pois qualquer vegetal ou animal nele mergulhado não apodrecia, recomendou-o como um remédio preservador de toda putrefação, rejuvenescedor e, até mesmo, ressuscitador dos mortos. Já a aguardente, considerada uma "água de fogo", associava as qualidades dos dois elementos, pois era, ao mesmo tempo, quente e fria e seca e úmida. Segundo a medicina dos humores, o desequilíbrio entre as secreções (os "humores": sangue, fleuma, bílis amarela e bílis negra) provocava todas as doenças, conforme os quatro tipos característicos de temperamentos (sanguíneo, fleumático, colérico e melancólico). A aguardente, como a mais pura das quinta-essências, servia para aquecer e secar os humores frios e úmidos, penetrando os corpos como um "éter".

O alambique foi, como explica Georges Vigarello,[4] a primeira máquina a servir de analogia para o funcionamento do corpo humano, no sentido de um fluxo ascendente que depura os humores do sólido para o líquido e, finalmente, para o gasoso. Chamados na época medieval de "vapores", as emanações do vinho eram vistas como partes etéreas que, ao subirem para a cabeça, produziam os efeitos da embriaguez. O corpo, portanto, também destila e purifica, como faz o alambique, extraindo das substâncias as suas quinta-essências "espirituais". Por isso, é preciso garantir que a cabeça esteja sempre seca e os pés quentes, para garantir a devida transformação humoral e impedir que a sua "corrupção" produza vapores mefíticos, venenosos e pestilentos.

Outra analogia que serve para explicar a fisiologia do corpo, especialmente da digestão, é a do cozimento, como se o estômago fosse um "forno" que coze os alimentos e as bebidas. Caso mal cozidos, produziriam a fleuma, que seria um humor frio e úmido, situado no cérebro; caso excessivamente cozidos, resultariam na bílis e na bílis negra; e só o sangue representaria um estado ideal de "cozimento" e, por isso mesmo, se caracterizaria como o humor mais indicativo do estado de saúde.

---

[4] Georges Vigarello, *Le sain et le malsain: santé et mieux-être depuis le Moyen Âge*, cit.

Contudo, além das tentativas da medicina de compreender as formas de ação das bebidas e de seus efeitos sobre os homens, também vai haver uma reflexão filosófica que utilizará a embriaguez como uma metáfora de um conhecimento suprarracional. O Renascimento foi o momento em que a Europa reencontrou a cultura clássica e aprendeu a desenvolver um espírito crítico. Dentre os grandes sábios que sintetizaram o espírito renascentista, talvez nenhum tenha sido tão prodigioso como Giovanni Pico della Mirandola, que reconheceu no homem a característica central de ser livre e de se autoproduzir com uma natureza multiforme para que como "árbitro e soberano artífice de ti mesmo, te plasmasses e te informasses, na forma que tivesses seguramente escolhido".[5] Em seu prólogo para as novecentas teses que redigiu, em 1486, fez um uso figurado da embriaguez como símbolo de um conhecimento supremo, escrevendo que:

> inebriar-nos-emos, invocados pelas Musas, com a harmonia celeste. Então Baco, senhor das Musas, mostrando-nos, tornados filósofos, nos seus mistérios, isto é, nos sinais visíveis da natureza, os invisíveis segredos de Deus, inebriar-nos-á com a abundância da casa divina na qual, se formos totalmente fiéis, como Moisés, a santíssima teologia animar-nos-á de um duplo furor.[6]

Referindo-se a Sócrates, Mirandola também empregou a expressão "furores socráticos" e falou da "inefável inteligência, de cujo néctar os anjos se inebriam". Num espírito de reverência ao mundo clássico e de busca da união de todas as filosofias na sua busca comum pela verdade, o autor usa a ideia do inebriamento como algo que expressa mais do que o puro conhecimento racional, mas junta a ele essa noção passional e extática do arrebatamento da embriaguez.

Desidério Erasmo, mais conhecido como Erasmo de Rotterdam, ao escrever, em 1508, o *Elogia da loucura*, ataca a pretensa sabedoria dogmática da teologia da sua época evocando a loucura, que é atributo das mulheres e das crianças e sinônimo do amor. Da mesma forma, relacionará o estado

---

[5] Giovanni Pico della Mirandola, *Discurso sobre a dignidade do homem* (Lisboa: Edições 70, 1989), p. 67.
[6] *Ibidem*.

da ebriedade como análogo ao da loucura e do amor, lembrando a famosa passagem do *Fedro*, em que Platão se refere às loucuras divinas, das quais o amor é a melhor. Basta à loucura se apresentar para as faces se alegrarem e as pessoas se assemelharem aos "deuses de Homero embriagados de néctar e de nepentes". As duas ninfas "mais graciosas do mundo", Mete, a Embriaguez, filha de Baco (a décima segunda das dezoito mênades), e Apédia, a Ignorância, filha de Pã, foram as amas de leite da loucura. Baco é um deus sempre louco, sempre bêbado, passa a vida em meio aos jogos, danças e festins, e evita o menor contato com Palas. Longe de querer ser visto como sábio, é, ao contrário, pelos jogos e pelos prazeres da loucura que se pode prestar-lhe um culto que seja agradável. É considerada como a obra de Baco a dissipação das "preocupações, das inquietudes e do sofrimento", mas a loucura não é efêmera como a embriaguez, a sua felicidade é mais doce, pois mergulha os homens "numa embriaguez contínua, a alma deles nada incessantemente num mar de prazeres e de delícias".[7]

A disputa entre o epicurismo e o estoicismo, que durante séculos norteara o debate filosófico moral sobre o prazer, foi retomada a partir do Renascimento, com uma revalorização de Epicuro. Os humanistas seiscentistas, como Pierre Gassendi, os ilustrados espanhóis, como Francisco de Quevedo, os libertinos materialistas (e até Karl Marx em sua tese de doutoramento em filosofia) encontraram em Epicuro a fonte de uma filosofia ateia e hedonista.

O epicurismo expressou um saber sobre como beber, mas a noção de que há um saber na própria embriaguez acompanhou a apologia do vinho, das canções dos goliardos medievais até as representações renascentistas clássicas de François Rabelais, que fez de seus personagens Gargantua e Pantagruel a personificação de um saber libertário, festivo e embriagado. O prólogo do primeiro livro, *Gargantua*, começa declarando: "Ilustríssimos bebedores [...] a vós são dedicados os meus escritos", e depois, comparando-se a um Sileno e a uma caixa de drogas, diz que espera que seus livros sejam apreciados como um cão degusta um osso. Também comparando o vinho ao azeite, diz: "Oh! como o cheiro do vinho é mais esquisito, agradável, convidativo, celeste e delicioso que o do azeite! E terei tanta glória, a dizer-te de mim que usei

---

[7] Erasmo de Rotterdam, *Elogio da loucura*, trad. Paulo Neves (Porto Alegre: L&PM, 2008), p. 72.

mais vinho do que azeite". Numa outra passagem, dirá, sem rodeios: "se perdermos o vinho, perderemos tudo: o senso e a lei".[8]

Esse texto praticamente fundador da literatura francesa demonstra o lugar do vinho na sociedade quinhentista desse país, onde Rabelais concebeu uma exaltação da alegria e da liberdade, conforme a divisa "faze o que quiseres", dos telemitas da abadia de Telema, que ele descreveu como uma utopia, à moda da época.

Meio século mais tarde, Michel Montaigne compila muitas das fontes latinas e gregas sobre o assunto. Reunindo, como era de seu estilo, referências copiosas aos clássicos da Antiguidade grega e latina, Montaigne comenta-as de forma ambígua, tanto como um vício, e dos mais condenáveis, pois "a pior condição humana é aquela em que o homem não tem mais consciência de si, não mais se domina", como um "soro da verdade", um instrumento para revelar os mais íntimos segredos.[9]

Se Montaigne afirma que, quanto menos civilizada for uma nação (como seria o caso da Alemanha), mais comum é o vício da embriaguez, também escreve que

> é sabido que na antiguidade esse vício não era muito condenado. Chegam mesmo alguns filósofos a referir-se com muita indulgência à embriaguez; e entre os próprios estoicos houve quem recomendasse beber de vez em quando à vontade, até a embriaguez, a fim de alegrar o espírito.[10]

Esta noção popular de que certos povos bebem mais ou são mais indulgentes com a embriaguez é verificável em inúmeras fontes de época, pelo menos desde o século XVI, numa hierarquia de propensão à ebriedade que fazia dos alemães, poloneses, russos e ingleses os maiores bebedores, enquanto franceses e italianos seriam menos e os espanhóis, acima de todos, teriam a reputação de serem os mais sóbrios.[11]

---

[8] François Rabelais, *Gargantua*, trad. Aristides Lobo (São Paulo: Hucitec, 1986), p. 111.
[9] Michel de Montaigne, *Ensaios*, trad. Sérgio Milliet, Coleção Os Pensadores (São Paulo: Abril Cultural, 1972) [1580], p. 166.
[10] *Ibid.*, p. 167.
[11] Jean-Louis Flandrin, "Boissons et manières de boire en Europe du XVIe au XVIIIe siècle", em *Psychotropes*, II(1), inverno de 1985.

Para Montaigne, sábios da Antiguidade, como Sócrates, e moralistas, como Catão, também não teriam ficado imunes às seduções da embriaguez e, como que contradizendo o que afirmara algumas linhas antes a respeito dos germânicos, declara que "nas nações mais bem administradas e governadas era habitual exercitar-se em beber".[12]

Embora declare não gostar pessoalmente de beber, considera a embriaguez um dos menores entre os vícios, pois prejudica apenas a si próprio, é o menos pesado à própria consciência e é o de mais fácil realização e, portanto, pode ser listado entre os prazeres principais da vida, especialmente para os idosos. Assim, Montaigne recomenda que não deveria se beber apenas como os franceses, ou seja, moderadamente, mas

> a tal exercício cumpre consagrar mais tempo e constância. Os antigos consagravam-lhe noites inteiras e às vezes os dias também; é preciso, pois, dar-lhe lugar mais importante na vida cotidiana [...] é necessário dedicar-se mais a esse prazer, se se deseja que conte na vida.[13]

Os filósofos se perguntavam se um sábio seria capaz de resistir à força do vinho, e Montaigne respondia "que o sábio se contente com conter e moderar seus instintos; aniquilá-los não está em seu poder". A embriaguez é uma "maneira eficiente de ressaltar a natureza do indivíduo", ou seja, o paradigma da boa conduta moral ou de um vexaminoso comportamento que provoca arrependimento posterior.[14]

Todavia, na magnífica filosofia cética e crítica de Montaigne, estar fora de si é um estado supremo, condição excepcional dos profetas, dos poetas, dos guerreiros. É preciso que a "alma saia de seu estado habitual, que se eleve e, tomando o freio nos dentes, arraste o seu homem tão longe que, em voltando a si, ele próprio se espante do que fez".[15] A embriaguez também pode despertar essas condições de elevação da alma, pois,

---

[12] Michel de Montaigne, *Ensaios*, cit., p. 167.
[13] *Ibid.*, p. 167.
[14] *Ibid.*, p. 168.
[15] *Ibid.*, p. 170.

por perfeita que seja, a alma não está isenta de uma pitada de loucura, e chama com razão loucura a esses voos que, embora louváveis, ultrapassam nossa inteligência e nossa razão. A sabedoria não é outra coisa senão uma orientação regular dada à nossa alma a fim de a conduzir com medida e equilíbrio.[16]

A moderação é necessária sim, mas também o conhecimento do excesso e a valorização das experiências de intensidade são indispensáveis para que o espírito humano possa ter a compreensão, como disse, mais tarde, o grande poeta William Blake, de que "you never know what is enough unless you know what is more than enough" ["nunca se sabe o que é suficiente até que se saiba o que é mais que suficiente"] e que "The Road of excess leads to the palace of wisdom" ["o caminho do excesso leva ao palácio da sabedoria"].

Além do espírito crítico e do ceticismo, outra mudança na atitude mental que marcou a época renascentista foi em relação à valorização da experiência e do conhecimento empírico. Os produtos mais importantes da vida, tais como o trigo e o pão e a vide e o vinho, são resultados do conhecimento direto da natureza e de suas transformações. Por isso, Francis Bacon (1561-1626), o grande filósofo do empirismo que foi de grande influência para a revolução científica moderna na sua análise do mito grego de Pã, declara que

> a invenção de coisas úteis e agradáveis à vida, como o trigo, não deve ser empreendida pelas filosofias abstratas [...] mas apenas por Pã – isto é, pela experiência sagaz e pelo conhecimento universal da natureza que numa espécie de acidente (como numa caçada) acaba dando com elas.[17]

Essa passagem parece afirmar, numa linguagem alegórica, mais do que uma suposta "sabedoria dos antigos", a necessidade de um novo conhecimento da natureza por meio da experiência, ou seja, um materialismo naturalista que mais do que se referenciar no conhecimento antigo quer fundar um novo que desafie a "confiada e dogmática escola de Aristóteles".

---

[16] *Ibidem.*
[17] Francis Bacon, *A sabedoria dos antigos*, trad. Gilson César Cardoso de Souza (São Paulo: Unesp, 2002), p. 58.

O vinho, no entanto, é mais do que um produto simplesmente útil como um alimento comum, ele nutre as paixões e, por isso mesmo, pode ser extremamente perigoso para o conhecimento, porque "toda paixão é em si mesma uma loucura breve".[18] Nunca adormecidas, as paixões, como Baco ressuscitou, também podem ressurgir a qualquer momento, assim, para Bacon, é uma

> formosa parábola, a da invenção do vinho. De fato, as paixões descobrem seus próprios estimulantes com muita sagacidade e engenho. E nada do que conhecemos é tão vigoroso e eficiente como o vinho para excitar perturbações de todo tipo, das quais é como que o combustível comum.[19]

Com insaciável apetite e feroz como os tigres que conduzem o carro de Dioniso, a paixão se alimenta e se aquece com o vinho e revela a natureza do desejo humano de querer vencer a razão, daí o perigo imanente da ebriedade. Longe, porém, deste filósofo qualquer ideia de interdição, pois "toda paixão desabrocha e ganha forças ante a proibição e a resistência".[20] Também em relação à definição do excessivo, Bacon tomará distância de qualquer atitude abstinente, ao escrever que "os pecados da carência são com justiça reputados piores que os pecados do excesso: estes têm algo de magnânimo, algo do voo de um pássaro, associado ao céu, enquanto aqueles se arrastam pelo chão como répteis". Em seguida, completa este raciocínio com o argumento medicinal: "quando os humores e a umidade da terra penetram na alma, ela se torna vil e degenerada. No entanto, também aqui se deve preservar a medida: a secura, tão justamente gabada, deve permitir que a luz seja mais sutil, mas não que atice um incêndio".[21]

As teorias renascentistas sobre a embriaguez referem-se, ao mesmo tempo e muitas vezes sem distingui-las claramente, à medicina e à moral. Trata-se de conhecer o organismo, ou seja, um conjunto de humores e órgãos em equilíbrio instável, e sua relação com o álcool e saber em que isso

---

[18] *Ibid.*, p. 73.
[19] *Ibid.*, p. 72.
[20] *Ibid.*, p. 75.
[21] *Ibid.*, p. 87.

afeta a vontade, esfera do autodomínio e, portanto, gênese de toda ação prática. O estado de calor e aquecimento provocado pela ingestão do vinho e outras bebidas alcoólicas é o resultado da sua virtude mais característica e concentra todo o seu potencial de influenciar a saúde, o pensamento e o comportamento dos indivíduos.

Os textos e os temas dos antigos não são apenas retomados, mas emerge também uma relativização maior da definição dos limites do excessivo, que reflete uma permeabilidade entre práticas sociais do beber intensivo no âmbito da cultura popular e autores eruditos, como Mirandola, Rabelais, Erasmo ou Montaigne, que refletem e desenvolvem temas da cultura báquica e mesmo de um suposto hedonismo epicurista. Nesses autores, a ebriedade, assim como a loucura em Erasmo, surge não simplesmente como um contraponto à sabedoria da razão, mas muitas vezes como a sua forma mais elevada, uma espécie de furor, como o socrático, que revela a razão por meio do arrebatamento e do êxtase.

Contudo, dessa nova perspectiva renascentista de dúvida, ceticismo, crítica e elevação da experiência como grande caminho do conhecimento também se manifesta, como em Bacon, uma crítica mais prosaica, mais empírico-racionalista, à embriaguez, como uma inclinação passional da alma, que pode ser levada assim para os caminhos do extravio das sensações e do engano dos sentimentos, constituindo um momento marcante na constituição do estado de ebriedade como um análogo da desrazão, ou seja, da loucura, tema que irá se afirmar cada vez mais ao longo da época moderna.

A EMBRIAGUEZ E O NOVO MUNDO

Os indígenas da maior parte das regiões americanas produziam bebidas fermentadas de cereais, leguminosas, tubérculos, cogumelos e frutas em geral. Apenas no extremo sul e norte das Américas não se conheciam tais técnicas. As matérias-primas mais comuns eram o milho, especialmente o maltado (chamado, nos Andes, de *jora*), a mandioca e, em regiões específicas, algaroba e quinoa. Mas dos cogumelos *llao-llao* na Patagônia, passando pelos pinhões das araucárias, até o fruto do agave no México buscaram-se fabricar bebidas alcoólicas de quase todos os alimentos disponíveis na natureza, que, misturados com água e fermentados, se transformavam em bebidas-alimentos. O próprio Colombo registrou, ao chegar a Santo Domingo, que "do que fazem pão, fazem vinho". Da mesma forma, Gabriel Soares de Sousa dizia que "este gentio é muito amigo do vinho, assim machos como fêmeas, o qual fazem de todos os seus legumes, até da farinha que comem".[22]

O nome mais conhecido no mundo hispano-americano para essas bebidas é chicha. A palavra é considerada pan-americana e foi disseminada pelos espanhóis. Sua origem é controversa. Alguns dicionários espanhóis consideram que ela deriva do espanhol *chichal*, com significado de "saliva" ou "cuspir". Segundo cronistas dos séculos XVI e XVII, como Gonzalo Fernandez de Oviedo, a palavra teria vindo do idioma panamenho dos cunas, ou da língua da ilha La Hispaniola onde aportou Colombo, de acordo com Barnabé Cobo. Vários estudiosos confirmam uma raiz nas línguas caribenhas taíno ou arahuaque que, depois, substituiria as diversas denominações originais, tais como o termo *quéchua azúa* no Peru, o nome *masato* no Caribe ou os vocábulos *mapuches mudai* e *pulcu* na região que hoje é o Chile.[23] Na América do Sul atlântica, o vocábulo guarani cauim foi o que se tornou mais disseminado, denominando tanto as bebidas de mandioca ou de beijus como as feitas com diversas frutas, especialmente o caju e o abacaxi.

Os usos dessas bebidas fermentadas e conservadas em cabaças ou bolsas de pele e, mais tarde, conectadas com o desenvolvimento da cerâmica, além de muito difundidos, eram essenciais em vários aspectos das sociedades ameríndias, tanto como aporte nutricional quanto como ajuda medicinal ou veículo de sociabilidade.

A chegada dos europeus trouxe novos produtos, como o trigo e a cevada, que foram também processados e chamados de chicha em quase toda a América hispânica. Até mesmo a uva serviu de matéria-prima para uma chicha de uva. Mas, além das mestiçagens da chicha, tanto nas matérias-primas como nas formas de preparo, consumo e ritualização, o impacto

---

[22] Gabriel Soares de Sousa, *Tratado descritivo do Brasil em 1587* (4ª ed. São Paulo: Nacional/Edusp, 1971), p. 311.

[23] Oriana Pardo & José Luis Pizarro, *La chicha en el Chile precolombino* (Santiago: Editorial Mare Nostrum, 2005).

maior do processo colonial foi a adoção pelos povos indígenas das novas bebidas alcoólicas europeias destiladas e, logo a seguir, da destilação de seus próprios produtos nativos também.

Índios tamoio colhendo caju, de André Thevet, 1558.

Duas visões contraditórias emergem do imaginário sobre a relação entre a embriaguez e o Novo Mundo: uma é aquela que vê no álcool em geral, mas especialmente nos destilados, o elixir da submissão, da desagregação e da aculturação, uma das principais armas da colonização; outra, entretanto, é a que identifica na embriaguez ritual indígena a sua forma privilegiada de se rebelar contra a ordem social e cultural, reencontrar uma linguagem extática em que podem expressar seus símbolos, sua nostalgia da sociedade desagregada pelo invasor e sua busca de novas significações para o enfrentamento dos seus novos senhores.

O grande historiador francês Fernand Braudel expressa esses dois aspectos em sua obra, primeiramente ao dizer que "não se pode negar que a *acquavitae* ou *eau-de-vie*, o rum e a aguardente (o álcool de cana) não tenham sido os presentes envenenados da Europa às civilizações da América

[...] Os povos índios sofreram muitíssimo com este alcoolismo que se lhes oferecia",[24] mas, por outro lado, também reconhece que "as bebidas não são somente alimentos. Desde sempre representam o papel de excitantes, de evasões: por vezes, como em certas tribos índias, a embriaguez é até um meio de comunicação com o sobrenatural".[25]

Veneno deliberado ou meio sagrado de comunicação com o sobrenatural?

Guillaume-Thomas Raynal, em 1770, na sua obra *História filosófica e política dos estabelecimentos e do comércio dos europeus nas duas Índias*, afirmou, a respeito da aguardente, que esta bebida era o presente mais funesto que o antigo mundo fez ao novo. Jean-Anthelme Brillat-Savarin, em seu tratado gastronômico, de 1825, *A fisiologia do gosto*, retoma essa ideia ao escrever que o álcool "tornou-se uma arma formidável em nossas mãos, pois as nações do Novo Mundo foram dominadas e destruídas tanto pelas armas de fogo quanto pela aguardente".[26]

Por outro lado, ao mesmo tempo em que os indígenas eram enredados e seduzidos pelos apelos ardentes dos destilados dos europeus, também ocorria uma contaminação dos brancos, africanos e mestiços pelos rituais idolátricos indígenas, em que o consumo sagrado do cauim, do pulque ou da chicha era acompanhado muitas vezes de outras substâncias psicoativas ainda mais fortes, mais desconhecidas e mais inquietantes, tornando-se um pesadelo para as autoridades eclesiásticas que desencadeavam com seus aparelhos policiais inquisitoriais inúmeras campanhas de "extirpação de idolatrias", em que o alvo era sempre focado na embriaguez, especialmente no Peru no século XVII, quando as festas (taquis) e bebidas (chicha) dos índios eram perseguidas como depositárias de antigas tradições sobreviventes que deveriam, para a boa cristianização, ser completamente extintas.

As autoridades eclesiásticas diziam dos indígenas que havia sempre embriaguez em seus pecados e por isso buscavam proibir suas festas, rituais e cerimônias em geral e, especialmente, as que eram alimentadas pelo calor

---

[24] Fernand Braudel, *Civilização material e capitalismo*, cit., p. 202.
[25] *Ibid.*, p. 182.
[26] Jean-Anthelme Brillat-Savarin, *A fisiologia do gosto*, trad. de Paulo Neves (São Paulo: Companhia das Letras, 1995) [1825], p. 132.

dessas poções de ebriedade. A embriaguez indígena passa a ser vista por quase todos os cronistas europeus como a causa principal da idolatria. O padre jesuíta José de Açosta, por exemplo, afirmará, em relação ao Peru, que a embriaguez não só é um pecado em si, como também é a causa principal de todos os outros pecados cometidos pelos índios.

O colapso das grandes civilizações ameríndias se deveu, na maioria dos casos, ao choque biológico com as novas doenças europeias, além da desarticulação dos sistemas sociais existentes. Os contemporâneos dessa que talvez tenha sido a mais grave hecatombe demográfica conhecida (morte de cerca de 90% da população original) buscaram outras explicações, no entanto, para o enorme despovoamento que testemunhavam. No Peru, o padre Reginaldo de Lizárraga afirmava que o alcoolismo e a sodomia foram as causas da despovoação das Índias.[27] O demônio teria estabelecido seu império sobre aquelas gentes e todas as suas crenças e devoções foram identificadas a ele pelos missionários. O próprio conhecimento das virtudes das plantas embriagadoras teria sido ensinado a eles pela sabedoria do demônio, mas as consideradas puramente medicinais teriam outra fonte para esse saber.[28]

Os usos de bebidas fermentadas e outras drogas foram objeto de grandes discussões teológicas entre vários autores, durante o século XVI. O dominicano Bartolomé de Las Casas defendia os indígenas e era tolerante com suas formas de embriaguez e até mesmo com as suas "superstições", enquanto outros teólogos, que se tornariam predominantes, viam em suas festas, embriaguezes, adivinhações e cultos de lugares, plantas, animais e objetos manifestações demoníacas que deveriam ser extirpadas.

No tempo anterior aos espanhóis, entretanto, no regime dos incas e dos astecas, foi reconhecido pelos próprios cronistas europeus que se bebia menos e de forma mais controlada, devido à severidade das leis que proibiam a embriaguez fora dos seus usos rituais. No México, o franciscano Bernardino de Sahagun, na segunda metade do século XVI, vai atribuir aos antigos astecas um controle severo do uso das bebidas, sob pena até mesmo

---

[27] Reginaldo de Lizárraga, *apud* Hermilio Valdizán, *Locos de la Colonia*, (Lima: Instituto Nacional de Cultura, 1988), p. 121.
[28] Alexandre Camera Varella, *Substâncias da idolatria: as medicinas que embriagam os índios do México e Peru em histórias dos séculos XVI e XVII*, dissertação de mestrado (São Paulo: FFLCH – USP, 2008).

de morte, e elogiar essa antiga lei. E um estudioso contemporâneo, Christian Duverger, até afirmou que "talvez jamais uma civilização considerou os perigos do alcoolismo com mais lucidez e inquietude".[29]

As poções e beberagens indígenas tradicionais, fabricadas com mandioca, milho ou frutas, alcançavam um teor alcoólico inferior a 8%, o que é a característica geral de todos os fermentados. Chamadas de muitos nomes, o cauim, por exemplo, era feito geralmente pela insalivação e esputo, ou seja, a mandioca era mastigada e depois fermentada. Também havia o pajauaru, feito de beijus de mandioca, e outras denominações, tais como caxiri e caiçuma.[30] O uso dessas bebidas era ritualizado em grandes festas periódicas, como, por exemplo, as cauinagens entre os ameríndios do Brasil, como as descreve o padre jesuíta Fernão Cardim, que viveu mais de quarenta anos no Brasil no final do século XVI:

> Têm alguns dias particulares em que fazem grandes festas, todas se resolvem em beber, e durão dous, três dias, em os quaes não comem, mas somente bebem, e para estes beberes serem mais festejados andão alguns cantando de casa em casa chamando e convidando quantos achão para beberem, e revesando-se continuão estes bailes e musica todo o tempo dos vinhos, em o qual tempo não dormem, mas tudo se vae em beber, e de bêbados fazem muitos desmanchos, e quebrão as cabeças uns dos outros, e tomão as mulheres alheias, etc.[31]

Gabriel Soares de Sousa, senhor de engenho e aventureiro português que buscou as nascentes do rio São Francisco, também deixou uma das descrições quinhentistas mais famosas dessas cauinagens: "o bebem com grandes cantares, e cantam e bailam toda uma noite [...] não comem nada

---

[29] Christian Duverger, *apud* Alexandre Câmera Varella, *Substâncias da idolatria*, cit., p. 199.
[30] Oswaldo G. de Lima, *Pulque, balchê e pajauaru na etnobiologia das bebidas e dos alimentos fermentados* (Recife: Universidade Federal de Pernambuco, 1975). Sobre o cauim, ver Laércio Fidelis Dias, "Usos e abusos de bebidas alcoólicas segundo os povos indígenas do Uaçá", em Beatriz C. Labate *et al.*, *Drogas e cultura: novas perspectivas* (Salvador: EDUFBA, 2008); Renato Sztutman, "Cauim, substância e efeito: sobre o consumo de bebidas fermentadas entre os ameríndios", em Beatriz C. Labate *et al.*, *Drogas e cultura: novas perspectivas*, cit.
[31] Fernão Cardim, *Tratados da terra e gente do Brasil* (Belo Horizonte/São Paulo: Itatiaia/Edusp, 1980), p. 89.

enquanto bebem, o que fazem de maneira que vêm a cair de bêbados, por esse chão; e o que faz mais desatinos nessas bebedices, esse é o mais estimado [...]".[32]

As descrições das cauinagens feitas por missionários portugueses e franceses trazem sempre a noção de uma festa selvagem e diabólica que deveria ser erradicada, como aponta o historiador Ronald Raminelli:

> Para Anchieta, preocupado com os entraves à catequese, o cauim desencadeava a desordem, ou melhor, conduzia os catecúmenos ao passado, ao tempo anterior à conversão, mantinha a "inconstância da alma selvagem". Extinguir a cauinagem era o meio de viabilizar a catequese e prosseguir a expansão da cristandade. O cauim tornava-se o motor da tradição, promotor das resistências e tão inimigo dos padres quanto o rei dos diabos, o Guaixará.[33]

Numa sociedade iletrada, a crônica oral indígena renovava-se por meio do cauim, que cumpria o papel de guardião do passado, das histórias gloriosas dos guerreiros que, ao serem repetidas durante a cauinagem, as inscreviam na sua memória coletiva.

A persistência do uso dos fermentados de milho, mandioca e agave nos Andes e no México, tais como a chicha e o pulque, demonstra uma maior sobrevivência das tradições indígenas nesses países, enquanto no Brasil os usos do cauim praticamente desapareceram da cultura popular, restando apenas resquícios em populações de origem indígena, tal como é o caso da *giroba* dos Tupinambá de Olivença, na Bahia, conforme é descrito pela antropóloga Susana de Matos Viegas.[34]

A chegada à América do álcool destilado e depois a produção em massa de cana-de-açúcar e seu processamento em engenhos criaram as condi-

---

[32] Gabriel Soares de Sousa, *Tratado descritivo do Brasil em 1587*, cit., p. 311.
[33] Ronald Raminelli, "Da etiqueta canibal: beber antes de comer", em Renato Pinto Venâncio & Henrique Carneiro (orgs.), *Álcool e drogas na história do Brasil* (São Paulo/Belo Horizonte: Alameda/PUC Minas, 2005), p. 42.
[34] Susana de Matos Viegas, "Nojo, prazer e persistência: beber fermentado entre os Tupinambá de Olivença (Bahia)", em *Revista de História*, nº 154 (São Paulo: Departamento de História/FFLCH/USP, 1º semestre de 2006).

ções para uma enorme expansão do uso das bebidas alcoólicas derivadas do caldo da cana: garapas, cachaças e o rum do melaço. Seu uso se torna tão significativo economicamente que as leis metropolitanas tentarão proibir o seu fabrico no caso da América portuguesa, o que não vai impedir de a cachaça e o tabaco se tornarem os principais produtos usados como moeda de troca no tráfico dos escravos africanos.

No caso mexicano, o uso do pulque (bebida fermentada do *maguey*) e do *mezcal* (pulque destilado, também conhecido em certas regiões como tequila) tornar-se-á tão importante economicamente que, segundo Braudel, "o pulque chega a render ao estado, na Nova Espanha, metade do que lhe dão as minas de prata!".[35] Na colonização do oeste da América do Norte, ficou famosa desde o século XIX a figura quase lendária de Johnny Appleseed, que desbravou as trilhas selvagens plantando nelas pomares de macieiras, úteis, sobretudo, para a fabricação de uma bebida alcoólica fermentada: a cidra. Seu nome real foi John Chapman, e, como o fruto mais doce faz o álcool mais forte, ele cumpriu um papel, segundo Michael Pollan,[36] de um "Dionísio americano", trazendo a domesticação, mas, para isso, transitando sempre nas margens indefinidas do selvagem.

A palavra cauim entre os tupinambás significava bebida fermentada. Com a chegada dos destilados, estes passam a ser chamados de cauim-retê (verdadeiro), cauim-taiá (ardente) ou cauim-tatá (de fogo). Mesmo que os padrões de uso desses novos e mais poderosos embriagantes tenham trazido elementos de desagregação social entre as populações ameríndias, há vários historiadores que divergem da apreciação de que os seus resultados sociais tenham sido apenas negativos, do ponto de vista dos interesses dos próprios indígenas. William B. Taylor, Carmen Salazar-Soler e Thierry Saignes, por exemplo, ressaltam o sentido diferenciado da ritualização do consumo alcoólico existente nas sociedades indígenas. Taylor, num estudo sobre o México, afirma que

---

[35] Fernand Braudel, *Civilização material e capitalismo*, cit., p. 202.
[36] Michael Pollan, *The Botany of Desire: a Plant's-eye View of the World* (Nova York: Random House, 2002).

beber diária e solitariamente era condenado em geral, mas beber em excesso periodicamente em ocasiões rituais, frequentemente até chegar à saturação total, se aceitava como modelo de moderação e não se considerava que fosse uma conduta que trouxesse ridículo ou vergonha sobre quem se embriagava.[37]

Saignes se refere a uma *ordenanza* de Cuzco, de 1572, que dizia que "todas as idolatrias se fazem com embriaguezes (*borracheras*) e nenhuma embriaguez se faz sem superstições e feitiçarias".[38] A historiadora peruana Salazar-Soler afirma categoricamente que "a repressão à embriaguez permite instaurar um controle social global e um princípio sistemático".[39] Reprimir a idolatria, a embriaguez, a sexualidade, as plantas sagradas, as roupas e demais costumes das culturas ameríndias foi parte de uma mesma estratégia de repressão, adaptação e ocultamento empregada como técnica central da colonização, posta em prática especialmente por seus agentes eclesiásticos.

A busca e o uso em si das bebidas não eram condenados, pois os europeus também bebiam, mas, sim, a perseguição deliberada dos transtornos que afetam a mente, dos efeitos psicoativos das diversas manifestações e formas das ebriedades, consideradas todas, fossem de bebidas fermentadas, de tabaco, de coca, fossem de ololiuqui, como borrachez, ou seja, censuradas como embriaguez num sentido geral de alteração voluntária do estado mental, que era exatamente a marca mais característica das formas de beber indígenas, intensas e extremadas, em que, quanto mais bebiam, mais queriam beber.

O historiador Caio Prado Jr. também observou a distinção entre o padrão ritualizado de consumo alcoólico indígena e a alcoolização contínua que resultou de seu contato com os destilados:

> Sabe-se que algumas nações indígenas, no seu estado nativo, empregam bebidas alcoólicas e se embriagam. Mas isto é excepcional, só por ocasião

---

[37] William B. Taylor, *Embriaguez, homicidio y rebelión en las poblaciones coloniales mexicanas* (México: Fondo de Cultura Económica, 1987), p. 70.
[38] Thierry Saignes (org.), *Borrachera y memoria: la experiencia de lo sagrado en los Andes* (La Paz: Hisbol/Ifea, 1993), p. 48.
[39] Carmen Salazar-Soler, *apud* Thierry Saignes (org.), *Borrachera y memoria*, cit., p. 37.

das festas e cerimônias. É quase um rito que se repete de largo em largo. A colonização tornou a embriaguez do índio um estado permanente.[40]

A perseguição a este tipo específico de uso cerimonial da embriaguez, buscada de maneira deliberada e sistemática, em momentos ritualizados de convívio, com significados de devoção e hospitalidade, foi uma das grandes obsessões dos colonizadores das Américas e, da mesma forma, a resistência obstinada desses hábitos foi uma marca característica da recusa indígena em abandonar os seus padrões de normatização tradicionais do consumo das bebidas alcoólicas e de outras drogas, assim como dos alimentos, do vestuário e de outros aspectos da sua cultura material e simbólica. Mesmo com a cachaça dos brancos, os indígenas adotaram formas de beber consideradas excessivas, o que levou, ao longo do século XVII, diversos setores do clero a envidarem esforços para tentar impedir que bebessem, como o jesuíta que, em 1692, intercedeu junto à Coroa para que "os Juízes dos Ilhéos não consentirem que se venda aguardente aos índios da aldeia dos Padres da Companhia".[41] Mas, se, inicialmente, os jesuítas impediram a entrada da aguardente nos aldeamentos, após a sua expulsão em 1759 e a adoção da nova política indigenista do Marquês de Pombal, encabeçada por seu próprio irmão, Francisco Xavier de Mendonça Furtado, governador do grão Pará e Maranhão, considerando os indígenas como súditos da Coroa e povoadores das fronteiras, não houve mais obstáculos para a penetração da cachaça. Para Luís da Câmara Cascudo, "quando liberaram o uso, o tupi desapareceu, diluído, dessorado, desfeito pela cachaça", que era "superior às armas de repetição e às técnicas de massacre tribal nos processos de despovoamento".[42] Na África, para Cascudo, também teria sido o álcool o responsável pelo prolongamento do tráfico de escravos, cuja moeda de troca era exatamente a aguardente.

Se, durante o século XVII, ainda houve restrições à circulação da aguardente na América portuguesa, acima de tudo para salvaguardar os interesses

---

[40] Caio Prado Jr., *Formação do Brasil contemporâneo* (21ª ed. São Paulo: Brasiliense, 1989), p. 105.
[41] Antônio L. G. Coutinho, *apud* Susana de Matos Viegas, "Nojo, prazer e persistência", cit., p. 171.
[42] Luís da Câmara Cascudo, *Prelúdio da cachaça: etnografia, história e sociologia da aguardente no Brasil* (4ª ed. Belo Horizonte: Itatiaia, 1986), p. 41.

das exportações de bebidas da metropóle, a partir do século XVIII, um outro padrão de consumo alcoólico se instaurou com a atividade mineradora efetuada por escravos africanos. Desde o final do século XVIII, o uso de aguardente como parte essencial da ração dos escravos nas lavras das Minas Gerais se tornou habitual. A proibição inicial foi substituída por um incentivo oficial a partir especialmente da década de 1780. Já em 1772, foi aprovado o imposto chamado de subsídio literário, destinado a custear a educação pública, que incidia sobre a cachaça e a carne nos açougues. Quando o oficial alemão Friedrich von Weech visitou o Brasil e publicou, em 1828, um manual para estimular a imigração de seus compatriotas para o país, registrou que "a destilaria constitui um ramo próprio de atividade" e referindo-se à matéria-prima dessa atividade, a cana-de-açúcar, declarou o seu produto, a cachaça, como "de odor e gosto repugnante e áspero", e, apesar de "inofensivo ao negro em pequenas porções, é sempre prejudicial ao europeu".[43]

O mesmo padrão de confronto inicial violento dos colonizadores e missionários europeus com os hábitos de consumo cerimonial de bebidas fermentadas nativas e depois a difusão de um novo modelo de consumo alcoólico baseado nos destilados, especialmente de cana-de-açúcar, e usados como estimulantes para trabalhos exaustivos como a mineração, se repetiram em muitas partes das Américas. As aguardentes se tornaram, assim, as bebidas mais populares em suas diversas expressões americanas (cachaça, rum, pisco, *bourbon*, tequila), obedecendo aos padrões de uso etílico europeus, com incorporação diária à dieta da força de trabalho escrava e com usos sociais múltiplos, porém sempre distantes dos conteúdos devocionais ou sagrados das "cauinagens" antigas das populações ameríndias.

A própria atividade missionária entre os indígenas vai saber utilizar o cultivo de cana e a produção de aguardente como mecanismos de dinamização da atividade econômica e de rentabilização dos aldeamentos indígenas. Na Exposição Antropológica do Museu Nacional no Rio de Janeiro, em 1882, entre os objetos expostos encontravam-se "duas botijas de aguardente". Como escreve Marta Amoroso:

---

[43] Friedrich von Weech, *A agricultura e o comércio do Brasil no sistema colonial*, trad. de Débora Bendocchi Alves (São Paulo: Martins Fontes, 1992), p. 142.

não se notava nenhuma restrição por parte dos missionários ou dos expositores ao teor (alcoólico) da catequese que se processava entre os índios do Paraná, financiada pelo governo do Império e pela Ordem Menor dos Frades Capuchinhos. Ao contrário, o sucesso da catequese conferia-se pelo progresso da indústria de derivados de cana-de-açúcar, dentre os quais se sobressaía a cachaça. No contexto do indigenismo da época, a montagem de destilarias de aguardente em um aldeamento indígena era fato corriqueiro e aceitável; outros aldeamentos desenvolveram atividade semelhante.[44]

O alambique, no entanto, era controlado pelos capuchinhos, e, quando os indígenas solicitaram ao governo o direito deles próprios fazerem a destilação, foram fortemente combatidos pelos próprios missionários que auferiam os lucros e geriam a produção, sob o argumento de que "o cancro dos povos brutos são as bebidas alcoólicas" que "estando ao seu alcance se entregam sem moderação".[45] O frei Thimotheo de Castelnovo escreve, assim, que a destilação em grande escala é para o comércio e para o consumo dos indígenas apenas "no tempo próprio e com moderação".[46]

Se nas culturas indígenas tradicionais o lugar ocupado pelas bebidas alcoólicas era a expressão máxima de importantes rituais constitutivos da sociabilidade, da atividade bélica, assim como dos afazeres laborais e mesmo das solenidades fúnebres, o fim das cauinagens cerimoniais promovido pelos colonizadores foi substituído por um consumo alcoólico duplamente heteronômico: uma bebida estrangeira, a aguardente, antes desconhecida e de alto teor de embriaguez, com formas, locais e ocasiões estranhas para os seus antigos hábitos, cujo consumo passaria a estar sob as rédeas dos missionários e da sua administração dos aldeamentos, que se encarregariam de fornecê-la, gerir os limites do excessivo e reprimir as formas consideradas inadequadas de beber.

O surgimento de um novo hábito de consumo alcoólico, privilegiando as aguardentes entre os pobres e os vinhos e destilados importados da Eu-

---

[44] Marta Amoroso, "Crânios e cachaça: coleções ameríndias e exposições no século XIX", em *Revista de História*, Departamento de História/FFLCH/USP, São Paulo, nº 154, 1º semestre de 2006, p. 126.
[45] *Ibid.*, p. 141.
[46] Thimotheo de Castelnovo, *apud* Marta Amoroso, "Crânios e cachaça, cit., p. 141.

ropa entre as elites, criou um enorme mercado para produtos de importação e, depois, para a produção nas próprias colônias. Essa produção autóctone, no entanto, foi objeto de muitos conflitos.

Ao longo do século XVII, diversas foram as tentativas de proibição da fabricação da cachaça na América portuguesa. Em 1639 foi proibida pelo governador e capitão-geral na Bahia e, em 1649, por um alvará real. Tais interdições fracassaram, com a oposição das próprias câmaras municipais, só servindo para aumentar a produção clandestina e o contrabando, e, a partir de 1660, as câmaras começaram a buscar uma alternativa: a cobrança de impostos, chamados na época de "subsídios". No Rio de Janeiro, isso desatou uma revolta, conhecida como Revolta da cachaça, que levou seu líder, Jerônimo Barbalho, a ser executado. No final do século XVII, as taxas sobre a fabricação e o comércio de cachaça já eram de tal monta que financiavam a defesa militar e a edificação de prédios públicos. No século XVIII, com o auge da mineração, a antiga política de proibição dos produtos da terra, protetora dos bens importados da metrópole, foi substituída por um verdadeiro incentivo à produção de aguardente, tornada indispensável na atividade da mineração, a ponto de Luciano Figueiredo e outros chegarem a afirmar que ela teria sido o produto mais importante da economia de Minas Gerais e do Rio de Janeiro no final do século XVIII e, por isso mesmo, taxada de várias formas, inclusive, como mencionado anteriormente, desde 1772, para o pagamento dos professores por meio do "subsídio literário".[47]

Em outras regiões da América, algo semelhante também ocorreu. Como exemplo comparativo, o caso da Venezuela, estudado pela historiadora francesa Frédérique Langue.[48] Nessa área colonial hispânica, como em outras, o abastecimento de bebidas era por importação legal ou contrabando. Desde 1714, uma Real Cédula proibia a produção local para proteger os interesses dos produtores e comerciantes da metrópole. A produção, no entanto, ia de vento em popa, mesmo com a proibição em 1708 da venda em alguns povoados (Cagua e San Mateo). As plantações de cana-de-açúcar em Caracas e

---

[47] Luciano Figueiredo et al., *Cachaça: alquimia brasileira* (Rio de Janeiro: 19 Design, 2005).
[48] Frédérique Langue, "Libations et repentirs. Du bon usage des boissons alcoolisées dans le Venezuela colonial", em *Espace Caraïbe*, nº 2, Université des Antilles-Guyane/Maison des Pays Ibériques, 1994.

outras regiões, além da aguardente, forneciam também o *guarapo*, um fermentado de cana, além do *carato* feito de milho de fabricação doméstica.

A partir de 1784, outra Real Ordem vai passar a permitir e, consequentemente, taxar a destilação de aguardente na Intendência da Venezuela, recolhendo assim impostos substanciais que vão permitir inclusive a edificação de um novo prédio para o Tesouro Real. No caso da Nova Espanha (México), somente em 1796 uma medida semelhante foi tomada. O fim definitivo do estanco da aguardente ocorre com a República e a reorganização do sistema fiscal no Congresso de Cúcuta, em 1821, que libera e passa a tributar a produção e a venda.

Os usos sociais da aguardente também se ampliam e até em festas religiosas ela se torna comum (Langue cita o caso do culto de Nossa Senhora da Paz, em Trujillo). Crescem as denúncias clericais à embriaguez, no entanto, os próprios clérigos são criticados por beberem demais, e as *guaraperías* (locais onde se vendiam guarapo e outras bebidas) se tornam alvo de acusações de excessos alcoólicos entre bebedores de todas as origens. Nos hospitais os doentes recebem aguardente como remédio, mas também se estabelecem medidas restritivas, como o fechamento das tavernas nos dias de festas religiosas e a proibição de mulheres frequentá-las por parte do Cabildo[49] de Caracas.

O que foi visto em relação ao Brasil e à Venezuela não parece ser uma exceção. Existe um processo que se repete, ao que parece, em quase todas as áreas coloniais da Espanha e de Portugal na América, ao longo do período colonial: uma oposição, sobretudo clerical, no século XVI, ao tradicional consumo indígena de fermentados; com o assentamento de núcleos de povoamento, há depois, durante o século XVII, uma crescente importação de vinhos e aguardentes da metrópole, cujos comerciantes buscam impedir a expansão da produção autônoma na própria colônia, com várias proibições do fabrico e do comércio, que, embora a Coroa as proclame, não funcionam; e, em seguida, uma ampliação tão grande do consumo, tanto entre os trabalhadores como nas elites coloniais, e do comércio, especialmente do contrabando, que leva a uma forte pressão para a legalização e taxação

---

[49] Entidade administrativa e colonial.

das bebidas alcoólicas, principalmente das aguardentes que eram fabricadas com derivados de cana-de-açúcar, como a garapa ou o melado, o que finalmente ocorre no final do XVIII, ou após as independências, no início do século XIX, trazendo, para os orçamentos de muitos dos novos estados americanos, uma vultosa nova fonte de arrecadações fiscais.

A CRÍTICA ILUSTRADA DA RAZÃO ÉBRIA

Em Jean-Jacques Rousseau, os vinhos intensos são comparados à liberdade, digna apenas dos fortes:

> Pois a liberdade é como esses alimentos sólidos e suculentos, ou esses vinhos generosos, destinados a nutrir e fortificar os temperamentos fortes, a eles habituados, mas que abatem, arruínam e embriagam os fracos e delicados, que absolutamente não lhe são afeitos.[50]

Os escravos são levados a aprender a amar a escravidão, para privar da liberdade é preciso fazer uma ordem que se legitime e torne escravos os homens que nasceram livres. O uso excessivo da liberdade não pode desautorizar sua prática responsável. Os excessos das revoluções e das embriaguezes devem ser contidos, parece afirmar Rousseau, ao usar dessa comparação entre ebriedade e rebelião que, em outro autor de posição ideológica oposta, Edmund Burke, se tornará célebre na ideia reacionária da revolução como acesso coletivo de loucura. Noutra direção, Walter Benjamin vai afirmar, quase dois séculos depois, no início do século XX, que "em qualquer ato revolucionário existe vivo um componente extático".[51]

---

[50] Jean-Jacques Rousseau, *Discurso sobre a origem e os fundamentos da desigualdade entre os homens*, trad. Iracema Gomes Soares & Maria Cristina R. Nagle (Brasília/São Paulo: UnB/Ática, 1989), p. 30. Tal comparação será repetida muitas vezes, por exemplo, no jornal *Paris Match*, em 1968, a respeito da primavera de Praga, quando se afirmou que "a liberdade é uma bebida alcoólica forte demais para ser usada pura, depois de uma geração de regime abstêmio". Ver Mark Kurlansky, *1968: o ano que abalou o mundo*, trad. de Sônia Coutinho (Rio de Janeiro: José Olympio, 2005), p. 317.

[51] Walter Benjamin, "O surrealismo, o mais recente instantâneo da inteligência europeia", em *Benjamin, Habermas, Horkheimer, Adorno: textos escolhidos*, trad. José Lino Grünnewald *et al.*, Coleção Os Pensadores (2ª ed. São Paulo: Abril Cultural, 1983), p. 83.

Subjacente permanece, em Rousseau, a ideia *leitmotiv* da ética clássica antiga da moderação no beber e em todos os atos da vida. A liberdade, como os vinhos fortes, deve ser degustada pelos que sabem fazê-lo, com sabedoria e experiência.

Para Charles Louis de Secondat Montesquieu,[52] a regulamentação pelo Estado da embriaguez do povo por meio das leis é justificada de acordo com o clima reinante, numa teoria que vem das concepções hipocrático-galênicas, em que o micro e o macrocosmo se correspondem diretamente, o corpo e o universo se determinam, com as estrelas, as estações e os ventos influenciando os órgãos, os humores e os temperamentos. Em países quentes seria ruim beber, por isso Maomé e os cartagineses estariam corretos em proibir o álcool, mas, em países frios, beber seria bom.

Como transpira-se mais nos lugares quentes, o sangue tornar-se-ia menos aquoso, e seria ruim tomar bebidas alcoólicas; o contrário se dá nas regiões frias, pois o sangue mais cheio de humores seria "movimentado" pelos licores fortes.

Além disso, há uma "embriaguez do clima" que varia conforme a latitude: "A embriaguez está estabelecida por toda a terra, na proporção da frieza e da umidade do clima".[53] Mais para o Norte e para o Sul a partir do equador, e a embriaguez "aumenta"!

Numa concepção em que decorrem os fenômenos humanos da natureza e do clima (o que representa uma subsistência da teoria médica hipocrática adaptada a uma concepção jusnaturalista), a punição do uso excessivo do vinho onde ele é "contrário ao clima", ou seja, onde faz calor, seria "natural", pois nesses lugares os homens tornar-se-iam furiosos e não apenas estúpidos. Por isso, afirma Montesquieu, "um alemão bebe por hábito, um espanhol por prazer".[54]

Em *As cartas persas*, Montesquieu já desenvolvera suas ideias sobre os efeitos do vinho e de outras substâncias. Como era um grande produtor vinícola que se enfrentara com as regulamentações fiscais colbertistas, que

---

[52] Charles Louis de Secondat Montesquieu, *O espírito das leis*, trad. Fernando Henrique Cardoso & Leôncio Martins Rodrigues (Brasília: UnB, 1982), parte 3, livro 14, item X.
[53] *Ibid.*, p. 178.
[54] *Ibidem.*

gravavam fortemente a sua produção, inicia o discurso sobre o vinho, na carta 33, na voz de um persa, considerando que o alto preço do vinho na França, devido aos impostos, parece ter a intenção de proibir o seu consumo. Ironizando a proibição islâmica, o personagem persa declara que, apesar dela, os monarcas muçulmanos bebem excessivamente e praticam todo tipo de devassidão, enquanto os monarcas cristãos não parecem padecer dos mesmos defeitos.[55]

Ao condenar o vinho como "o mais temível presente que a natureza ofereceu aos homens [...] que faz os homens perderem a razão", Montesquieu absolve, no entanto, e até mesmo elogia as bebidas orientais que trazem alegria (não fica claro aqui se a referência é ao café, ao ópio ou a ambos), afirmando ser uma "sabedoria dos orientais buscarem remédios para a tristeza com o mesmo cuidado que buscam para as doenças mais perigosas". Para um ocidental, não resta outro remédio para este mal senão ler Sêneca, mas os orientais "mais sensatos e nisso melhores médicos" tomam "bebidas capazes de tornar os homens felizes e de distrair a lembrança de suas penas".

É melhor tratar os homens como seres sensíveis do que racionais e, portanto, não basta consolos abstratos que evoquem a fatalidade do destino, a condição humana sofredora ou a inutilidade dos remédios. É melhor libertar a alma da tirania sobre ela exercida pelo corpo e tomar substâncias que alterem a movimentação do sangue, tornando-a mais fluida e vivaz, e, assim, modificando a disposição do corpo, a alma também se tornará mais feliz.

A atitude hedonista de Montesquieu diante dos "remédios da alma" desponta como uma pioneira descrição comparativa dos efeitos e da eficácia relativa de diversas drogas e, de forma inusitada, ele toma o partido das substâncias orientais contra o vinho "que faz perder a razão".

Um materialismo naturalista também emerge nesse texto, em que o uso das substâncias age por seu efeito sobre as disposições do corpo e estas, afetando a alma, alteram os humores e os afetos. O uso das bebidas alcoólicas parece perder um pouco do viés puramente moral dos filósofos antigos e assume uma vocação fisiológica que poderá produzir bons ou maus

---

[55] Charles Louis de Secondat Montesquieu, *Lettres persanes, extraits commentés* (Nancy: Bordas, 1979).

efeitos em função do clima em que se pratica tal ingestão, retomando assim um ponto de vista mais hipocrático e menos platônico/aristotélico, em que a medida do excesso não é simplesmente uma baliza moral, mas, sim, uma contingência climática e fisiológica.

A distinção, esboçada por Montesquieu, entre o ser racional e o ser sensível será aprofundada, mais tarde, numa outra vertente derivada da filosofia da Ilustração, por Emmanuel Kant, para quem o estudo de si mesmo exige uma reflexão distanciada da ação, pois "quando estão em ação impulsos a pessoa não se observa e quando se observa os impulsos descansam". Por isso, Kant separa a faculdade humana da sensibilidade do entendimento, pois a primeira é passiva e receptiva, um sentido interno da sensação, enquanto o segundo é ativo e intelectual, como uma "consciência da ação que constitui o pensar" e, assim sendo, "só podemos conhecer-nos como aparecemos para nós mesmos", e, quando nos pomos a escrutar nosso interior, em lugar de apenas observar, acabamos por introduzir outras coisas na consciência de si mesmo. Os sentidos não julgam nunca, apenas o entendimento. A sensibilidade, assim, pode ser acusada de confundir, dominar e enganar. A ofuscação dos sentidos pode ocorrer por meio da ilusão, do engano e da fascinação.[56]

Se os erros da fascinação ocorrem especialmente entre os apaixonados, os das ilusões acontecem quando se tomam as inspirações ou os jogos do próprio pensamento como fenômenos exteriores reais, por exemplo, entre os delirantes ou os que acreditam em espíritos.

Há estados de ânimo, artificialmente obtidos, que também podem levar a se enganar, com intuições forjadas ou sonhos despertos que elevam para além das "baixezas das representações sensíveis", mas há outros, como o tabaco, por exemplo, que, ao contrário, podem

> concentrar a atenção sobre o estado do pensamento que, de outra forma, adormeceria ou seria aborrecido por sua uniformidade e monotonia [...] Esta espécie de entretenimento do homem consigo mesmo ocupa o lugar de uma companhia, pois enche o vazio do tempo, se não com o diálogo,

---

[56] Emmanuel Kant, *Anthropologie du point de vue pragmatique*, trad. Michel Foucault (Paris: Librairie Philosophique J. Vrin, 1994).

com sensações continuamente provocadas de novo e com excitações passageiras, mas sempre renovadas.[57]

Dessa forma, o efeito do tabaco é visto não como um erro ou engano, mas como a potencialização da capacidade da atenção, despertada de maneira mais aguda, inclusive com relação a si próprio. A expansão, nesse momento setecentista, do tabaco e das bebidas excitantes, como o chá e o café, pela Europa é vista como uma contrapartida ao efeito embriagador das bebidas alcoólicas, pois seus efeitos são opostos, despertando a atenção, a vigília e o desempenho, o que faz deles as drogas típicas tanto das virtudes burguesas, cujos representantes se reúnem nos cafés, como dos valores iluministas da clareza e precisão do espírito.

A embriaguez, entretanto, é vista por Kant como um tipo de "inibição, debilitamento, ou perda total da faculdade de sentir", análoga ao sonho, ao desmaio e à morte aparente. "A embriaguez é o estado antinatural da incapacidade para ordenar as representações sensíveis segundo as leis da experiência, quando é efeito de haver tomado em excesso um meio de gozo".[58] Por isso, a embriaguez é o mesmo que o embotamento dos órgãos dos sentidos, e assim é usada na linguagem comum quando se diz, por exemplo, que alguém está "bêbado" de sono, ao despertar de um sono profundo, ou "embriagado" de terror, ira ou alegria, ou mesmo num êxtase.

A imaginação, que tira dos sentidos toda a matéria de suas produções, também é passível de tornar-se um hábito nocivo. Como toda habituação "suprime a liberdade do espírito" ao subordiná-lo a uma rotina compulsiva, a um ato que se repete inconscientemente, a imaginação na pessoa imaginativa acaba por enfraquecer a força de seu espírito, sendo, portanto, uma "regra muito útil da dieta psicológica domesticar a própria imaginação dormindo cedo para poder levantar-se cedo".[59] Se, por si só, a imaginação já oferece um grande risco, ela ainda pode ser excitada ou, ao contrário, apaziguada pelo emprego de

---

[57] *Ibid.*, p. 42.
[58] *Ibid.*, p. 49.
[59] *Ibid.*, p. 56.

substâncias produtoras de embriaguez, das quais algumas, venenosas, debilitam a força vital (certos cogumelos, unhas de urso selvagem [sic], a chicha dos peruanos, o kava dos índios do Pacífico, o ópio), outras a fortificam, ou ao menos elevam o sentimento que se tem dela (como as bebidas fermentadas, o vinho e a cerveja, ou o espírito extraído delas, a aguardente), mas são todas artificiais e antinaturais.[60]

Vê-se nessa passagem uma clara distinção entre dois tipos de embriaguez, a "muda" ("tem algo de afrontoso"), do ópio e de certas aguardentes, e a "sociável", do vinho, que seria excitante, e da cerveja.

Contudo, estes últimos, se podem por vezes excitar a força vital, também desatam a língua e a franqueza, e são, portanto, "veículo material de uma força moral" e podem provocar a incontinência, que é uma falta de decoro e traz despreocupação e descuido por oferecer um sentimento ilusório de acrescentamento da força vital.

As categorias de pessoas que menos costumam beber (ou que melhor escondem) são, para Kant, "mulheres, eclesiásticos e judeus", ou seja, as mais expostas à atenção e ao rigor da crítica, porque são civilmente débeis e o seu valor externo repousa meramente da fé dos demais em sua castidade, sua piedade ou sua lei separatista.

Observa-se que, no filósofo alemão, a exaltação do tabaco acompanha a condescendência com o vinho e a cerveja e a censura às demais drogas, pois o primeiro pode concentrar a faculdade reflexiva do pensamento, enquanto as demais ameaçam estimular a sensibilidade já excitável dos gozos práticos e imaginários, submetendo o espírito ao corpo, a mente ao hábito e a imaginação à sensibilidade.

A *Encyclopédie*, de Denis Diderot e Jean le Rond d'Alambert, talvez a obra mais emblemática da Ilustração, com sua publicação, a partir da década de 1750, sofrendo censuras e perseguições, embora não tenha um verbete para "embriaguez", possui um extenso para o "vinho", em que trata longamente das teorias químicas sobre a fermentação. Escrito pelo cavaleiro de Louis Jaucourt, este se dedica a expor as teorias químicas de Newton

---

[60] *Ibid.*, p. 48.

Stahl e Herman Boerhaave, considerando o vinho como composto de um espírito inflamável, de partes fleumáticas ou tartarosas ácidas e partes oleosas e sulfurosas. O espírito do vinho, ou seja, o álcool destilado do vinho, motivo de polêmica, existiria já nas frutas, ou apenas como resultado da fermentação? No verbete, toma-se o partido da ideia de que "é verossímil que exista um princípio espirituoso nas uvas, pois se tem visto que consumidas em excesso causam uma espécie de embriaguez nas pessoas de temperamento frágil".[61]

Após esclarecer que "não registraremos todos os usos farmacêuticos do vinho e do espírito de vinho, pode-se encontrar uma longa lista destes usos na lista de medicamentos simples que encabeça a farmacopeia [...] nos ocuparemos apenas dos usos dietéticos destes licores",[62] compila um conjunto de referências da medicina clássica sobre os usos do vinho como remédio:

> a qualidade própria do vinho, quando usado com moderação, é de separar os espíritos animais, de fortificar o estômago, de purificar o sangue, de favorecer a transpiração, de ajudar todas as funções do corpo e do espírito, estes efeitos salutares se fazem sentir mais ou menos segundo o caráter próprio de cada vinho. A consistência, a cor, o odor, a idade, o país, o ano, trazem aqui diferenças notáveis.[63]

Mais à frente, reafirma que "ajuda a digestão dos alimentos, repara a dissipação dos espíritos, resolve os humores pituitários, abre a passagem das urinas, corrige a bile, aumenta a transpiração e o calor natural demasiado lânguido".[64] Passa-se, a seguir, a uma análise dos melhores vinhos de alguns países.

Curiosamente, reafirmam-se as ideias das relações climatomedicinais com o uso do vinho e outros licores, mas, diferentemente de Montesquieu

---

[61] Denis Diderot & Jean le Rond d'Alembert (orgs.), *Encyclopédie*, ou *Dictionnaire raisonné des sciences, des arts et des métiers* (Paris: André le Breton, Michel-Antoine David, Laurent Durand, Antoine-Claude Briasson, 1751-1772), disponível em http://diderot.alambert.free.fr/V.html, acesso em 30-4-2010.
[62] *Ibidem*.
[63] *Ibidem*.
[64] *Ibidem*.

e outros autores da época, afirma-se que é mais saudável beber vinho nos climas quentes do que nos países frios.

O verbete também se refere à embriaguez como um recurso contra a tristeza, usando a expressão "doenças da alma", ao mostrar uma opinião geral entre os antigos, de Hipócrates aos estoicos, em favor de beber vinho e, às vezes, até mesmo excessivamente:

> Sabe-se que o vinho era a panaceia de Asclépio, e que esse entusiasmo tão célebre como ignorante ordenava igualmente o uso do vinho aos frenéticos para adormecê-los e aos letárgicos para despertá-los. Hipócrates aconselhava beber de vez em quando e mesmo com algum excesso para se recompor de uma grande fadiga. Dioscórides e Avicena, seguindo Hipócrates, diziam que era útil para a saúde beber algumas vezes até se embriagar. É muito natural pensar que para fortalecer a sua constituição pode-se permitir, ainda que raramente, excessos tanto no comer como no beber, se se considerar estes desregramentos de um olhar filosófico; a seita rígida dos estoicos via a embriaguez como necessária para remediar abatimentos e as tristezas que são as doenças da alma.[65]

Alguns filósofos iluministas também gostavam de usar a embriaguez como metáfora daquilo que se opunha à luz da razão. Assim, o barão D'Holbach dizia que a superstição e a tirania fazem do mundo um cárcere de trevas, onde a impostura, sentada na entrada dessa prisão, "embriaga suas vítimas, desde a infância, com a beberagem do erro; esses desgraçados permanecem a vida toda sob os efeitos do filtro venenoso".[66] Da mesma forma, em outra passagem, a religião "embriaga os homens desde a infância com vaidade, fanatismo e furor".[67]

Todavia, o barão D'Holbach também retoma a clássica doutrina humoral hipocrática e galênica para dar um fundamento materialista à constituição das almas humanas, que seriam de uma base inteiramente física. Os temperamentos singulares a cada indivíduo são formados da herança dos

---

[65] *Ibidem.*
[66] Barão D'Holbach, *Sistema de la naturaleza*, organizado por José Manuel Bermudo (Madri: Nacional, 1982), p. 98.
[67] *Ibid.*, p. 211.

pais, da educação e das condições físicas em que se vive, ou seja, o clima, os alimentos, as bebidas, os costumes: "um homem, já diferente de outro homem quanto a textura e disposição das fibras, se diferenciará dele ainda mais ao alimentar-se, beber vinho, fazer exercícios, enquanto o outro não bebe mais do que água, come alimentos pouco suculentos e languidece na inércia e no ócio".[68]

Haveria, para esse filósofo, um princípio ígneo, um "fogo", que animaria toda a vida, designado pelos químicos de flogisto ou matéria inflamável, e o vinho e outros licores conteriam esse fogo que traz vivacidade aos mais embotados e coragem aos covardes. Por isso "o entusiasmo põe nosso cérebro ou nossa alma num estado similar ao da embriaguez".[69]

Se os temperamentos são, portanto, "o produto de substâncias físicas", deve-se buscar influenciá-los pelos alimentos e pelas bebidas, corrigindo seus desequilíbrios, pois

> um homem sanguíneo e robusto terá paixões fortes. Um homem bilioso e melancólico terá paixões estranhas e sombrias. Um homem no qual abunda a fleuma terá paixões tranquilas e pouco violentas. Um homem com uma imaginação lúdica terá paixões alegres. É do equilíbrio dos humores que depende, segundo parece, o estado daqueles que chamamos virtuosos.[70]

Beber vinho é, assim como comer alimentos suculentos ou fazer exercícios, um meio de fortalecer o sangue e acentuar o temperamento sanguíneo. Dessa forma, a medicina passa a prover "a chave do coração humano para a moral" e, ao curar o corpo, poderia também tentar curar o espírito. A alma não necessita remédios espirituais, mas substâncias materiais que possam corrigir os seus defeitos.

O espírito da Ilustração setecentista não era estranho, portanto, aos prazeres obtidos do consumo de bebidas e da cultura de fruição que os acompanham. David Hume, por exemplo, declarava: "odeio um companheiro de

---

[68] *Ibid.*, p. 192.
[69] *Ibid.*, p. 196.
[70] *Ibid.*, p. 212.

bebedeira que nunca esquece, diz o provérbio grego. As loucuras da última esbórnia devem ser sepultadas em eterno olvido a fim de abrir o máximo espaço para as loucuras da próxima".[71] Tal provérbio inicia, na verdade, o livro I das *Quaestiones convivales,* de Plutarco: "odeio ao bebedor de boa memória".[72] Esta ideia também se encontrava, em 1508, em Erasmo, que encerra o *Elogio da loucura* lembrando que "os gregos diziam outrora: odeio um conviva que tenha memória boa demais".[73]

Até mesmo um herdeiro da Ilustração de um século e meio mais tarde, Max Weber, um dos principais autores que identificou a racionalização burocrática como uma característica central da época industrial, também não deixou de reconhecer o sentido cognitivo da "embriaguez", não apenas como forma de prazer, mas também como um estado análogo ao da intuição, vista como indispensável tanto na criação artística como na científica: "o papel da intuição não é menos importante em ciência do que em arte [...] o papel psicológico é idêntico em ambos os casos. Ambos equivalem a embriaguez ('mania', no sentido de Platão) e 'inspiração'.".[74]

Entre o reconhecimento materialista da força do prazer provocado pelas bebidas e a desconfiança delas por extraviarem o espírito do caminho reto da razão para meandros passionais, cujos limites podem chegar a ponto da insanidade temporária, oscila a crítica ilustrada da embriaguez. Mas o que os filósofos iluministas trouxeram de mais significativo foi, talvez, um enfoque naturalista e científico que começou a tentar compreender a natureza química dos efeitos do álcool no organismo e suas relações com o clima, o tipo de alimentação, os hábitos, entre outros, desenvolvendo uma interpretação fisiológica da ebriedade.

---

[71] David Hume, *Investigação sobre o entendimento humano e sobre os princípios da moral* (São Paulo: Unesp, 2004), p. 275.
[72] Plutarco, "Charlas de sobremesa", em *Obras morales y de costumbres (moralia IV)*, trad. Francisco Martín Garcia, vol. 109 da Coleção Biblioteca Clássica Gredos (Madri: Gredos, 1987), livro I, p. 45.
[73] Erasmo de Rotterdam, *Elogio da loucura*, cit., p. 133.
[74] Max Weber, *Ciência e política: duas vocações*, trad. Leonidas Hegenberg & Octany Silveira da Mota (São Paulo: Cultrix, 2004), p. 27.

NIETZSCHE: O FILÓSOFO DE DIONISO

O triunfo de Baco, de Velazquez, 1628.
Museu do Prado, Madri, Espanha.

O filósofo que mais refletiu sobre o fenômeno da embriaguez e que tomou a figura mitológica de Dioniso como um modelo da vida vivida com a máxima plenitude foi, certamente, Friedrich Nietzsche (1844-1900), que chamou a si mesmo de "o último discípulo do filósofo Dionísio".

"Sou eu o primeiro que, para melhor compreender o instinto helênico arcaico, ainda rico e mesmo transbordante, levei a sério esse extraordinário fenômeno que leva o nome de Dioniso",[75] escreveu Nietzsche, em 1888, no *Crepúsculo dos ídolos*, reconhecendo apenas em Jacob Burckhardt uma precedência nessa valorização do dionisíaco como um núcleo central da cultura clássica, pois "é só nos mistérios de Dioniso, na psicologia do estado dionisíaco que se exprimia a realidade fundamental do instinto helênico,

---

[75] Friedrich Nietzsche, "Crepuscule des idoles ou Comment philosopher à coups de marteau", em *Oeuvres philosophiques complétes*, trad. Jean-Claude Hémery (Paris: Gallimard, 1974), p. 148.

seu querer-viver",[76] que irá se manifestar por meio da sexualização orgiástica e do inebriamento frenético.

A embriaguez não é apenas um atributo de Dioniso, entretanto, pois também o espírito apolíneo é por ela tomado e, segundo Nietzsche, "os dois termos exprimem dois modos de embriaguez".[77] A diferença é que a embriaguez apolínea excita especialmente o olho, produzindo os efeitos visionários que os pintores e os escultores encarnam, enquanto a embriaguez dionisíaca afeta o conjunto da sensibilidade, permitindo-a representar, transfigurar e metamorfosear ao máximo todas as potências criadoras da arte. A música, tal como a conhecemos na época contemporânea, seria apenas um resíduo, uma sobrevivência menos intensa de um estado de exaltação dionisíaca primitiva.

Desde a sua primeira obra, *O nascimento da tragédia*, buscou enfocar a importância da vida como um desejo de beleza, cuja única justificação se encontra no terreno estético, em que o riso, a sexualidade e a alegria se manifestam numa bipolaridade em que o sonho corresponde a Apolo, assim como a embriaguez, a Dioniso. Se o sonho é a matéria-prima de toda beleza visionária, a embriaguez é a força que impulsiona todos os "povos primitivos" a cantar seus hinos, pois remete a uma força de renovação primaveril da própria natureza que leva a aniquilação do princípio de individuação e dilui o homem no conjunto mais amplo de uma multidão em transe, no furacão de um coro báquico ou numa orgia ritual.

Essa expansão desmedida de arrebatamento chocou-se com um espírito dórico baseado no culto apolíneo da ordem e da aparência, produzindo um conflito fundador da alma grega e da civilização ocidental, no interior do qual nasceram, como uma síntese, as formas artísticas da tragédia, especialmente na expressão do seu coro, que ecoa os sátiros e outros híbridos da força humana e natural.

Diante de uma cultura ocidental fundada no fanatismo da razão, que desde Platão até o cristianismo buscaria a racionalidade a qualquer preço, tiranizando todas as demais esferas da vida e do espírito para domesticá-

---

[76] *Ibidem.*
[77] *Ibid.*, p. 114.

-las, Nietzsche se insurge em nome dos "noturnos apetites" contra os quais a "hipertrofia da razão" quer "instaurar uma luz perpétua".

Evocando os instintos, o inconsciente, o sonho, a expansão ilimitada da exaltação corporal da vida, os sentidos e a "inocência do devir", Nietzsche encontra na embriaguez dionisíaca não apenas uma metáfora perfeita, mas também um veio histórico de uma potencialidade lúdica, orgiástica, festiva e excessiva em sua abundância pletórica de vitalidade.

A embriaguez abarca tudo: o corpo e a natureza, desencadeia o instinto e se exprime na linguagem da dança, a única que pode, com "os pés, as ideias e as palavras", dar à luz um espírito mutante e vivaz, que subjaz apaixonado à cobertura fria da racionalidade.

Esta passagem a seguir ilustra a polissemia que o termo embriaguez assume na obra de Nietzsche:

> Para a psicologia do artista – Para que haja arte, para que haja uma ação ou uma contemplação estética qualquer é indispensável uma condição fisiológica prévia: a embriaguez. É preciso que a embriaguez tenha aumentado a irritabilidade de toda a máquina; sem isso a arte é impossível. Todos os tipos de embriaguez, ainda que estejam condicionados o mais diretamente possível, têm potência artística e acima de todos, a embriaguez da excitação sexual, que é a forma de embriaguez mais antiga e mais primitiva. O mesmo efeito produz a embriaguez que acompanha todos os grandes desejos, todas as grandes emoções: a embriaguez da festa, da luta, do ato arrojado, da vitória, de todos os movimentos extremos; a embriaguez da crueldade, a embriaguez da destruição, a embriaguez que produz condições meteorológicas, como, por exemplo, a embriaguez da primavera, ou então a influência dos narcóticos, e por último a embriaguez da vontade, de uma vontade acumulada e dilatada. O essencial na embriaguez é o sentimento de força e de plenitude. Sob a influência desse sentimento nos abandonamos às coisas, obrigamo-las a tomar algo de nós, as forçamos [...].[78]

Contudo, não se deve confundir esse uso exaltado do termo embriaguez com um uso morno e alcoolista de bebidas com vistas a entorpecer

---

[78] Friedrich Nietzsche, "Crepuscule des idoles ou Comment philosopher à coups de marteau", cit., p. 112.

ou a diminuir a vitalidade. Esse uso, que é o mais comum e se confunde com a predileção alemã pela cerveja, é duramente censurado pelo filósofo e qualificado como uma degeneração apenas comparável à do próprio cristianismo, classificando a tendência germânica a abusar mais viciosamente do que todas as demais nações dessas "duas grandes drogas da Europa", o álcool e o cristianismo.

> Como pode ser que jovens que devotam a sua existência às mais altas miradas do espírito não sintam em si o instinto primordial da vida do espírito: o instinto de conservação do espírito, e que bebam cerveja?[79]

A esta bebida nacional alemã, a cerveja, Nietzsche levanta a acusação de produzir "uma lenta degenerescência no espírito". Da mesma forma que acusa os livros de dieta, como o do italiano Cornaro, que já faziam sucesso na segunda metade do século XIX, de serem tratados de domesticação dos apetites vitais, também o uso regular, morno e entorpecente da cerveja é contraposto ao uso dionisíaco do vinho e dos alimentos.

O próprio filósofo confessa, entretanto, não ser um bebedor que aprecia bebidas fortes: "as bebidas alcoólicas me fazem mal, uma taça de vinho ou de cerveja por dia basta perfeitamente para que a vida me pareça um vale de lágrimas e de despertares amargos".[80] Mesmo tendo bebido um pouco na juventude, quando maduro se tornou cada vez mais um adversário de todas as bebidas espirituosas e passou a aconselhar a abstenção delas e, no seu lugar, o consumo de água:

> o que precisamos é de água [...] Prefiro os lugares onde temos sempre a ocasião de beber das fontes vivas (Nice, Turim, Sils); meu fiel copo me acompanha em toda parte. *In vinu veritas*: me parece que aí também eu sou, sobre a noção de verdade, em desacordo com o mundo inteiro.[81]

---

[79] *Ibid.*, p. 102.
[80] Friedrich Nietzsche, "Ecce Homo", em *Oeuvres philosophiques complétes*, cit., p. 260.
[81] *Ibid.*, p. 260.

Também despreza os efeitos narcóticos de drogas como o absinto e o ópio, considerando-as amortecedores da vontade de viver. Quanto a *cannabis*, contudo, reconhece que "quando queremos nos livrar de uma pressão insuportável, temos necessidade de haxixe".[82] Mas mesmo o café lhe parece uma bebida sombria, e o chá só lhe é aceitável pela manhã, desde que bem forte, pois o chá fraco considera nocivo e lhe traz indisposição, e apenas o chocolate bebido é visto sem restrições e bom pela manhã, sendo recomendável tomá-lo também até mesmo uma hora antes de se beber chá.

A cozinha alemã é acusada de ser responsável pelo "espírito" alemão, ou seja, ser como "uma indigestão" que não pode assimilar mais nada. Segundo Nietzsche, "a origem do espírito alemão nasce da dor de barriga".[83] Sopa antes das refeições, carnes excessivamente cozidas, legumes gordurosos e farinhentos e, sobretudo, excesso de libações alcoólicas, especialmente de cerveja, tais são os aspectos de uma culinária que produz seus maus efeitos não só no corpo, mas também sobre a consciência.

Com uma saúde frágil e enfermiça, uma aposentadoria precoce (aos 36 anos) devido a essa fragilidade, uma vida amorosa frustrante e carente que se traduz numa efetiva misoginia, com um desprezo aristocrático por tudo que diga respeito ao altruísmo e às grandes massas, viveu deambulante entre a Itália e a Alemanha, antes dos últimos dez anos de prostração depois do colapso final de 1889, numa vida solitária que talvez tenha pouco a ver com o arrebatamento de seus textos.

Sua apologia de Dioniso e de suas desmesuras permanece, contudo, como um dos maiores desafios na filosofia moderna à hegemonia da tradição do racionalismo socrático, da sua sobriedade estrita da virtude como o ponto mediano, da separação entre sentir e pensar e do ideal de uma vida projetada num outro mundo ideal. Ao contrário da devoção metafísica pelo "ser", afirma uma exaltação heraclitiana do devir, e antecipa muitas das colocações de Sigmund Freud acerca do papel das forças do inconsciente e das pulsões do desejo na constituição da psique humana e do seu conflito com as exigências e as realizações da civilização.

---

[82] *Ibid.*, p. 268.
[83] *Ibidem.*

A embriaguez assume, assim, na obra nietzschiana um sentido poético-filosófico de exaltação dos instintos, dos "noturnos apetites" que a tradição do culto dionisíaco teria espalhado pela Grécia e pela Roma antigas, dando um modelo para uma força da natureza que resiste a ser domesticada e continua sempre a afirmar um "querer viver" ilimitado, e por isso sofreu a contínua perseguição de um cristianismo que vai dominar o mundo antigo erguendo seus alicerces sobre os templos arruinados do paganismo.

A FISIOLOGIA DO VINHO REMÉDIO

A medicina medieval e a moderna consideravam o álcool destilado um remédio, assim como fizera a medicina da Antiguidade em relação ao vinho. Apenas em 1915, o uísque e o conhaque foram excluídos da lista dos medicamentos da *Farmacopeia dos Estados Unidos*. Ainda no final do século XIX, muitas das teses apresentadas na Faculdade de Medicina do Rio de Janeiro tratavam dos usos terapêuticos do vinho tanto como um tônico em si como para servir de veículo para várias plantas maceradas nele.[84]

O vinho, mais do que um alimento, sempre foi encarado como um remédio: "Galeno notou que Hipócrates nunca aconselhou o vinho como alimento, senão como medicamento, porque, como alimento, entendeu que se escusava quando havia outros de que se compusessem as mesas e para beber achou melhor a água do que o vinho".[85] O médico francês Louis Lemery escreveu que

> se o vinho, tomado moderadamente produz muitos bons efeitos, quando servido em excesso produz péssimos. Seus princípios voláteis e exaltados subindo ao cérebro em grande abundância e aí correndo para todos os lados com impetuosidade e sem manter nenhuma ordem tornam as pessoas ébrias e furiosas, lhes fazem ver objetos duplicados e as jogam numa espécie de loucura, onde permanecem até que os princípios volá-

---

[84] Fernando Sérgio Dumas dos Santos, "A construção do alcoolismo no conhecimento médico: uma síntese", em Dilene Raimundo do Nascimento & Diana Maul de Carvalho (orgs.), *Uma história brasileira das doenças* (Brasília: Paralelo 15, 2004).

[85] Francisco da Fonseca Henriquez, *Âncora medicinal para conservar a vida com saúde* (Cotia: Ateliê Editorial, 2004), p. 238.

teis do vinho sejam dispersados pelos poros do crânio ou tenham sido absorvidos por algum humor pituitoso que tenham encontrado no cérebro.[86]

Esse médico da Academia Real acrescenta, em seguida, que "a embriaguez não acontece apenas pelo uso imoderado dos licores espirituosos, diversas matérias sólidas também a causam", citando, entre estas, o joio, a datura, o bangue, o ópio, o betel, a areca, e o tabaco, "a natureza jamais produziu nada cujo uso tenha se estendido mais longe e em menos tempo do que o tabaco".[87]

Os usos médicos do álcool eram múltiplos, desde como sedativo ou calmante até em inúmeros xaropes e elixires, servindo de diluente de uma grande parte dos remédios, além de suas funções assépticas, inclusive da água para beber. Seus usos mais específicos eram contra doenças causadas por excessos de humores "frios", que deviam ser combatidos com substâncias "quentes", tais como as bebidas alcoólicas. O vinho, entretanto, também era recomendado, com algumas exceções, para as febres em geral.

No início do século XVIII, no primeiro dicionário português, compilado pelo padre jesuíta Raphael Bluteau, no verbete "vinho", se reconhece que

> o uso medicinal do vinho é muito salutífero. Têm os seus espíritos faculdades para temperar os humores ácidos, que no nosso corpo se ajuntam. A sua substância penetrante lhe dá força para resistir à corrupção e nas chagas pútridas, misturado com triaga, ou coisa semelhante é de grande alívio. Dizem alguns médicos que até nas febres ardentes é bom o vinho [...] como todas as demais coisas, tomado com moderação causa bons efeitos, dá bom nutrimento ao corpo, fomenta o calor natural, purifica o sangue, abre a boca das veias, dissipa os fumos tenebrosos que induzem tristeza, esquenta os corpos frios, refresca os cálidos, aos secos os umedece, aos úmidos os desseca, infunde valor e aguça o entendimento.[88]

---

[86] Louis Lemery, *Traité des aliments, ou l'on trouve la différence, et le choix, qu'on en doit faire; les bons, et les mauvais effets, qu'ils peuvent produire; leurs principes; les circonstances où ils conviennent*, 2 tomos (Paris: Chez Durand, 1755), p. 33.
[87] Ibidem.
[88] Raphael Bluteau, *Vocabulario portuguez e latino* (Coimbra: Collegio das Artes da Companhia de Jesus, 1712-1728), p. 502.

Tal recomendação para usos médicos não absolve o vinho dos seus usos excessivos, cujos efeitos já são apontados no mesmo verbete:

> bebido com demasia, ofende a razão, confunde a memória e tira o juízo, dá ao homem força brutal e o faz pior que bruto, de sábios faz parvos, de benévolos homicidas, de castos adúlteros, de pios sacrílegos e capazes de todo o gênero de desatinos. Ao bebedor parece que sorve do vinho, mas ele do vinho fica absorto. [89]

Caso fosse usado com prudência e moderação, o vinho auxiliaria a inteligência ou o entendimento, pois no sangue inspiraria "uns alentos que fortificam o cérebro e ajudam nas suas operações o entendimento. Esta é uma das razões porque no Templo colocavam os Antigos a estátua de Baco junto do simulacro de Minerva".[90]

Na França, Nicolas Lemery busca explicar os mecanismos da ação do vinho: "a bondade do vinho, consiste numa certa proporção e ligação natural dos seus princípios, que fazem uma impressão agradável sobre o nervo da língua e que, acelerando o movimento dos espíritos animais, alegra o estômago, o coração e o cérebro".[91]

Para essa autoridade médica e química que começou como *maître apothicaire* (farmacêutico) e chegou à Academia de Ciências, na época de Luís XIV, foi preciso abjurar do protestantismo e converter-se ao catolicismo, pois a revogação do Édito de Nantes, em 1685, proibiu aos adeptos da religião reformada o exercício da medicina. Uma de suas obras mais populares foi a *Farmacopeia universal*, em 1697, que depois de sua morte foi corrigida e ampliada por seu filho Louis Lemery resultando no *Dicionário universal*.

No verbete vinho, afirma que o tinto afasta a melancolia e que o vinho em geral, tomado com moderação e misturado com água, "é a melhor e a mais santa de todas as bebidas", pois "alegra o coração e o cérebro por meio

---

[89] *Ibidem*.
[90] *Ibidem*.
[91] Nicolas Lemery, *Dictionnaire universel des drogues simples, contenant leurs noms, origine, choix, principes, vertus, étimologies; et ce qu'il y a de particulier dans les animaux, dans les végétaux et dans les minéraux* (Paris: Chez L.- Ch. D'Houry, 1759), p. 787.

dos espíritos que para aí são levados, ele reanima os espíritos animais, dá abertura aos belos pensamentos, excita a memória". Mas, se tomado em excesso, o que, segundo o autor, ocorre frequentemente, produz a embriaguez, que é causada "pelas partes espirituosas do vinho, que subindo em muita abundância ao cérebro aí circulam com tanta rapidez que perturbam toda a economia". Acrescenta, em seguida, que "todas essas circunstâncias têm muita relação com aquelas que se passam quando se toma o ópio", o qual possui "uma parte viscosa e sulfurosa" que "aglutina e atrapalha os espíritos animais, de forma a impedi-los de circular com a mesma rapidez com que faziam antes. Esta aglutinação dos espíritos é suficiente para fazer dormir, da mesma forma que o movimento e a circulação destes mesmos espíritos são suficientes para explicar as vigílias".[92]

Essas noções da fisiologia do vinho e da aguardente encontradas em Bluteau e Lemery são as mesmas do médico da corte de d. João V, Francisco da Fonseca Henriquez, conhecido como o Doutor Mirandela. Tributário da doutrina humoral, continua, em 1721, a citar Aristóteles, Galeno, Avicena e outras autoridades da Antiguidade para considerar o vinho "quente e seco" (embora Aristóteles o considerasse "quente e úmido"). Não se deve confundir essa noção de umidade como aquilo que possui "toda coisa fluida", com a ideia da umidade como uma qualidade que constitui um temperamento. Assim, o vinho, embora fluido, para a maioria desses autores é constitutivo de um temperamento "seco".

Assim, é mais recomendado beber vinho àqueles que possuam temperamento "frio e úmido" que os de temperamento "quente e seco", tais como as crianças, pois, como disse Avicena, "dar de beber vinho aos meninos é, na verdade, o mesmo que acrescentar fogo ao fogo em lenha leve".[93] Já para os velhos, o vinho pode ser o "leite da senilidade". Tais concepções de origem hipocrática atravessam os séculos e, depois de serem repetidas em Platão, Galeno e Avicena, entre outros, vão continuar presentes na medicina do século XVIII.

---

[92] *Ibid.*, pp. 911 e 633.
[93] "Pueris quidem, vinum ad bibendum dare, est sicut ignem igni addere in lignis debilibus". Avicena, *apud* Francisco da Fonseca Henriquez, *Âncora medicinal para conservar a vida com saúde*, cit., p. 238.

A recomendação varia conforme os tipos do vinho (que podem ser brandos ou fortes, doces ou azedos, brancos ou negros, louros, palhetes, rosados ou vermelhos, cheirosos, novos, velhos ou de meia-idade) e, sobretudo, depende de quem vai tomá-lo. Os trabalhadores e todos que se exercitam muito "necessitam beber vinho para restaurar os espíritos perdidos e alentar as forças, que com ele brevemente se recobram. Os pobres, que ordinariamente vivem do seu trabalho, comendo alimentos de pouca substância, é muito necessário que bebam vinho".[94] A quantidade que deve ser bebida também depende, os que trabalhando ou despendendo forças "gastam muitos espíritos, necessitam de beber mais".[95]

O excesso, no entanto, é sempre pernicioso e suas consequências no organismo são tais como: "acidentes epilépticos, estupores, paralisias, apoplexias, gota artética, reumatismos, tremores de mãos, fastio, vômitos, pleurises e outras inflamações internas e externas". Sua ação se dá porque "esturra" os alimentos no estômago, esquenta muito e "faz ferver a massa do sangue" e, além de tudo, "ofende a alma [...] porque perturba a luz da razão, excita a ira e precipita os homens a atos torpes e libidinosos".[96]

Um dos expoentes da Ilustração portuguesa, o médico nascido no Brasil, Francisco de Melo Franco, mesmo reconhecendo que "os autores de medicina dizem geralmente que o uso moderado deste licor [o vinho] prolonga a vida, conserva o corpo em saúde e o espírito em vigor, aumenta em ambos suas faculdades e sentidos",[97] condena severamente o seu uso imoderado, pois ele traria consigo a "destruição da economia animal", porque "esquenta muito, altera nossos fluidos, produz a bebedice ou a perda da razão e dos sentidos, "eretiza" as fibras, dispõe à hidropisia, à tísica nervosa, ao letargo, à apoplexia, à paralisia, à afonia e outras enfermidades" devido ao seu efeito de "queimar por sua acrimônia os capilamentos nervosos do estômago, de que se segue sua crespatura, secura, irritação e agitação".[98] Como medidas preventivas contra esses malefícios do uso excessivo do vi-

---

[94] Francisco da Fonseca Henriquez, *Âncora medicinal para conservar a vida com saúde*, cit., p. 238.
[95] *Ibidem*.
[96] *Ibid.*, p. 239.
[97] Francisco de Melo Franco, *Medicina teológica* (São Paulo: Giordano, 1994), p. 121.
[98] *Ibidem*.

nho, propõe como remédios "físicos" água fria bebida em jejum, banhos frios e comidas salgadas e com azeite.

Em 1700, o livro *As doenças dos trabalhadores* do italiano Bernardino Ramazzini sobre doenças profissionais reconheceu que os vinhateiros, os cervejeiros e os destiladores sofriam de uma embriaguez que "se origina pela dispersão no ar do odor e vapor do vinho absorvidos juntos com esse ar pela boca e pelo nariz" para produzir, entretanto, "um artigo tão necessário e importante, já para alertar a vida, já para fazer remédios mais refinados e mais eficientes. Se os laboratórios químicos tivessem carecido de espírito de vinho, jamais a química haveria alcançado um tal alto grau". Ele também oferecia uma "série prolixa de preventivos da embriaguez, como sejam: absinto, arruda, leite, pulmões assados de animais, posca (água mais vinagre), maçãs ácidas, medicamentos compostos como eletuários e várias misturas que, tomadas antes, evitam a bebedeira".[99]

Nesse período, o "espírito do vinho" serviu não só para extrair todas as quinta-essências e ser veículo de quase todos os remédios, mas também para animar um debate científico sobre a natureza fisiológica dos efeitos da embriaguez, para os quais se propunham que fossem de origem ácida ou alcalina, sendo a última a tese que defende Ramazzini, que escreve que "no álcali volátil, ou seja, no enxofre narcótico contido no vinho, que possui a virtude de reprimir a atividade dos espíritos e humores, Etmuller e outros acham que está a causa da embriaguez; deduzem-na do tremor, do torpor e do suor análogos aos observados em tomadores de ópio."[100] Os defensores da tese oposta, como Van Helmont, acreditavam que o poder embriagante residia num "ácido volátil".

O primeiro livro publicado em língua portuguesa sobre vinhos foi *Agricultura das vinhas*, em 1712, escrito pelo licenciado em Direito, em Coimbra, Sylvestre Gomes de Moraes, sob o pseudônimo de Vicêncio Alarte. Na maior parte dessa obra, tratou-se dos aspectos agronômicos da viticultura e dos modos de preparo, conservação e correção na vinicultura. Mas também

---

[99] Bernardino Ramazzini, *As doenças dos trabalhadores*, trad. Raimundo Estrela (2ª ed. São Paulo: Fundacentro, 1999), pp. 128-129.
[100] *Ibid.*, p. 125.

refere-se às virtudes do vinho para a saúde, assim como aos danos do seu uso excessivo.

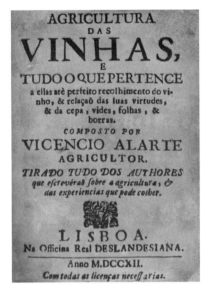 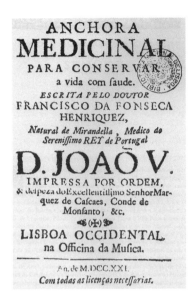

Folha de rosto de *Agricultura das vinhas*, de Vicêncio Alarte, 1712.
Folha de rosto de *Âncora medicinal*, de Francisco da Fonseca Henriquez, 1721.

Na sua singular explicação sobre a origem do vinho afirma que "foi disposição divina para remédio do gênero humano para que a virtude do vinho suprisse à qualidade e vigor que a terra tinha perdido com as águas do dilúvio".[101] Por isso, a primeira planta a ser cultivada por Noé foi exatamente a vide e, portanto, foi ele mesmo o inventor do vinho. E mesmo que tenha se atribuído essa invenção a Baco, isso só ocorreu porque "como Baco era neto de Noé, levou a nova invenção das vinhas e do vinho à terra que foi habitar, que foi a Beócia e Naxos, e dali se tomou ocasião de o darem por inventor do vinho".[102] E se não houver nenhuma outra fonte antiga que indique algum parentesco entre Noé e Baco, não se pode saber se essa teoria

---
[101] Vicêncio Alarte, *Agricultura das vinhas e tudo o que pertence a elas até o perfeito recolhimento do vinho, e relação de suas virtudes, e da cepa, vides, folhas e borras* (São Paulo: T. A. Queiroz, 1994), p. 104.
[102] *Ibidem*.

é da autoria do próprio Alarte, o que seria improvável, dado o conjunto de fontes gregas e latinas a que ele sempre se refere.

Usando uma etimologia irreal, Alarte tenta justificar o nome latino da planta por uma suposta relação direta com o próprio conceito de vida, dado que é uma restauradora do calor natural, veículo da própria vida, mas adverte contra o risco do seu excesso, relacionando numa outra etimologia fantasiosa a denominação de *vinum* com a palavra violência:

> pelas virtudes que tem se chama *vitis*, quase *vita*, porque o vinho restaura com facilidade os espíritos vitais dissipados, conforta, repara, aumenta, fortifica o calor natural debilitado, que é o principal instrumento da vida. Também os latinos lhe chamam *vinum* em razão da violência que faz no entendimento, quando se toma em demasia.[103]

Seus usos mais efetivos, entretanto, são muito benfazejos:

> conforta os corpos, alegra o coração, sara as enfermidades, dá bom nutrimento ao corpo, torna a saúde perdida, guarda o calor natural [...] gera o sangue puríssimo, purifica o sangue turvo e o clarifica, abre a boca das veias, penetra com a sua sutileza os interiores para os mundificar; alumia e afugenta os fumos tenebrosos que induzem tristeza, administra vigor a todos os membros do corpo, aguça o entendimento e o faz dócil para investigar as cousas dificultosas, faz animosos e atrevidos os homens para empreenderem cousas grandes; aquenta os corpos frios e refresca os cálidos; aos secos os umidece e aos úmidos os desseca.[104]

Caso tomado em excesso, no entanto, produz um efeito oposto (referindo-se especialmente a Plínio como fonte das reflexões a seguir), pois

> os danos que faz o vinho tomado sem moderação superam as virtudes [...] mudam o entendimento em furor e em ímpetos perniciosos e em esquecimento de tudo o que é bom [...] quanto mais bebe, mais desejo tem de tornar a beber [...] de sorte que fica o corpo como nau no mar sem leme e

---

[103] *Ibid.*, p. 106.
[104] *Ibidem.*

governo; faz mentirosos, de sábios faz parvos; de benévolos, perversos e malignos; faz homicidas, adúlteros, ladrões e é causa de todos os vícios"[105]

O próprio calor do vinho que o torna útil para variados fins pode ser também a causa da loucura, pois o "calor do vinho apaga o calor natural pelo demasiado beber", assim como a sua demasiada secura pode ser daninha para os de temperamento "cálido e úmido" e como nenhum humor deve sobrepor-se em demasia ao seu contrário é preciso cuidado para não fazer do calor do vinho um perigo para o equilíbrio geral dos humores.

Sobre a virtude das aguardentes feitas com a destilação do vinho, Alarte é ainda mais apologético, parece não haver panaceia igual: "as virtudes da aguardente são tão singulares, que não cabem em toda a escritura os seus louvores". Entre suas utilidades, serve, no uso externo, contra a sarna e piolhos, para inflamações, cataratas nos olhos e chagas cancerosas, sorvida pelas narinas tira o entupimento delas, mas, acima de tudo, é ingerida que será extremamente salutar, servindo para catarro, surdez, dor de dentes, lombrigas, cólicas de rins, febres, contra mordidas de cães raivosos, para problemas de útero: "podem usar dela as mulheres prenhes, sem lhes fazer dano, antes lhes fará muito proveito alentando-as".[106]

Em meados do Brasil oitocentista, foram republicadas em Ouro Preto três obras da farmacopeia (ver dados na bibliografia deste livro) e da matéria médica do português Antonio José de Souza Pinto, que trazem definições gerais dos medicamentos e recomendações específicas para cada um dos que são listados.[107]

No seu verbete, declara que o vinho:

> merece, sem contradição, a preferência a todos os remédios excitantes, desperta agradavelmente as funções vitais e musculares, apaga muitas

---

[105] *Ibidem.*
[106] *Ibid.* pp. 130-132.
[107] Antonio José de Souza Pinto, *Elementos de pharmacia, chymica, e botânica; Matéria medica: distribuída em classes e ordens segundo seus effeitos, em que plenamente se apontão suas virtudes, doses e moléstias, a que se fazem applicaveis; Pharmacopea chymica, medica, e cirúrgica em que se expõem os remédios simples, preparação, doses, e moléstias, a que são applicaveis* (Ouro Preto: Typographia de Silva, 1834).

vezes a sede, nutre, ajuda as forças já perdidas pelos anos, conforta os convalescentes, aumenta o curso das urinas, favorece a digestão, corrige parte das más impressões do ar úmido ou impregnado de partículas heterogêneas; em grande dose produz primeiro a alegria, contentamento e dispõe ao ato venéreo; a este período segue-se a sede, vertigem, debilitação de forças, vômitos, sono, e muitas vezes furor, apoplexia e morte. É nocivo na maior parte das moléstias febris e inflamatórias e dolorosas. [...] A dose do vinho generoso é de duas onças até seis.[108]

O espírito do vinho "possui as virtudes do vinho; porém em grau superior, e tem preferência a todas as substâncias fermentadas. O álcool exerce uma ação pronta e súbita nos casos de lipotimia e debilidade acompanhada de indigestões e flatulências."[109]

Além do uso como veículo para outros remédios em tinturas e elixires, a *Pharmacopea* de Souza Pinto lista sete receitas específicas de vinhos medicinais (vinho de ferro, ipecacuanha, óxido de antimônio sulfurado, ruibarbo, quina composto, dedaleira e necociana) e outras onze de "espíritos" medicinais, ou seja, produzidos com "espírito de vinho" (espírito de cocleária, alfazema, erva-cidreira, de vinho canforado, de alecrim ou água da Rainha da Hungria, canela, alfazema composto, volátil amoniacal aromático, vinho, vinho retificado).[110]

Em seu outro livro, *Matéria médica*, retoma as indicações medicinais do vinho: "o vinho considerado como remédio é muito precioso [...] convém nas febres em quantidade moderada [...] nas disenterias [...] em mulheres exauridas pela leucorreia ou histerismo [...] é um dos melhores estimulantes, tônicos e antiespasmódico.".[111]

Contudo, também é preciso advertir contra o excesso desse remédio maravilhoso: "podemos conhecer que o uso do vinho é prejudicial quando produz [...] atordoamento, náuseas, embriaguez, e com especialidade

---

[108] Antonio José de Souza Pinto, *Pharmacopea chymica, medica, e cirúrgica em que se expõem os remédios simples, preparação, doses, e moléstias, a que são applicaveis*, cit., p. 63.
[109] *Ibidem*.
[110] *Ibid.*, pp. 155 e 166.
[111] Antonio José de Souza Pinto, *Matéria médica: distribuída em classes e ordens segundo seus effeitos, em que plenamente se apontão suas virtudes, doses e moléstias, a que se fazem applicaveis*, cit., p. 7.

quando a embriaguez produz uma espécie de frenesi, melancolia, cólera, e furor".[112]

As aguardentes também possuíam na tradição europeia as mesmas virtudes que o vinho e o "espírito do vinho". A aguardente de cana brasileira, a cachaça, no entanto, vai ter objeções, comparada com a bagaceira do reino, que pode ser identificada especialmente no livro *Erário mineral*, de Luís Gomes Ferreira, um cirurgião-barbeiro português que viveu duas décadas nas Minas Gerais, em que afirmava que "nestas Minas, não há coisa alguma nelas que seja mais prejudicial à saúde, assim de negros como de brancos, como é a dita aguardente ou, por outro nome, e bem próprio, cachaça, pois, ordinariamente, quando queremos afirmar que uma coisa não presta para nada dizemos que é uma cachaça".[113] Sua nocividade é causada por, sendo bebida em grande quantidade, fazer os escravos "perderem o juízo" e se matarem em "pendências", e aos brancos faz adquirirem doenças gravíssimas, pois "de tal sorte se casam com este vício que, quase todos, morrem hidrópicos" com "obstrução no fígado". Ou então morrem "trêmulos e com as entranhas assadas" porque, "quanto mais bebem, mais securas têm". Tal diagnóstico poderia se considerar razoavelmente realista na descrição das cirroses efetivamente causadas pelo consumo alcoólico se não se acompanhasse em seguida das mesmas acusações contra o melado, as batatas e até a água fria:

> o melado é também muito prejudicial à saúde [...] as batatas também são danosas, e muito principalmente sendo cozidas [...] quando chegar a alguma parte suado e cansado, por nenhum modo beba água fria, ainda

---

[112] *Ibidem*.
[113] Luís Gomes Ferreira, *Erário mineral* (Belo Horizonte/Rio de Janeiro: Fundação João Pinheiro/Fundação Oswaldo Cruz, 2002). [1735]. Curiosamente, a expressão cachaça vai adquirir mais tarde, provavelmente ao longo do século XIX, o sentido elogioso de "coisa que atraia a especial ternura ou o especial interesse de um indivíduo que é sua cachaça [...] igual ternura envolve a expressão 'isto é a minha cachaça', quando se quer dizer de uma coisa ou de uma atividade que é carinhosamente estimada. O que sugere da palavra 'cachaça', que, como tantas outras, bivalentes nas suas acepções, nem sempre sugere ao brasileiro o negativo, mas numerosas vezes o positivo". Ver Gilberto Freyre, "A propósito de cachaças e de batidas: inclusive de sua repercussão em escritores e artistas que tanto pode ser rítmica como arrítmica", em *Alhos & bugalhos: ensaios sobre temas contraditórios, de Joyce à cachaça, de José Lins do Rego ao cartão-postal* (Rio de Janeiro: Nova Fronteira, 1978), p. 96.

que tenha sede, porque, quando não suceda morrer [...] lhe pode suceder alguma pontada e outras muitas queixas perigosas.[114]

Os tratamentos contra o vício do álcool, ao menos no contexto português, parecem escapar completamente do referencial galênico, ou seja, da teoria dos humores, para propor remédios que podem ser incluídos na categoria da magia curativa. Até pelo menos o final do século XVIII, não só as sangrias e as purgas mas também o uso de matérias cadavéricas, excrementícias e bizarras eram lugares-comuns nos receituários tanto dos médicos como dos curandeiros. Assim, uma receita para parar com o hábito de beber do *Erário mineral* é quase idêntica a uma outra de um jesuíta de Goa, ambos indicam

> tomar a cabeça de um cordeiro com lã, ossos e dentes, e um quartilho de sangue do mesmo cordeiro, e uma mão cheia de cabelos da cabeça de qualquer homem, e o fígado de uma enguia com o seu fel; tudo junto se meta em uma panela barrada [...] se meta no forno [...] para se fazerem pós [...] dos quais se darão ao bêbado todos os dias uma oitava desfeita em vinho.[115]

Curiosamente, é na própria bebida que se quer evitar que se deverá veicular a poção capaz de fazer o bêbado deixar de beber.

A medicina ocidental tratou as bebidas alcoólicas, especialmente o vinho, como importantes meios terapêuticos, embora tenha sempre reconhecido os perigos do consumo excessivo, e também buscou na interpretação dos seus modos de agir um sistema teórico capaz de dar conta de todas as funções do organismo. No âmbito multimilenar da medicina dos humores, o vinho assim como os destilados ofereceram elementos para uma noção dos "vapores" como elementos constitutivos do processo do pensamento e da consciência, formada por fluidos sutis e vaporosos, que seriam quase tão etéreos quanto o próprio espírito.

---

[114] Luís Gomes Ferreira, *Erário mineral*, cit., pp. 662 e 666.
[115] Márcia Moisés Ribeiro, *A ciência dos trópicos: a arte médica no Brasil do século XVIII* (São Paulo: Hucitec, 1997), p. 58.

Destilados e sublimados no próprio corpo, esses fluidos e vapores animam a consciência e movem o corpo e por isso deve caber à medicina buscar geri-los, corrigi-los ou reforçá-los, seja por meio das ingestões de substâncias, entre as quais as alcoólicas, seja por meio de purgas ou sangrias, recursos da chamada "terapia catártica".

A MEDICINA DO VÍCIO E A DOENÇA MODERNA DO ALCOOLISMO[116]

Somente no decorrer do século XVIII é que a teoria médica dos humores foi superada por uma concepção baseada no fortalecimento das "fibras". As evacuações e as sangrias passam a ser condenadas, e o uso do álcool não mais é visto como um remédio e uma fonte de calor, mas como um risco para a dureza das fibras. A nova sensibilidade "nervosa", temerosa do "eretismo", dos espasmos e das convulsões, passou a censurar nos licores espirituosos o efeito de um "amolecimento" capaz de enfraquecer os nervos, cuja prova estaria nos tremores e nas convulsões provocados pelo consumo alcoólico. A embriaguez, assim, vai tornar-se o "vício mais abominável", porta de entrada para todos os demais, retratado exemplarmente nas famosas gravuras do pintor inglês William Hogarth, em 1750, *Beco do gim* e *Rua da cerveja*, contrapondo a serena ordem da cerveja à decomposição moral do gim. O metodista John Wesley foi um dos primeiros a propor, em 1780, no parlamento londrino, a proibição legal da fabricação de bebidas alcoólicas. Em oposição ao álcool, também surge, a partir do século XVIII, uma exaltação do café e do chá como drogas sóbrias, intelectuais e produtivistas, típicas de uma nova classe burguesa e industriosa em ascensão.

O uso do álcool e das demais drogas sempre foi um assunto médico (o egípcio Al-Qastallani, no século XIII, já escrevia que "a embriaguez é uma doença [...] uma doença mental"), mas apenas na época moderna surgiu uma nosologia do vício, uma descrição sintomatológica de práti-

---

[116] Ver publicação da primeira versão reduzida deste capítulo de Henrique Carneiro, "A fabricação do vício", em *LPH Revista de História*, LPH/Departamento de História/Ufop, 12 (12), 2002.

cas consideradas como abusivas devido a sua insistência, repetitividade ou compulsão. Essa inserção do consumo de drogas no âmbito da nosografia e da terapêutica relaciona-o inicialmente com outras perturbações psíquicas vizinhas da imensa constelação da patologia da loucura.

Rua da cerveja e *Beco do gim*, de William Hogarth, 1750.

A visão moralista da loucura manifesta-se exemplarmente no início da era da medicina e da psiquiatria modernas, em autores como Philippe Pinel, em *Tratado médico-filosófico sobre a alienação mental ou mania*, de 1801, e Samuel A. D. Tissot, em *O onanismo*, de 1764. Para este último, "a causa da loucura" é a "imoralidade", entendida como excesso ou exagero.[117] Daí a terapia ser chamada de tratamento moral de "afecções morais" ou "paixões morais". Ao lado das causas morais, haveria também as causas físicas, entre as quais, além do abuso dos prazeres sexuais, da menopausa ou de golpes na cabeça, a embriaguez. Em 1876, para Louis-Florentin Calmeil, as "causas físicas" principais da melancolia, entre os homens, eram "os contínuos excessos alcoólicos, os repetidos excessos venéreos, os hábitos solitários e uma alimen-

---

[117] "O costume de dissipar, o hábito dos prazeres, uma assídua leitura de romances, um ambiente depravado, as seduções da galanteria têm levado com frequência, à mesma conclusão [...] Que analogia entre a arte de dirigir os alienados e a de educar os jovens!" Ver Samuel A. D. Tissot, *apud* Isaías Pessotti, *A loucura e as épocas* (São Paulo: Editora 34, 1994).

tação muito copiosa". No caso das mulheres, "a ação das causas morais é mais evidente".[118] Para Linas: "as causas determinantes da mania são, entre outras, principalmente os excessos venéreos, a devassidão, os abusos de bebidas".[119]

Esta política médica, chamada de "polícia médica", marcou a relação de complementaridade entre a medicina e o Estado na constituição de um *corpus* teórico de controle social, conforme explica George Rosen:

> a ideia de polícia é um conceito-chave para o entendimento de problemas de saúde e doença. Os escritores alemães já usavam, no século XVII, o termo polícia *Policey*, derivado da palavra grega politeia – a constituição ou administração de um Estado. A teoria e a prática da administração pública vieram a ser conhecidas como Polizeiwsseenschaft, a ciência da polícia, e o ramo da administração da Saúde Pública recebeu a designação de Medizinalpolizei, ou Polícia Médica.[120]

Segundo esse historiador da saúde pública, as campanhas contra o álcool tornaram-se um dos principais veículos de exigência de medidas estatais de controle do comportamento:

> os reformadores ingleses dirigiram seus primeiros esforços contra o tráfico de gim. O valor da campanha contra o gim não reside apenas em sua eficácia, mas na circunstância, mais importante, de ter sido uma das primeiras tentativas de se conseguir reformas sociais por meio da pressão organizada sobre o parlamento. A campanha representou um tipo de agitação, em favor da saúde pública, que viria a assumir importância central no século XIX. Apresentavam-se petições ao governo, apoiadas por propaganda em jornais, por magistrados, por médicos. A Via do Gim, de Hogarth, publicada nesse tempo, não podia ser, como documento histórico, mais verdadeira. O parlamento sancionou uma série de Atos do Gim, culminando com um, de 1751, conferindo aos magistrados o controle do licenciamento da bebida e do teor do álcool.[121]

---

[118] Louis-Florentin Calmeil, *apud* Isaías Pessotti, *A loucura e as épocas*, cit., p. 188.
[119] A. Linas, *apud*. Isaías Pessotti, *A loucura e as épocas*, cit., p. 191.
[120] George Rosen, *Uma história da saúde pública*, trad. Marcos Fernandes da Silva Moreira (São Paulo: Hucitec/Unesp, 1994), p. 100.
[121] *Ibid.*, p. 118.

Outros autores, entretanto, como Ernest L. Abel, relativizaram a denúncia setecentista da epidemia do gim e o significado político das medidas proibicionistas que começaram a ser propostas em meados do século XVIII, considerando-as como uma reação patronal e governamental contra as classes operárias que usavam os espaços de consumo alcoólico como locais de sociabilidade, além de seus efeitos serem contraditórios, do ponto de vista de sua utilidade para a produtividade do trabalho, pois, se, de um lado, as bebidas podiam chegar a limitar a capacidade de trabalho e a produtividade dos que se excediam a ponto de se tornarem inoperantes, de outro, eram um consolo e anestésico eficaz para ajudar uma parcela majoritária dos trabalhadores a suportar condições brutais de existência.[122]

A doença do vício, como uma doença estrita, foi uma construção do século XIX. A concepção da embriaguez como doença pode ser datada de 1804, após o escocês Thomas Trotter (1760-1832) ter publicado sua tese, defendida em 1788, *Essay Medical Philosophical and Chemical on Drunkenness*, que seria considerada um marco na "descoberta" (ou na criação?) de uma nova entidade nosográfica na medicina. Para Trotter, o hábito da embriaguez seria "uma doença da mente".

Antes disso, entretanto, o médico Benjamin Rush (1746-1813), participante ativo do movimento de independência dos Estados Unidos, também ficou famoso por suas campanhas de reforma moral, entre as quais o combate ao alcoolismo estava em destaque (juntamente com a denúncia e repressão da masturbação). Em 1785, Rush publicou o *Inquiry into the Effects of Ardent Spirits Upon the Human Body and Mind*, seu texto mais bem-sucedido, que consistia num panfleto de denúncia contra os destilados, considerados como verdadeiros venenos (os fermentados ele poupava, pois seria preciso beber quantidades demasiadamente grandes para que pudessem agir da mesma forma que os "espíritos ardentes"). O tabaco também era condenado nesse texto, pois o seu uso, segundo ele, levaria ao desejo de consumir destilados e se embriagar. Ele ilustrou graficamente os graus da "odiosa doença" da embriaguez que iam da temperança até a mais completa

---

[122] Ernest L. Abel, "The Gin Epidemic: Much Ado about What?", em *Alcohol and Alcoholism*, 36 (5), 2001.

embriaguez num "termômetro moral". Em 1791, Rush também relacionou o alcoolismo e a masturbação como "transtornos da vontade", desencadeando contra ambos uma campanha médica e psiquiátrica.

Em Portugal, Francisco de Melo Franco também vai classificar, em 1794, o consumo excessivo de vinho como "bebedice" e vai inclusive propor remédios preventivos, mas essa enfermidade, cujo pior efeito é tornar os ebriosos estúpidos "por muitos dias, e, às vezes, por toda a vida",[123] necessita, além dos remédios físicos, os remédios morais ou canônicos, cujo ministrante será sempre o seu confessor, continuando, portanto, como um vício moral mais do que uma pura doença orgânica. Mais tarde, no mesmo país, em 1825, o termo bêbado vai ser definido num dicionário jurídico como "o que perdeu o juízo com licor forte, como vinho e aguardente, ou outros corpos que produzem o mesmo efeito, como tabaco e o ópio",[124] sem diferenciar, portanto, nenhuma especificidade para o inebriamento alcoólico que não se distinguiria do tabaco e do ópio.

Em 1813 na Alemanha, Carl von Bruhl-Cramer cunhou o termo *Trunksucht*, mania de beber ou dipsomania, para referir-se ao alcoolismo como uma doença do sistema nervoso. A partir desse momento, houve uma tendência crescente a ver o alcoolista como um doente mental, processo que Fernando Sérgio Dumas dos Santos chamou de "alienização" e que levou a considerar o uso excessivo de bebidas como uma "psicose tóxica".[125]

Os gastrônomos, ao formularem suas noções a respeito do que chamaram de uma "ciência dos prazeres" para a apreciação das comidas e das bebidas, também advertiram dos perigos dos excessos e distinguiram a gastronomia da gula e da embriaguez, propondo um uso moderado do vinho e de outras bebidas. Dessa forma, Brillat-Savarin incluiu, em 1825, em *A fisiologia do gosto*, uma passagem referente aos "efeitos e perigos das bebidas fortes", em que alerta sobre o risco da "sede artificial" se tornar uma

---

[123] Francisco de Melo Franco, *Medicina teológica*, cit.
[124] Joaquim José Caetano Pereira e Souza, *Esboço de hum dicionário jurídico, theoretico e practico: remissivo às leis compiladas e extravagantes (excertos)* (Lisboa: Typographia Rollandiana, 1825).
[125] Fernando Sérgio Dumas dos Santos, "A construção do alcoolismo no conhecimento médico: uma síntese", cit.

"verdadeira doença", cujo resultado inevitável seria não restar a quem a contraiu "dois anos de vida".[126]

Em 1836, Christoph W. F. Hufeland propôs a expressão *Opiumsucht* para a "mania" opiácea, que será conhecida como opiomania, e considerou a hipótese de que apenas indivíduos com uma predisposição psicológica particular seriam tomados por tal "mania". Na França, Jean-Étienne D. Esquirol tipificou a ebriedade como "monomania" e "insanidade moral com paralisia da vontade". Em *Des maladies mentales*, de 1838, conceitua a "monomania instintiva" como "um ímpeto irresistível".

Situar-se-ia em 1849 o reconhecimento do alcoolismo como doença autônoma, descrita pela primeira vez com esse nome em latim pelo médico sueco Magnus Huss (1807-1880), que identificou duas formas de envenenamento alcoólico, a aguda e a crônica, e descreveu sistematicamente os danos físicos que ambas provocavam. Embora identificasse o alcoolismo como uma endemia na Suécia, diferenciava o uso de bebidas "espirituosas", que eram a sua causa, das bebidas "higiênicas", como a cerveja. Do sueco, o termo alcoolismo foi traduzido para o alemão em 1852, para o francês em 1853 e para o italiano em 1855.

Na Itália, uma das primeiras ocorrências do termo alcoolismo foi na dissertação inaugural de Alberico Monguzzi, em 1855, em Pavia, em que declara que

> por alcoolismo eu entendo o complexo de fenômenos mórbidos simulando um envenenamento produzido pelo fato do sangue encontrar-se contaminado de álcool, introduzido em excessiva quantidade em nosso corpo. Esta doença foi denominada de várias maneiras. Assim, deram-lhe o nome de delírio trêmulo ou com tremores, delírio dos bebedores, embriaguez, mania, loucura ébria, enomania, encefalopatia crapulosa, *delirium tremens tremulentum*, ebriedade, *delirium vigilans, tremefaciens*, encefalite tremefaciente, dipsomania, etc..[127]

---

[126] Jean-Anthelme Brillat-Savarin, *A fisiologia do gosto*, cit.
[127] Alberico Monguzzi, *apud* Franz Rainer, "L'origine di alco(o)lismo", em *Lingua nostra*, vol. LXII (1-2), mar.-jun. de 2001, p. 42.

O trabalho de Baco, de George Cruikshank, 1864.
Take Britain Collection, Londres, Inglaterra.

Como essa doença perturbaria tanto as funções cerebrais, dos sentidos e da contração muscular como provocaria lesões em muitos órgãos, Monguzzi propõe denominá-la não a partir do órgão afetado, mas sim da causa, portanto, propõe o nome de alcoolismo.

Bénédict Augustin Morel (1809-1873) sintetizou o pensamento médico predominante da sua época ao definir a adição alcoólica dentro de uma teoria da degeneração hereditária que considerava os defeitos ou fraquezas de caráter como geneticamente transmissíveis. O alcoolismo começou a ser visto como uma das três grandes pragas que ameaçavam a saúde e a "pureza" da raça, juntamente com a sífilis e a tuberculose. A publicação, na França, de seu livro *Traité des dégénérescences physiques et morales*, em 1857, marcou esse pensamento que via no alcoolismo uma doença como entidade, cuja transmissão hereditária levava a descendência à degeneração e à morte, adotando a concepção lamarckista de transmissão hereditária dos caracteres adquiridos, (que, sabe-se hoje, é totalmente equivocada). Três mecanismos poderiam levar a essa transmissão: a embriaguez dos pais durante a concepção, no útero materno ou desde que a linhagem já tivesse comprometido o esperma e/ou o óvulo.[128]

---

[128] Stephen Snelders & Toine Pieters, "Alcoholism and Degeneration in Dutch Medicine around 1900", disponível em http://www.metamedicavumc.nl/pdfs/evolution1860-1914.pdf.

Essa noção de degenerações hereditárias levou diretamente à concepção da eugenia, extremamente influente nesse início do século XX, tanto no seu sentido positivo de aperfeiçoar a raça como no negativo de eliminar os seus elementos degenerantes. No limite, tal posição resultou na "solução final" hitlerista contra pessoas com deficiência, sifilíticos e alcoólatras, além de judeus, homossexuais ou ciganos.[129] Muito antes disso, contudo, já se discutia nos círculos médicos europeus a necessidade de proibição de casamento para os doentes de dipsomania.

Paul-Maurice Legrain (1860-1939), que militou no movimento francês pela abstinência, afirmou que cerca de 42% dos pacientes alcoolistas em seu hospital teriam uma origem hereditária. Na segunda metade do século XIX, começaram a surgir os primeiros asilos especialmente dirigidos aos alcoólatras. Na Holanda, o primeiro foi em 1851, o asilo Hoog-Hullen, em Eelde. A hospitalização em muitos casos tornou-se obrigatória.[130]

A noção nosográfica de dipsomania tornou-se preponderantemente uma enfermidade de herança nervosa, cuja predisposição dependeria não só dos pais ou de outros antepassados terem sido alcoolistas, como também do risco de ter havido estado de embriaguez durante a concepção. As crianças assim nascidas não só tendiam a ser alcoolistas como também a possuir diversas outras "taras", tanto as "perversões sexuais" como a tuberculose e a sífilis, vistas todas como "degenerações da raça" que poderiam até mesmo levar à extinção da espécie. Como consequência dessas concepções "degeneracionistas" e "hereditaristas", propunham-se medidas de estigmatização, internamento e exclusão.[131]

Nem todos os médicos concordaram, entretanto, com a tese da doença de transmissão hereditária, pois, para muitos, isso levava os alcoólatras a

---

[129] A lei alemã de 14-7-1932, chamada de "Lei de prevenção da descendência geneticamente doente" que esterilizou mais de 400 mil alemães, previa nove condições passíveis de serem objeto dela: fraqueza mental, esquizofrenia, maníacos-depressivos, epilepsia, cegueira, surdez, coreia, deficiência física severa e alcoolismo crônico. O álcool assim como o tabaco e a sífilis eram qualificados de "venenos genéticos".

[130] Stephen Snelders & Toine Pieters, "Alcoholism and Degeneration in Dutch Medicine around 1900", cit.

[131] Fernando Sérgio Dumas dos Santos, "A construção do alcoolismo no conhecimento médico: uma síntese", cit.; Pietra Diwan, *Raça pura: uma história da eugenia no Brasil e no mundo* (São Paulo: Contexto, 2007).

não se sentirem responsáveis por seus atos, mas acreditarem ser compelidos por uma afecção física herdada que não podiam controlar.

Outras substâncias, além das alcoólicas, contribuíram para o delineamento da noção do seu consumo como uma doença. Um estudo pioneiro de Paul Moreau de Tours sobre o haxixe, *Du haschisch et de l'alienation mentale*, de 1845, representou um marco na tendência de fazer da droga, como escreve Jésus Santiago, "um meio poderoso e único de exploração em matéria de patogenia mental",[132] através de um método introspectivo baseado no princípio epistêmico da observação interior experimental.

Michel Foucault também ressalta a importância de Moreau de Tours em estabelecer a posição do sonho como um ponto intermediário entre a vigília e a loucura e assim, "a droga é sonho injetado na vigília, é a vigília de certo modo intoxicada pelo sonho".[133] Esquirol já havia afirmado que "os loucos são sonhadores acordados", mas as experiências com o haxixe vão tentar delimitar essas fronteiras ao fazer despertar o conteúdo oculto dos sonhos na própria vigília.

No final do século XIX, a toxicomania é constituída e isolada como uma entidade clínica autônoma. Emmanuel Régis, em *Précis de psychiatrie*, de 1885, um dos primeiros a usar o termo toxicomania, escreve que as tendências impulsivas devem se aplicar à solicitação motriz involuntária em direção a um ato, como uma "apetência doentia".

O uso do ópio já havia sido identificado desde a Antiguidade como um hábito cuja supressão súbita poderia causar a morte. Contudo, o conceito teórico de dependência era desconhecido, o que levou a opinião pública ocidental a não considerar imoral a imposição do comércio de ópio na China durante as guerras do ópio, em meados do século XIX. O ópio, consumido especialmente na forma de láudano (misturado com cânfora), era um remédio onipresente nas sociedades ocidentais. A habituação ou tolerância, ou seja, o aumento das doses para se manter o mesmo efeito, não era um comportamento comum entre os consumidores de ópio nem da época antiga

---

[132] Jésus Santiago, *A droga do toxicômano: uma parceria cínica na era da ciência* (Rio de Janeiro: Zahar, 2001), p. 145.
[133] Michel Foucault, *O poder psiquiátrico: curso dado no Collège de France (1973-1974)*, trad. Eduardo Brandão (São Paulo: Martins Fontes, 2006), p. 367.

nem da sociedade oitocentista. A forma tradicional de consumo por ingestão talvez explique essa pouca tendência à habituação, pois o método de fumar o ópio e depois, ainda mais fortemente, o uso da seringa para injetar-se morfina é que provocam os quadros de dependência mais típicos e violentos e eles só se tornaram comuns na segunda metade do século XIX.

Na década de 1870 "descobriu-se" a capacidade aditiva da morfina. Em 1878, Edouard Levinstein publicou *O desejo mórbido pela morfina* e, em 1884, Norman Kerr referia-se ao vício em drogas como "produto natural de uma organização nervosa depravada, debilitada ou defeituosa [...] indiscutivelmente uma doença, assim como a gota, a epilepsia, ou a insanidade".[134] Nesse mesmo ano de 1884, foi fundada em Londres a *Society for the Study of Inebriety* que se tornou mais tarde a *Society for the Study of Addiction*.

As descrições das substâncias viciantes alternam uma inocultável admiração pela natureza maravilhosa das visões produzidas com a exageração indisfarçada dos efeitos maléficos, "inevitavelmente" decorrentes. Assim expressava-se o pioneiro psicofarmacólogo Louis Lewin a respeito do vício na *cannabis*:

> o canabinismo crônico origina-se da paixão de se inebriar, de buscar, com a ajuda de doses apropriadas, a sensação particular, agradável, de alienação mental entremeada de visões e de alucinações. O indivíduo ébrio é completamente feliz, torna-se imaterial, as noções de tempo e espaço não lhe dizem mais respeito, escuta harmonias e o raio de sol que atinge sua retina transforma-se em astros que fazem espelhar em sua visão interna as alegrias mais maravilhosas. Esta loucura deliciosa renova-se após cada dose, as doses são repetidas mais e mais frequentemente e acontecem inevitavelmente perturbações graves da atividade cerebral persistentes até mesmo no estado sóbrio, e os doentes tornam-se loucos maníacos ou melancólicos.[135]

Todo esse período foi de uma escalada crescente na intervenção do Estado na disciplinarização dos corpos, na medicalização das populações,

---

[134] Norman Kerr, *apud* Virginia Berridge, "Dependência: história dos conceitos e teorias", em Griffith Edwards & Malcolm Lader, *A natureza da dependência de drogas*, trad. Rose Eliane Starosta (Porto Alegre: Artes Médicas, 1994), p. 18.
[135] Louis Lewin, *Traité de toxicologie* (Paris: Octave Doin, 1903), p. 845.

recenseadas estatisticamente de acordo com os modelos epidemiológicos para os objetivos da eugenia social e racial, a "higiene social" e a "profilaxia moral", ou seja, tentativas de evitar a deterioração racial supostamente causada pelos degenerados hereditários, entre os quais se incluíam com lugar de destaque os viciados e os bêbados. Assim como se buscava, nessa época, a erradicação das doenças contagiosas, com o estabelecimento de medidas como quarentenas e notificação compulsória dos doentes (*Disease Act*, em 1889, na Inglaterra), também foi planejada uma campanha de aniquilação do vício, que desaguou no massivo movimento pela temperança nos Estados Unidos. O controle epidemiológico impunha-se a um comportamento socialmente infeccioso como o alcoolismo. Também as mulheres e a maternidade eram alvos especiais, pois os nascimentos deveriam ser regulados evitando-se os riscos de procriação de filhos de bêbados, morfinômanos, homossexuais, viciados, loucos, etc. Assistia-se o nascimento pleno do biopoder.

Em toda a Europa, o alcoolismo era visto, ao lado da sífilis e da tuberculose, como uma das três pragas que ameaçavam a sociedade. Na Holanda, o maior líder do movimento da temperança, Wilhelm Pieter Ruyjsch, afirmava categoricamente que o alcoolismo era o principal inimigo público.[136]

Como enfatiza Virginia Berridge, a novidade no século XIX não são os conceitos de vício, dependência ou embriaguez, já existentes, mas a "conjunção de forças políticas, culturais e sociais que deu hegemonia a esses conceitos".[137] A adoção de uma teoria orgânica da doença, para explicar os comportamentos de uso imoderado de drogas, correspondeu ao clima geral de uma época em que "as teorias da doença foram colocadas dentro da tradição clínica e individualista da medicina como parte da revolução bacteriológica, e em contraste com a abordagem do ambientalismo e da reforma social e sanitária da saúde pública".[138] A ontologização do mal, a construção da nosologia como um jardim das espécies e a busca filatelista de coleções nosográficas levaram à construção de mais uma entidade: a adi-

---

[136] Wilhelm Pieter Ruyjsch, *apud* Stephen Snelders & Toine Pieters, "Alcoholism and Degeneration in Dutch Medicine around 1900", cit.
[137] Virginia Berridge, "Dependência: história dos conceitos e teorias", cit., p. 17.
[138] *Ibidem*.

ção e suas vítimas, os adictos. Tal foi o modelo orgânico e hereditário que identificou e circunscreveu as fronteiras do vício.

Esse termo, entretanto, somente se tornará consensual no século XX, quando o modelo orgânico da doença é superado por um modelo psicológico. William Collins, a partir de 1919, recusou o modelo orgânico e passou a defender a noção de "doença da vontade". O alcoolismo provoca doenças orgânicas, mas não é uma doença orgânica, portanto Collins propôs "àdição" para a doença da vontade. O termo adição (*addiction*, em inglês) deriva da palavra latina que designava, na Roma antiga, o cidadão livre que fora reduzido à escravidão por dívidas não pagas.

Num dicionário médico de 1926, ainda se usa uma definição de Kraepelin para o alcoólatra, alcoólico ou alcoolista: "o que ingere nova porção de álcool antes que a primeira se tenha eliminado".[139]

As teorias sobre a natureza dos hábitos e dos vícios, as atitudes propostas para a administração dos hábitos e as repercussões políticas e morais das posturas médicas diante dos desafios colocados pelos problemas decorrentes do consumo alcoólico relacionam-se, na época moderna, entre os séculos XVI e XVIII, quando se gestaram os fundamentos das concepções médicas sobre o álcool e demais drogas que se estabeleceram, mais tarde, nos séculos XIX e XX.

A "ciência da embriaguez" constituiu-se, assim, no domínio da medicina legal, da nosologia, da epidemiologia, da saúde pública e das políticas sociais não mais como uma filosofia da alteração da consciência, mas como uma tecnologia de controle social, uma ciência social aplicada e voltada para o aumento da produtividade laboral e da estabilidade social.

A doença é um tema que se tornou na época contemporânea não só um objeto da ciência médica ou da sensibilidade literária acerca da fragilidade e do sofrimento humano, mas também uma poderosa metáfora da própria sociedade, assim como do destino humano individual.

A doença como parte da condição humana é o tema subjacente ao romance *A montanha mágica*, publicado em 1924 por Thomas Mann, em que um sanatório para tuberculosos na aldeia suíça de Davos, nas vésperas da

---

[139] Pedro A. Pinto, *Dicionário de termos médicos* (Rio de Janeiro: Livraria Francisco Alves, 1926), p. 24.

Primeira Guerra Mundial, serve de cenário para um drama aparentemente restrito à mesquinharia da vida cotidiana de uma elite europeia decadente, enfermiça e ansiosa diante de uma catástrofe previsivelmente próxima e inexorável que não é apenas o anúncio da inevitabilidade e imprevisibilidade da morte individual de cada um.

A identificação da embriaguez como vício doentio remete em nossa época a uma condenação mais geral das buscas de vias de fuga das prisões estreitas de nosso funcionamento mental rotineiro e ordenado. O fluxo do dionisismo renasce sempre e se torna muitas vezes agudo em épocas muito puritanas. Talvez assistamos atualmente, na histeria antidrogas contemporânea, ao paradoxo desse movimento capitalista especulativo hipertrofiante sobre certos produtos psicoativos e, ao mesmo tempo, uma tendência à condenação de todos os estados da ebriedade como expressão de uma doença comportamental.

Mais recentemente, a ciência médica passou a utilizar os conceitos de tolerância e síndrome de abstinência para caracterizar um quadro nosográfico mais definido do que o abstrato "alcoolismo", distinguindo o uso não nocivo, o abuso eventual e o uso crônico, este último designado desde 1976 por Griffith Edwards & Milton M. Gross como "síndrome de dependência alcoólica". Em 1978, a Organização Mundial de Saúde (OMS) finalmente substituiu o termo "alcoolismo" por "síndrome de dependência alcoólica" no Código Internacional de Doenças (CID-10), distinguindo entre o uso nocivo sem dependência e a síndrome de dependência.[140] O Diagnostic and Statistical Manual of Mental Disorders (DSM-IV), usado pela Associação Psiquiátrica nos Estados Unidos, definiu o alcoolismo como um "padrão de uso alcoólico mal-adaptativo", distinguiu a dependência do abuso e estabeleceu um conjunto de cinco critérios a partir dos quais a resposta positiva a pelo menos um deles já configuraria uma situação de dependência. Conforme esses critérios, 14% da população adulta dos Estados Unidos em algum momento da vida e 7%, em 1985, encaixariam-se nessa condição (numa proporção, entretanto, de cinco homens para cada mulher).

---

[140] Sergio Dario Seibel & Alfredo Toscano Jr., *Dependência de drogas* (São Paulo: Atheneu, 2001), p. 164.

Os manuais de classificação de doenças mentais, especialmente o DSM, vêm distinguindo essas duas formas de consumo patológico: o abuso e a dependência, numa classificação que não deixa claro o tipo de consumo que se consideraria ideal ou almejável, se totalmente abstêmio ou simplesmente moderado. Também continua sendo um aspecto da própria clínica definir o que seja abuso e dependência, pois, em se tratando de aspectos de conduta, são, em última instância, em grande parte subjetivos e singulares, restando ao padrão estatístico de classificação a tentativa de homogeneizar critérios que possam, num questionário, identificar se o sujeito em questão poderia ser inscrito numa ou noutra rubrica.

O principal movimento social de pessoas com problemas em relação ao álcool se organizou como uma articulação comunitária sem laços diretos com a medicina ou com a religião. Os Alcoólicos Anônimos (AA) surgiram em 1935, nos Estados Unidos, quando um de seus fundadores e líderes, Bill Wilson, tomou seu último gole. Em 1938, ele formulou os conhecidos "doze passos" e, em 1939, foi publicado o livro *Alcoólicos anônimos*,[141] no qual se definia o alcoolismo como uma provável alergia que algumas pessoas teriam ao álcool e, mesmo reconhecendo a existência de um consumidor médio temperante de bebidas alcoólicas, recomendava como única saída para os alérgicos a abstinência total. Em 1945, a Austrália tornou-se o primeiro país para onde o AA se expandiu, inaugurando uma extensa rede internacional de grupos de autoajuda baseados nos princípios do movimento que alcança hoje mais de 2 milhões de participantes em cerca de 150 países.

Mesmo que muitos setores do movimento usem a definição de doença, o próprio Wilson (que morreu em 1971 de um enfisema pulmonar causado pelo cigarro), em palestras nos anos 1960, recusava esse termo para definir o comportamento alcoolista e reconhecia que existia uma média dos consumidores de álcool que conseguia fazer um uso temperante. Apesar do apelo dos AA em grande parte dever-se ao seu aspecto pararreligioso, de busca de uma "revelação" e do apoio divino, o livro original, *Alcoólicos anônimos*, tinha um capítulo intitulado "Nós agnósticos", dirigido aos não crentes e

---

[141] Bill Wilson *et al.*, *Alcoólicos anônimos atinge a maioridade: uma breve história de A. A.* (São Paulo: Parma, 1985).

considerando, portanto, os seus "doze passos" como úteis independentemente da crença ou religião professada.

As práticas de autoajuda inspiradas direta ou indiretamente no modelo AA tornaram-se influentes em outras formas de tratamento de comportamentos compulsivos, mas, apesar de sua origem mais laica, o modelo AA tem se tornado parte de um movimento mais amplo de via devocional ou recrutamento religioso para o abandono ou a substituição de dependências (entre as quais a própria devoção religiosa em suas formas extremas também poderia ser incluída).

Os conceitos médicos de dependência, abuso ou uso indevido continuam, no entanto, a ser objeto de intensa controvérsia, de tentativas de definição e de busca de explicação para as diferentes vulnerabilidades em relação à sua ocorrência. De uma teoria humoral, a medicina moderna tornou-se organicista, passou por explicações psicológicas e morais e também pelas biológicas hereditárias.

Como em outras descrições nosográficas morais nascidas no século XIX, tais como a histeria, a homossexualidade e a toxicomania, o alcoolismo como uma variante específica desta última, vem sendo não só um recorte estatístico ou uma descrição sintomatológica, mas sobretudo uma forma de controle, uma classificação estigmatizante de poder sobre a autonomia dos indivíduos para sua dominação e regulação, especialmente em relação a sua produtividade laboral.

O MOVIMENTO PROIBICIONISTA

O protestantismo de Lutero, embora condenasse o luxo e o consumo opulento que caracterizava a Igreja de sua época, não condenou o uso do vinho ou da cerveja em si mesmo nem sequer da boa comida. Ao contrário, chegou inclusive a fabricar, como era comum na época, a sua própria cerveja caseira.

A Lutero seguiu-se uma austeridade mais severa que foi a calvinista, mas tampouco João Calvino propõe a proibição de todo e qualquer consumo alcoólico, pois ele próprio consumia vinho diariamente como parte inclusive de seu salário.[142]

A gula e a intemperança sempre foram vistas no universo cristão como pecados associados e, como escreveu Geoffrey Chaucer, no *Contos de Canterbury*, "a intemperança corrompeu o mundo, como vemos no pecado de Adão e Eva. Ela tem várias ramificações, e inicialmente é a embriaguez 'a sepultura da razão humana'".[143]

A visão cristã de temperança aparecia assim no início da época moderna como uma atitude comum, tanto de católicos como de protestantes, que dava sequência às noções presentes na ética clássica das virtudes como pontos equidistantes tanto dos extremos do excesso como dos da carência, possuindo o sentido de moderação e equilíbrio.

A representação da temperança assume nesse período as formas da medida, comandando todas as mensurações, como aparece na gravura *Temperança*, de Pieter Brueghel, o Velho, em 1560, na forma de uma mulher com uma balança nas mãos no centro da ilustração, cercada por todos os tipos de práticas de cálculos e medidas, tais como de astrônomos, contabilistas, agrimensores, gramáticos, arquitetos e atiradores de canhões. Todas essas atividades passavam a ser governadas por um sentido cada vez mais estrito de exatidão, cuja figura emblemática era exatamente a da temperança que deveria controlar ciosamente os pesos, as medidas, as proporções, as velocidades e as quantidades de tudo que a ação humana executasse,[144] zelando pela manutenção do equilíbrio.

Na sua evolução posterior, contudo, o protestantismo foi adquirindo cada vez mais características de condenação dos prazeres e, especialmente, os da carne, ou seja, o sexo, a bebida e a comida. O que os teria levado, segundo Jean-Robert Pitte, a se afastarem do veio principal da cultura gastronômica europeia, cuja excelência ocorreu em países católicos, onde a

---

[142] Edmund A.Wasson, *Religion and Drink* (Nova York: Burr Printing House, 1914).
[143] Geoffrey Chaucer, *apud* Jean-Robert Pitte, *Gastronomia francesa: história e geografia de uma paixão*, trad. de Carlota Gomes (Porto Alegre: L&PM, 1993), p. 44.
[144] A respeito do surgimento dessa nova noção de precisão e medida e sua representação pela figura da *Temperança*, ver Alfred W. Crosby, *A mensuração da realidade: a quantificação e a sociedade ocidental 1250-1600*, trad. Vera Ribeiro (São Paulo: Unesp, 1999).

indulgente contrarreforma perdoava os excessos da mesa e do copo. Assim, escreve esse autor de uma história e uma geografia da gastronomia francesa,

> os protestantes franceses saem em guerra contra o alcoolismo no momento da revolução industrial. Eles estão muito presentes nas sociedades de temperança, e a primeira sociedade de abstinência, a Cruz Azul francesa, é criada pelo pastor Bianquis em 1890. Eles seguem o exemplo dos seus homólogos escandinavos. Desde a metade do século XIX, estes chegaram a limitar o número e as horas de abertura das tabernas, a fazer diminuir o consumo ali, a proibir o crédito e as cadeiras para sentar. Foi assim que a Suécia perdeu o seu primeiro lugar entre os países consumidores de bebida alcoólica.[145]

Temperança, de Pieter Brueghel, 1560.
Museu de História da Arte, Viena, Áustria.

As ilhas britânicas também têm uma antiga tradição de alto consumo alcoólico, a ponto de Arthur Shadwell (1854-1936) afirmar que uma

---
[145] Jean-Robert Pitte, *Gastronomia francesa*, cit., p. 54.

"excessiva indulgência com as bebidas fortes prevaleceu neste país desde os primeiros tempos [...] sempre fomos uma nação bêbada".[146] Em 1495, Eduardo VI estabeleceu as primeiras medidas para controlar as cervejarias, que, a partir de 1551, passaram a ser licenciadas. Com a revolução em 1640, os atos da navegação de Oliver Cromwell proibiram a importação e liberaram a destilação, levando a Inglaterra a produzir cada vez mais bebida alcoólica (de 527 mil galões em 1684 para mais de 7 milhões em 1742).

Essa imensa produção de álcool tornou acessível a amplas massas um consumo barato e diário de bebidas, especialmente o gim na Inglaterra. Em 1736, o *Gim Act* vai taxar pesadamente a bebida, mas isso só levou ao contrabando e ao aumento do comércio. Em seu livro, Shadwell investiga as formas de controle do consumo de bebidas e verifica que, após esse século XVIII de explosão no consumo de destilados, há um "declínio da embriaguez", cujo marco seria 1834, quando um importante inquérito oficial vai constatar o excesso de alcoolização no país.

A conjunção de um fenômeno objetivo e inédito de grande expansão na fabricação e distribuição de bebidas destiladas criou um tipo de embriaguez em massa que passou a ser denunciada e combatida por uma dupla campanha: a dos clérigos que censuravam moralmente o excesso e a dos empregadores que culpavam as bebidas pela baixa produtividade dos trabalhadores.

A ideia da proibição das bebidas alcoólicas e de sua erradicação total da cultura como algo viável e desejável pareceu então, em alguns momentos das primeiras décadas do século XX, como uma força em crescimento e em vias de impor seus objetivos, se não em todo o mundo, como almejariam, ao menos nos Estados Unidos.

A relação desse país com o álcool foi marcante na sua constituição como nação, pois, desde a chegada dos primeiros puritanos, no início do século XVII, com o navio *Mayflower* a Massachusetts, eles traziam consigo 42 toneladas de cerveja e 10 mil galões de vinho, introduzindo esses produtos na paisagem cultural da América do Norte. A partir desse momento, desencadeou-se uma luta contínua pela definição das formas de controle e

---

[146] Arthur Shadwell, *Drink, Temperance, and Legislation* (3ª ed. Nova York: Longman, Green, and Co., 1915), p. 14.

das relações do Estado com a produção e o comércio das bebidas. A primeira ação do Estado foi a taxação, o que tornou esse ramo um dos mais rentáveis para o fisco. Também se estabeleceram leis reguladoras do consumo, com a proibição de venda para bêbados ou índios, assim como a repressão ao comportamento embriagado em público.

A pregação da autocontenção coincidiu numa conjunção de interesses do clero e do patronato industrial emergente do século XIX, de forma a reunir um conjunto de consumos e condutas a serem completamente evitados. A condenação da atividade sexual se soma à exigência da abstinência alcoólica, assim como do tabaco e também da alimentação carnívora. A temperança, a castidade e o vegetarianismo passam a fazer parte de um mesmo programa político de reforma moral que começou a ser implementado sistematicamente desde o início do século XIX.

Na Inglaterra, centro da expansão industrial, também nasceu o tronco mais influente desse movimento moral abstencionista e proibicionista. Inicialmente, como mostra Arouna P. Ouédraogo, ele teve uma expressão religiosa, na forma de seitas que proliferaram no século XVII, especialmente aquelas que se inspiraram nas obras do místico Jacob Boehme (1575-1624). A alimentação vegetal é parte das disposições necessárias para "vencer a carne e fazer triunfar o espírito".

Logo essas ideias são tomadas por médicos, como George Cheyne (1671-1743), que publica, em 1724, *Essay on Health and Long Life*, em que prescreve uma dieta de leite e vegetais, com a recusa do álcool destilado e dos alimentos exóticos. Sua influência foi grande, entrou para a Sociedade Real de Londres e teve pacientes famosos como o filósofo David Hume e o reverendo John Wesley, famoso pregador que será um dos fundadores do metodismo. Esse ramo do protestantismo anglo-saxão foi um dos mais influentes no desenvolvimento posterior do movimento proibicionista do álcool, especialmente nos Estados Unidos.

John Wesley passa a pregar a temperança abstencionista do álcool, das carnes animais, do chá, do café e aconselha uma dieta de batatas, sopa de aveia, leite e água como a ideal. Ele também escreve um livro "médico", *Primitive Physick, or an Easy and Natural Method of Curing Most Diseases*, publicado em Londres, em 1752. Suas propostas de alimentação simples, controle da sexualidade e abstinência de bebidas são bem recebidas entre muitos operários e, particularmente, entre os empresários das cidades industriais do Norte, que adotam com entusiasmo a ideia de que a degradação dos pobres é devida aos seus maus hábitos alimentares e alcoólicos. O próprio Wesley, no entanto, manteve seu jejum total de bebidas apenas dois anos após 1735, em seguida, por recomendação médica do próprio Cheyne, voltou a comer carne e mesmo a tomar cerveja ou cidra.

Apesar de uma certa tolerância do seu fundador, o movimento metodista passou a chefiar uma coligação de grupos religiosos puritanos e políticos conservadores sob a bandeira da proibição total das bebidas alcoólicas. De uma perspectiva rigorista, resolveram lutar para abolir pela força as bebidas da face da Terra.[147]

Esse amplo movimento ideológico, que se desenvolve na Inglaterra e principalmente nos Estados Unidos, torna-se a fonte maior das propostas de temperança, vegetarianismo e castidade como síntese de uma atitude moral e religiosa de total abstinência. Mais tarde, essas ideias são apropriadas pela medicina higienista que as laiciza, justificando-as como pressupostos morais e de saúde.

O movimento em prol do consumo dos flocos de cereais, lançado pela família Kellogs, origina-se também de uma confissão religiosa, os adventistas do sétimo dia, mas obtém sucesso comercial ao passar a industrializar produtos vegetarianos. A noção de que os males individuais e coletivos advêm, sobretudo, dos maus hábitos que precisam ser corrigidos por reformas educativas e por meios coercitivos se torna o pilar central de um amplo movimento de reforma social fortemente enraizado entre as mulheres e as seitas protestantes.

Desde o final do século XVIII, portanto, começou a surgir uma opinião religiosa fortemente antialcoólica, sobretudo entre os metodistas de John Wesley, na Inglaterra, que, embora aceitasse a cerveja em algumas situações, se tornou um dos mais influentes inimigos das bebidas alcoólicas. Entre setores importantes da opinião pública laica, o alcoolismo também era visto da mesma forma: como o mais perigoso veneno disponível para a população.

---

[147] Edmund A. Wasson, *Religion and Drink*, cit.

Logo após a Independência, o novo governo dos Estados Unidos estabeleceu, por meio do *Revenue Act* de 1791, taxas sobre o funcionamento das destilarias, o que levou a uma reação armada dos fazendeiros na Pensilvânia que ficou conhecida como Rebelião do Uísque.

Entre os metodistas proibiu-se o uso e a venda de bebidas alcoólicas em 1784 (com uma exceção que estipulava "salvo em casos de extrema necessidade", que foi suprimida cinco anos depois). Os presbiterianos adotaram a mesma posição, e, na passagem para o século XIX, os batistas, os universalistas e outros também aderiram à causa antialcoólica sob a bandeira da "temperança". Durante um século declararam uma "guerra contra as bebidas" e, finalmente, no início do século XX parecia que tinham vencido. Uma ampla coligação religiosa e laica conseguiu em 1919 a aprovação da proibição federal do álcool nos Estados Unidos. Como isso foi conseguido?

O movimento religioso entre metodistas, presbiterianos e alguns batistas pregava a abstinência total de álcool e para isso defendia a proibição pelo Estado de todas as bebidas. Esse movimento criou um neologismo e adotou-o para se autodenominar: *teetotaler*. Essa palavra, originada de um coloquialismo da região inglesa do Lancashire, queria dizer que eram absoluta e totalmente contrários ao uso de bebidas alcoólicas. Também ficaram conhecidos como movimento pela "temperança" constituindo um novo tipo de puritanismo voltado especialmente contra o hábito de beber álcool.

Essa distorção no sentido original dessa palavra levou outros expoentes das religiões reformadas a lançarem na Inglaterra a Associação pela Verdadeira Temperança, (True Temperance Association – TTA) que era antiproibicionista. O escritor Gilbert Keith Chesterton, um de seus membros, dizia que o "desejo de beber é um instinto para ser guiado e não extinto".[148] O ministro episcopal Edmund A. Wasson compilou em sua obra de 1914 todos os trechos bíblicos sobre vinho, mostrando como essa bebida não recebia nenhuma proibição total, mas, ao contrário, era muitas vezes elogiada e até divinizada, inclusive na eucaristia.

---

[148] Gilbert Keith Chesterton, *apud* Henrique Carneiro, "Autonomia ou heteronomia nos estados alterados de consciência", em Beatriz Caiuby Labate *et al.* (orgs.), *Drogas e cultura: novas perspectivas* (Salvador: Edufba, 2008), p. 75.

As passagens bíblicas que censuram a embriaguez e uma suposta distinção entre vinho e bebidas fortes serviram de justificativa para os movimentos cristãos reformados norte-americanos do século XIX afirmarem que beber álcool era pecado e que o vinho citado nos textos sagrados não seria mais do que "suco de uva", distinto das "bebidas fortes". Embora o próprio Lutero, assim como Calvino, tenha explicitamente defendido o direito a beber para ficar alegre, os protestantes do puritanismo contemporâneo passaram a sustentar a abstinência como a única atitude aceitável diante das bebidas.

O texto bíblico tanto do Antigo como do Novo Testamento passou a ser interpretado como se houvesse uma distinção entre o termo hebraico *shekar*, traduzido como "bebida forte", e os termos *yayin* e *tirosh*, que não significariam o vinho, mas sim o mosto da uva, o que apoiaria a tese de que toda vez que o texto bíblico é elogioso do vinho, e mesmo na sua encarnação do sangue de Cristo, ele não estaria falando de vinho, mas sim de suco de uva não fermentado, e toda menção condenatória ou crítica do vinho trataria aí sim de vinho mesmo, suco de uva fermentado. A condenação de algumas seitas protestantes à fermentação se tornou tão aguda que um dos argumentos usados contra ela é o de que sendo a fermentação uma forma de decomposição ela não teria existido no Éden original, só passando a ocorrer após a expulsão do paraíso. Essa versão, que não conquistou adesão de autoridades acadêmicas, tornou-se o discurso oficial dos proibicionistas cristãos, em oposição à ortodoxia dos patriarcas e do Vaticano, assim como de Lutero, de Calvino, da Igreja Ortodoxa, da Igreja Anglicana e de outros cultos cristãos que sempre viram no vinho uma bebida fermentada, ou seja, necessariamente alcoólica, e não suco de uva.

Grupos ligados a igrejas metodistas, a associações de mulheres, aos sindicatos e à Associação Cristã de Jovens (Young Men's Christian Association – YMCA) organizaram-se nos Estados Unidos e buscaram articular-se com outros inimigos do álcool em muitos países. A Sociedade Americana da Temperança (American Temperance Society – ATS) foi fundada em 1826 e passou a ter, dez anos depois, mais de 8 mil sedes pelo país.

Uma parte do movimento proibicionista possuía traços extremamente conservadores, xenófobos e racistas, mas outros se viam como parte de um grande movimento mundial por reformas sociais progressistas que incluíram, no final do século XIX, as campanhas antiescravistas, sufragistas e higienistas junto ao movimento pela temperança num único espírito de crescente controle dos comportamentos e das condutas sociais pelo Estado e por um conjunto de instâncias religiosas, médicas, etc.

O componente feminino e feminista dos proibicionistas era marcante, dado que o consumo de bebidas era predominantemente masculino e visto consensualmente como o causador de diversos males, sobretudo na vida doméstica e conjugal, em que a violência patriarcal era alimentada pelo álcool. Organizações de mulheres como a União Cristã das Mulheres pela Temperança (Women's Christian Temperance Union – WCTU), nascida em 1874, desempenharam papel importante na definição de um perfil da propaganda antialcoólica como parte das reformas de emancipação social.

Guerra santa das mulheres, autor desconhecido.
Biblioteca do Congresso, Washington D. C., EUA.

Entre as camadas proletárias e as da classe média baixa, o tema da abstinência alcoólica tomou a dimensão e a relevância de uma forma de elevação social, de distinção que conferia uma identidade particular nessa camada social para os capazes de se distinguir especialmente por um esforço excepcional. Como analisa Eric J. Hobsbawm,

> o movimento pela total abstinência do álcool [...]. Não era efetivamente um movimento para abolir ou mesmo limitar o alcoolismo de massa, mas para definir e separar a classe dos indivíduos que tivessem demonstrado pela força pessoal de seu caráter que eram distintos dos pobres não respeitáveis. O puritanismo sexual assumia a mesma função. [...]substituía o sucesso burguês ao invés de preparar para ele. Ao nível do artesão ou funcionário "respeitável", a abstinência era frequentemente a única gratificação.[149]

A adoção de um "ideal burguês de vida familiar" destinado à "moralização dos pobres" também é vista por Catherine Hall como um dos principais motivos que levaram a uma expansão do movimento pelo abstencionismo alcoólico entre setores operários na Inglaterra no século XIX:

> Tomemos o caso característico do alcoolismo. Operários se fizeram apóstolos da respeitabilidade burguesa. Queriam se aprimorar, se instruir, se elevar à altura de seus superiores. O movimento pela sobriedade absoluta nasceu entre os que tinham consciência de classe, próximos principalmente do movimento cartista. Mas a crença no aprimoramento possível de cada indivíduo muitas vezes levou à adoção dos modelos culturais da burguesia [...] os apóstolos da temperança usavam com frequência esse clichê, mostrando o lar infeliz do bêbado e a vida familiar idílica do operário sóbrio.[150]

Na média geral, contudo, o movimento proibicionista no país onde mais teve sucesso, os Estados Unidos, tinha uma base social mais rural, interiorana, de classe média e de origem Branca, Anglo-saxã e Protestante (White, Anglo-Saxon and Protestant – Wasp). Mesmo que alguns grupos protestantes importantes, como os luteranos e episcopais, não aderissem

---

[149] Nesta passagem, que se refere ao século XIX, Hobsbawm menciona, contudo, de forma anacrônica, os Alcoólatras Anônimos, que só vieram a existir a partir de 1935. Em Eric J. Hobsbawm, *A era do capital 1848-1875*, trad. Luciano Costa Neto (3ª ed. Rio de Janeiro: Paz e Terra, 1982), p. 246.
[150] Catherine Hall, "Sweet home", em Michelle Perrot (org.), *História da vida privada*, vol. 4: *Da Revolução Francesa à Primeira Guerra*, trad. Denise Bottmann & Bernardo Joffily (São Paulo: Companhia das Letras, 2009, p. 65.

ao proibicionismo e mesmo que houvesse católicos que o apoiassem, na clivagem geral, os republicanos e os protestantes eram pela proibição e os democratas, católicos, agnósticos e judeus eram contra.

Em toda a segunda metade do século XIX, surgiram inúmeras associações, entidades e grupos partidários da proibição do álcool. Uma constelação de siglas passou a disputar a liderança de um movimento que pressionava pela adoção de uma legislação proibitiva. Em 1846, delegados ingleses e estadunidenses reunidos em Londres constituíram uma Convenção Mundial da Temperança (World Temperance Convention – WTC). A Ordem Independente dos Bons Templários (Independent Order of Good Templars – IOGT), em 1870, dedicou-se também à cruzada contra o álcool. Após a guerra civil, aumentaram as taxas sobre as bebidas e os movimentos pela temperança. Um outro setor, em 1869, constituiu-se como partido político, o Partido da Proibição (*Prohibition Party*), enquanto cada agrupamento religioso, inclusive alguns católicos minoritários dentro de sua própria igreja, mantinha sua campanha antialcoólica e proibicionista.

O Partido da Proibição lançou, em 1872, um candidato à presidência, John Black, que recebeu 5.607 votos. Desde então (e até hoje!) esse partido vem lançando candidaturas a diversos postos, inclusive à presidência nos Estados Unidos. Seu maior resultado foi em 1892, quando seu candidato presidencial John Dedwell obteve mais de 270 mil votos.

O Partido Republicano fazia eco ao discurso proibicionista, mas não o Partido Democrata que chegava a ser chamado de partido do "rum, romanismo e rebelião", pois os católicos romanos (assim como os judeus) opunham-se ao proibicionismo e tendiam a um voto democrata.

No final do século XIX, vários estados aumentavam os controles sobre o álcool, alguns chegavam a propor a estatização do seu comércio e produção. A primeira das leis contra as bebidas havia sido proclamada em 1847, no estado do Maine e durante mais de meio século desenrolou-se uma luta entre estados e cidades secas e úmidas, entre leis locais e a suprema corte, entre os fabricantes e os comerciantes de bebidas, o que incluía toda uma infinidade de atividades nos bares e clubes, e associações que exigiam o fechamento de todos os bares. Uma das principais entidades lobistas da proibição foi a Liga Anti-Bar (Anti-Saloon League), fundada em 1895, que também impulsionou, a partir de 1919, a Liga Mundial contra o Alcoolismo (World League Against Alcoholism – WLAA). A Liga recebeu apoio dos industriais que viam no álcool a causa tanto do absenteísmo ao trabalho como nas tavernas a da fomentação de sindicalismo e rebeliões. Ao mesmo tempo os sindicalistas da Federação Americana do Trabalho (American Federation of Labour – AFL) e do Partido Socialista também se declaravam a favor da proibição, mesmo que isso contrariasse as opiniões e o modo de vida de boa parte da classe trabalhadora, especialmente nas grandes cidades.

Nas vésperas da Primeira Guerra Mundial, cresceu o antigermanismo nos Estados Unidos, o que ajudou os proibicionistas a relacionarem os fabricantes de cervejas, quase todos com nomes alemães (Pabst, Schlitz, Blatz), com as malévolas intenções de enfraquecimento moral da população, contribuindo para uma campanha antialcoólica que não poupava nem sequer os fermentados de baixo teor como era o caso das cervejas.

Em 1909, surgiu a Confederação Internacional da Proibição (International Prohibition Confederation – IPC) que, em 1919, se tornou a Federação Mundial da Proibição (World Prohibition Federation – WPF). Nesse mesmo ano, a proibição alcançava sua maior vitória com a aprovação da 18ª emenda à constituição norte-americana, a chamada Lei Volstead, proibindo a fabricação e o comércio das bebidas alcoólicas, configurando uma situação de tal intervenção das igrejas no controle do Estado, que levou um sacerdote episcopal liberal como Wasson a denunciá-la como totalmente teocrática, não ecumênica e sectária, além de completamente em contradição com toda a tradição cristã.

A Primeira Guerra Mundial trouxe mais um motivo para a campanha antialcoólica, a necessidade de sobriedade e racionamento numa situação de emergência. Na Rússia, até a vodca foi proibida. Na França, e depois em outros países, o absinto foi proibido. Na Noruega, a partir de 1916, interditou-se a venda de bebidas. Na Inglaterra, desde o início do conflito, promulgaram-se diversos atos, como o *Intoxicating Liquor (Temporary Restriction) Act*, de 31-8-1914, visando proibir o uso por soldados e marinheiros e diminuir as horas de funcionamento dos locais de venda. Lloyd George chega a declarar que se luta uma guerra contra três inimigos: a Alemanha, a Áustria e o Álcool. Em 5-4-1915, o rei George V fez um apelo pessoal pela abstenção durante o conflito, declarando que não se servirão bebidas no palácio. Não houve, entretanto, nenhuma proibição e, nesse sentido, a Inglaterra diferenciou-se da tendência proibicionista dominante nos Estados Unidos. A própria Igreja Anglicana distanciou-se dos defensores da abstinência e se opôs terminantemente contra a substituição do vinho por suco de uva na comunhão.

Um editorial do *The Times* dois dias antes da declaração de abstinência do rei se opunha à proibição, não só por violar as liberdades individuais, mas também por ameaçar quebrar a "trégua industrial", como era chamado o pacto entre sindicatos e governo para garantir a produção. A classe trabalhadora claramente não aceitava a supressão de seu lazer mais popular sob a justificativa da necessidade de aumentar a produção. A política adotada foi um aumento das taxas e um maior controle sobre os locais de venda, garantindo assim uma importante fonte de recursos para o orçamento público.

Ao final da Primeira Guerra Mundial e na década seguinte, no entanto, parecia que o proibicionismo vencera e o consumo do álcool seria extinto na maior parte do mundo pela via da autoridade estatal. Nos Estados Unidos havia a Lei Seca. Na União das Repúblicas Socialistas Soviéticas (URSS) bolchevique também havia fortes medidas que restringiam o consumo de álcool. Na Alemanha, o abstêmio e vegetariano Hitler e seu movimento nazista condenavam o alcoolismo, assim como Mussolini que, na Itália, mandava fechar milhares de pontos de venda de bebidas. Gandhi, na Índia, e Cárdenas, no México, eram outros que ecoavam as propostas de proibição total do álcool. O Brasil, terra de sólida tradição canavieira, constituiu uma exceção, e o proibicionismo alcoólico teve um eco menor. Houve algumas iniciativas legislativas fracassadas de aumento das restrições ao álcool, como foram os projetos de lei do deputado Juvenal Lamartine em 1917, propondo triplicar os impostos sobre a cachaça e o vinho, e, novamente em 1920, incluindo dessa vez também as cervejas, e do deputado Plínio Marques, propondo, em 1921, a proibição do consumo de bebidas alcoólicas aos domingos e feriados.[151]

---

[151] O estudo desses projetos de lei e de outras iniciativas proibicionistas no Brasil ainda é escasso, valendo mencionar num âmbito regional o mestrado em História Social de Raul Max Lucas da Costa, *Tensões sociais no consumo de bebidas alcoólicas em Fortaleza (1915-1935): trabalhadores, boêmios, ébrios e alcoólatras*, dissertação de mestrado (Fortaleza: Universidade Federal do Ceará, 2009).

Todavia esse auge do proibicionismo durou pouco, a crise de 1929 levou ao colapso financeiro de Wall Street, abrindo caminho para a eleição de Roosevelt e seu *new deal*. A insatisfação popular com a proibição do álcool crescia. Em 14 de maio de 1932, o prefeito de Detroit Frank Murphy liderou uma marcha de 50 mil pessoas gritando "nós queremos cerveja". Logo após sua posse, o álcool foi novamente permitido, com uma nova emenda constitucional, a 21ª, aprovada em 5 de dezembro de 1933. Em alguns estados, passou a vigorar um monopólio estatal da venda de álcool, enquanto em outros se estabeleceu um sistema de licenças que permitiram ao estado uma nova e imensa fonte de renda fiscal.

Na Europa, em geral, com exceção da Escandinávia e da Islândia, o proibicionismo das bebidas alcoólicas nunca obteve grande influência. Na antiga União Soviética, Josef Stálin, após o início da Segunda Guerra Mundial, reintroduziu a vodca na ração dos soldados do Exército Vermelho. Atualmente, à exceção do mundo islâmico, o álcool é parte integral da vida cotidiana e da economia lícita e oficial, sendo exaltado como emblema de identidades nacionais e regionais e símbolo patriótico, festivo, comemorativo e da alegria celebrativa em geral, para a qual sempre haverá um brinde.

Em muitos países, especialmente na França, a presença de vinho à mesa dos banquetes oficiais é uma regra inquestionável do protocolo diplomático, e os aperitivos e os brindes com as bebidas tradicionais continuam regendo todas as comemorações oficiais. O proibicionismo do álcool, que parecia uma tendência irreversível no começo do século XX, retrocedeu na maioria dos países, com a exceção de alguns islâmicos, e as bebidas alcoólicas adquiriram um estatuto de licitude, de símbolo festivo e de mercadoria nacional e regional emblemática.

CIÊNCIA SOCIAL E POLÍTICA DA EMBRIAGUEZ

A definição do conceito das chamadas "doenças comportamentais" ou "desvios de conduta", além de ser um domínio da medicina, também esteve na origem da busca de uma sistematização de um conhecimento científico sobre a humanidade e as sociedades humanas, ou seja, na formação da sociologia e da antropologia contemporâneas.

Émile Durkheim (1858-1917)[152] trata da questão do alcoolismo e sua relação com o suicídio, afirmando que não haveria uma relação direta de causalidade entre a taxa de alcoolismo e a de suicídios a partir de uma comparação com a distribuição geográfica de índices de consumo alcoólico, delitos de embriaguez e estatísticas de suicídios, antes pelo contrário.

O alcoolismo possuía uma distribuição geográfica mais acentuada à medida que se subia para o Norte, onde o vinho era mais caro e difícil e prevaleciam as cervejas e os destilados. O Mediterrâneo vinícola conhecia menos problemas ligados ao alcoolismo do que o Norte da França.

A incidência de suicídio também era menor nas regiões mais consumidoras de vinho, isso porque essas áreas eram mais católicas, e a ocorrência de suicídios era menor entre os membros católicos do que entre os das igrejas reformadas.

De qualquer forma, mesmo que secundariamente ao tema central de seu livro, Durkheim trata o alcoolismo como um "fato social", cujas determinações não podem ser apenas individuais e psicológicas, mas, sim, coletivas e sociológicas. Deixa-se a visão estreita da "doença orgânica" ou da "doença psicológica" da medicina e busca-se uma nova interpretação a partir dos condicionantes sociais dos atos de consumos abusivos ou excessivos de bebidas alcoólicas, assim como de outros "fatos sociais", capazes de fornecer elementos que permitem aferir o grau de integração ou "anomia" dessas sociedades.

Wasson analisou as estatísticas referentes à proporção de divórcios por número de casamentos e as de pertencimento a uma igreja, para demonstrar que os estados onde o proibicionismo foi vigente por mais tempo (Maine, Kansas e Dakota do Norte) eram exatamente onde havia o maior índice de divórcios e o menor de participação comunitária religiosa, enquanto o menor número de divórcios ocorria coincidentemente num dos estados considerados mais *wetters* (molhados), New Jersey, destruindo assim o argu-

---

[152] Émile Durkheim, *O suicídio: estudo de sociologia*, trad. Mônica Stahel (São Paulo: Martins Fontes, 2000).

mento de que a abstinência protegia a integridade familiar e aumentava a participação religiosa.[153]

No âmbito de uma "psicologia social" é marcante a interpretação de William James do fenômeno da embriaguez e de sua capacidade de atração sobre a humanidade. Para ele, tratar-se-ia da busca da transcendência, e a ebriedade poderia ser vista como uma variante da experiência religiosa, com um conteúdo místico farmacologicamente induzido:

> A influência do álcool sobre a humanidade é inquestionavelmente devida ao seu poder de estimular as faculdades místicas da natureza humana usualmente esmagadas pelos frios fatos e pelo seco criticismo da hora sóbria. Sobriedade diminui, discrimina e diz não; a embriaguez expande, une e diz sim. É, na verdade, o grande excitante da função Sim no homem.[154]

Walter Benjamin escreveu que "em qualquer ato revolucionário existe vivo um componente extático" e que o surrealismo, "em todos os seus livros e empreendimentos, empenha-se em conquistar as forças do êxtase para a revolução".[155] Se a revolução é inebriante, a ebriedade, entretanto, sempre foi um problema para os revolucionários. Os seus excessos se chocavam com a necessidade de disciplina das lutas em curso, mas sempre foi muito difícil convencer um povo em festa por um triunfo a se abster de festejar com bebidas.

A mais importante revolução europeia da segunda metade do século XIX, a Comuna de Paris, em 1871, após ter sido derrotada num massacre, foi acusada por seus inimigos de ter sido provocada pelo excesso de bebidas consumidas entre os operários parisienses.[156]

No movimento operário europeu do final do século XIX, o debate sobre o uso do álcool pela classe trabalhadora foi um divisor de águas entre dois polos no interior da Segunda Internacional: dos defensores da proibição, que viam na embriaguez uma forma de degeneração e uma neutralização

---

[153] Edmund A. Wasson, *Religion and Drink*, cit.
[154] William James, *The Varieties of Religious Experience* (Nova York: Mentor Books, 1958) [1902], p. 297.
[155] Walter Benjamin, "O surrealismo, o mais recente instantâneo da inteligência europeia", cit., p. 83.
[156] Fernando Sérgio Dumas dos Santos, "A construção do alcoolismo no conhecimento médico: uma síntese", cit.

do potencial de mobilização política e sindical dos operários, e dos que se posicionavam contra qualquer medida proibicionista, por identificarem no uso de bebidas não só as suas formas extremas de consumo compulsivo e alienante, mas também formas moderadas e construtoras de laços de sociabilidade, vendo, assim, nas tavernas um importante espaço da vida social da classe operária. O dirigente social-democrata austríaco Victor Adler era um partidário do abstencionismo total, inclusive da cerveja e do vinho, por um sentido estrito de disciplina diante de qualquer "conforto", e escrevia, em 1922 (durante a vigência da Lei Seca nos Estados Unidos):

> nós não queremos este conforto. Nosso dever é fazer com que os trabalhadores não o tenham. Nós não queremos esconder a realidade, nós queremos nos tornar mais trabalhadores e mais sóbrios. Se a exploração tem necessidade de cérebros amolecidos, a tarefa de liberação dos trabalhadores exige homens lúcidos e de sangue-frio e tem necessidade de consciência.[157]

Nos Estados Unidos, o grande escritor e militante socialista Jack London também se pronunciou a favor da proibição do álcool, escrevendo um livro de memórias de sua própria condição de alcoolista, sob o título de *John Barleycorn*, expressão em inglês para o bebedor contumaz, algo como o nosso pé de cana. Nesse livro, afirma que a conquista do voto feminino no mesmo ano da promulgação da lei da proibição são fatos relacionados, pois as mulheres eram mais favoráveis ao proibicionismo que os homens: "no momento em que as mulheres tiverem acesso ao voto na comunidade, a primeira coisa que farão, ou tentarão fazer, será fechar as tavernas". Considerava que sua condição de alcoolista era resultado da disponibilidade das bebidas, escrevendo que "a pseudocivilização em que nasci concedeu por toda parte alvará de funcionamento a lojas que vendem o veneno da alma".[158]

Antes de chegar a defender a Lei Seca nos Estados Unidos, Jack London havia escrito um relato pungente sobre as condições de vida da classe operária de Londres, chamado *O povo do abismo*, em cujo capítulo "Be-

---

[157] Victor Adler, *apud* Wolfgang Schivelbusch, *Histoire des stimulants*, trad. Eric Blondel *et al.* (Mayenne: Le Promeneur, 1991), p. 76.
[158] *Ibidem*.

bida, temperança e poupança" (*Drink, Temperance, and Thrift*), descreve como o álcool torna-se o único anestésico para uma vida insuportável de trabalho pesado e amontoamento em habitações de um único cômodo para famílias inteiras, e argumenta contra os defensores da temperança e da poupança que, sem alterar as condições de miséria, não se pode esperar que se mude uma maneira miserável de se beber para se entorpecer.

Em oposição ao abstencionismo e ao proibicionismo total das bebidas alcoólicas pronunciaram-se outros dirigentes socialistas como Friedrich Engels e Karl Kautsky, que atacavam a aguardente, mas defendiam o vinho e a cerveja.

Passeata contra a Lei Seca, Estados Unidos, 1920.

Para eles, o inimigo era o *schnaps* (aguardente). Engels chega a afirmar que a baixa nos preços da aguardente nas regiões do Baixo-Reno teria levado os trabalhadores à apatia diante das lutas de 1830, enquanto nas regiões vinícolas houve uma mobilização muito mais importante – "não seria a primeira vez", escreve Engels, "que o estado prussiano sobreviveu graças à *schnaps*".[159]

---

[159] Friedrich Engels, *apud* Wolfgang Schivelbusch, *Histoire des stimulants*, cit., p. 77.

Muito diferente, entretanto, seria o consumo de fermentados, como as cervejas e os vinhos. Para Kautsky, "renunciar ao álcool significaria para o proletariado alemão renunciar a toda vida social".[160] A taverna sempre foi para o povo a única sala de reunião e de encontro social. A vida sindical em muitos países, como a Inglaterra, por exemplo, nasce estreitamente vinculada à atividade nos *pubs*, nos bares e restaurantes populares, que fervilham durante as greves e se animam com intensa paixão e discussão. Como escreve Wolfgang Schivelbusch, "a taverna representa para a classe operária do século XIX o que foi o café para a burguesia dos séculos XVII e XVIII".[161] Os próprios efeitos do álcool ajudariam nessa função, pois, diferentemente do café racional, seu estímulo seria afetivo, passional, promotor da solidariedade e do congraçamento, ajudando a cimentar a liga coletiva da identidade da classe em formação. Por isso, disse Kautsky, "sem tavernas o proletariado alemão não deixaria de ter somente vida social, mas até mesmo vida política".[162]

Desde seu primeiro estudo sobre as condições de vida da classe trabalhadora, *A situação da classe operária na Inglaterra* (1845), Engels enfatizou o perigo que a sedução dos "vícios", especialmente das bebidas, assim como do sexo, representava para os operários.

Todavia, Engels via nesse comportamento não uma inclinação viciosa do caráter, mas uma forma inevitável de consolo diante das agruras da exploração, por isso, quanto mais exaustivo, desgastante e perigoso o trabalho, maior a busca da bebida.

O consumo alcoólico exagerado e mesmo desesperado é um resultado direto das condições atrozes da vida operária:

> Existem ainda outras causas que debilitam a saúde. Antes de tudo, a bebida: todas as seduções, todas as possíveis tentações se juntam para empurrar o operário para a paixão da bebida. A aguardente é para os trabalhadores quase a única fonte de gozos e tudo conspira para que se feche o círculo ao seu redor.[163]

---

[160] Karl Kautsky, *apud* Wolfgang Schivelbusch, *Histoire des stimulants*, cit., p. 77.
[161] Wolfgang Schivelbusch, *Histoire des stimulants*, cit., p. 77.
[162] Karl Kautsky, *apud* Wolfgang Schivelbusch, *Histoire des stimulants*, cit., p. 78.
[163] Friedrich Engels, *La situación de la clase obrera en Inglaterra* (Buenos Aires: Editorial Esencias, 1974), p. 105.

Cansaço, fome, falta de conforto, sujeira, humor abatido, estado doentio, tudo exige uma compensação, um estímulo, cuja vinda será sempre da sociabilidade da taverna. Assim, pergunta Engels retoricamente:

> o trabalhador poderia por acaso não ter as mais fortes tentações pela bebida e estaria em condições de resistir aos afagos desta paixão? Por uma real necessidade moral e física, em tais circunstâncias, uma grande massa de operários é empurrada [para a bebida]. A segurança de esquecer, por um par de horas, a miséria e a opressão da vida, e cem circunstâncias mais, tão fortes que não se pode criticar aos operários a sua predileção pela aguardente. A paixão da bebida deixou aqui de ser um vício; por isso podem ser desculpados os viciosos: constitui um fenômeno natural; a consequência, necessária e inevitável, de certas condições sobre um objeto sem vontade, ao menos enquanto enfrenta tais condições. Aqueles que fizeram dos operários simples objetos são os que devem assumir a responsabilidade. Pela mesma necessidade que empurra para a bebida uma grande massa de operários, por esta mesma necessidade, a embriaguez prova sua ação ruinosa sobre o espírito e os corpos das vítimas.[164]

Após esta passagem lapidar, o tema é retomado mais à frente, ao afirmar que: "a paixão pela bebida, a irregularidade do comércio sexual, a rudeza, a falta de respeito pela propriedade, são os pontos principais que o burguês reprovará nos operários. Que estes bebem em demasia é um fato, e não poderia se esperar outra coisa".[165] Passa a seguir a descrever as diferentes consequências de degradação que a paixão pela bebida traz aos operários, levados a conviver com as camadas mais desmoralizadas da sociedade. O tema da associação da bebida com o sexo é retomado:

> com a desenfreada paixão pelas bebidas alcoólicas cresce o vício do comércio sexual muito arraigado entre os operários ingleses. Isso também deriva, como consequência necessária, como selvagem necessidade, da condição de uma classe que se abandona a si mesma e não tem como fazer um uso adequado dessa liberdade. A burguesia lhes deixou somente

---

[164] *Ibid.*, p. 105.
[165] *Ibid.*, p. 123.

esses dois prazeres, enquanto lhes impôs uma quantidade de sofrimentos e de fadigas e, como consequência, os operários, até mesmo para ter um pouco de vida, concentram toda a sua paixão nesses dois prazeres e se dão a eles do modo mais irregular e excessivo.[166]

Longe de condenar de modo moralista os vícios da classe operária, Engels, mesmo identificando seus malefícios, parece absolver de alguma forma suas vítimas de suas inclinações hedonistas, imediatistas ou excessivas, às quais nada teria restado senão recorrer a esses consolos diante do horror da existência.

Depois de descrever minuciosamente as atrozes condições de vida em diversos ofícios, ressalta que nos mais duros, como o dos mineiros, o uso da bebida será proporcional à dureza do trabalho. No caso dos que fazem polimento a seco de metais, cita a declaração de um médico que dizia que a "infâmia deste ofício" se comprovava pelo fato de que "os mais fortes bebedores são [...] os que vivem mais tempo porque faltam ao trabalho".[167]

Na Inglaterra, o debate sobre as propostas de controle do álcool envolveu aspectos econômicos, políticos e morais. Em 1915, Shadwell,[168] estudioso dos novos processos industriais, publicou *Drink, temperance and legislation*, em que resume uma longa controvérsia a respeito das formas que historicamente se adotaram com a finalidade de administrar o uso do álcool. Para ele, a embriaguez crônica não era uma doença, mas um sintoma, do mesmo modo que a inclinação para jogar ou apostar, cuja única resposta deveria ser o fortalecimento do princípio da autorresponsabilidade em vez de reformas coercitivas impostas pelo estado sobre as condutas privadas dos cidadãos.

Defende assim uma política liberal de controle público sobre as bebidas. Em seu estudo, aponta o ano de 1834 como uma inflexão na curva da embriaguez na Inglaterra, que seria resultado tanto de inquéritos oficiais que permitiram aferir a magnitude do beber excessivo, como a ação de reformas sociais e educacionais gerais, tais como o aumento da educação, dos princípios sanitários, da mobilidade devida aos transportes por estrada de ferro, etc.

---
[166] *Ibid.*, p. 125.
[167] *Ibid.*, p. 182.
[168] Arthur Shadwell, *Drink, Temperance, and Legislation*, cit.

Sobre a suposição de que poderia haver uma "solução" para o "problema da bebida", Shadwell argumenta ser isso impossível, pois tratar-se-ia nada mais do que lutar contra uma tendência humana de fazer coisas de forma demasiada. Assim, pergunta, o que é o demasiado? Não comemos demais, trabalhamos demais e até falamos demais?

Na Europa oriental, o consumo de álcool e a intervenção estatal eram muito maiores que na ocidental. Em 1838, o grande escritor francês Honoré de Balzac escrevia: "eu chamo à Rússia uma autocracia sustentada pelo álcool".[169] Desde o século XVI em que até mesmo as tavernas eram controladas pelo Estado. O tzarismo havia inicialmente criado um monopólio da produção e venda das bebidas, mas, durante a Primeira Guerra Mundial, proibiu temporariamente a vodca. Na revolução russa, o assalto às adegas dos palácios teve resultados tão embriagadores que não só se proibiu o consumo das bebidas como também foram quebradas garrafas de vinhos caríssimos e jogadas nas ruas, o que não impediu que se buscasse beber até mesmo nas sarjetas os licores preciosos ali despejados. Na União Soviética, foi mantida uma proibição estabelecida pela monarquia após o início da Primeira Guerra Mundial até 1924, quando se reconstituiu um monopólio estatal da vodca.

Em 1923, Leon Trotsky, que ocupava o cargo de Comissário do Povo para o Exército e a Marinha da União Soviética, escreveu um pequeno livro sobre "as questões do modo de vida", em que tratava da influência do álcool e propunha meios de combatê-lo num capítulo intitulado "A vodka, a igreja e o cinema", no qual identificava nesses três fenômenos formas de acesso a um mundo do espetáculo e da distração da alma que permitia fugir do sofrimento do mundo. E propunha o cinema como o meio por excelência que deveria ser estimulado pelo Estado para combater a influência dos outros dois, considerando que o álcool em particular devia ser proibido, como já ocorria, aliás, no próprio regime tzarista desde o início da guerra:

> Dois fenômenos importantes imprimiram a sua marca no modo de vida operário: a jornada de oito horas e a proibição da vodka. A liquidação

---

[169] Honoré de Balzac, *Tratado dos excitantes modernos, seguido por fisiologia do vestir e por fisiologia gastronômica*, trad. de Zilda H. S. Silva & Carlos Nougué (São Paulo: Landy, 2004), p. 15.

do monopólio da vodka, que a guerra exigia, precedeu a revolução. A guerra exigia meios tão avultados que o tzarismo podia renunciar, como a um pecadilho, aos rendimentos que lhe advinham da venda de bebidas alcoólicas. Um bilhão de mais ou de menos, era diferença mínima. A revolução foi herdeira da liquidação do monopólio da vodka; sancionou o fato, fundando-se, porém em considerações de princípio. É só depois da conquista do poder pela classe operária – poder construtor de uma economia nova – que a luta do governo contra o alcoolismo, luta ao mesmo tempo cultural, educativa e coerciva, adquire toda a significação histórica. Nesse sentido, a interdição da venda de álcool devido à guerra imperialista, de nenhum modo modifica o fato fundamental de que a liquidação do alcoolismo vem acrescentar-se ao inventário das conquistas da revolução. Desenvolver, reforçar, organizar, conduzir com êxito uma política antialcoólica no país do trabalho renascente – eis a nossa tarefa!

A afirmação de que a revolução tinha logrado o fim do alcoolismo parece tão ingênua como uma outra posterior no mesmo texto afirmando a pouca religiosidade dos trabalhadores russos. A proposta do cinema como algo que poderia substituir o álcool e a religião também parece um entusiasmo pela nova tecnologia da imagem projetada, que não leva em conta a verdadeira natureza profunda e arraigada tanto do impulso para beber como da crença religiosa. A retomada do monopólio estatal no ano seguinte mostra como se faziam declarações retumbantes e peremptórias em relação às conquistas da revolução que não passavam de ilusões dos dirigentes. E, no caso, uma ilusão que parecia acreditar ser possível a existência de uma sociedade sem álcool e, ainda mais, a sociedade russa.

Na União Soviética do meio da década de 1980, no momento da Perestroika, Mikhail Gorbachev reconheceu, no livro publicado em 1987, que:

> continuaremos firmes a batalha contra a bebida e o alcoolismo. Esse mal social se enraizou profundamente em nossa sociedade há séculos e tornou-se um mau hábito. Em consequência disso, não é fácil combatê-lo [...] alguns até mesmo defendem a proibição do álcool em todo o país. Mas achamos desaconselhável introduzir a proibição governamental. E respondemos: se quiserem, proíbam-no em sua família, área ou distrito. Em milhares de aldeias e povoados a classe trabalhadora resolveu em

assembleias gerais acabar com a venda e o uso de bebidas alcoólicas. A campanha continua. [...] É impossível solucionar essa questão apenas por meio de medidas administrativas.[170]

Em 1985, adotaram-se, no entanto, medidas contra o álcool e, conforme relata Ernest Mandel:

> As medidas adotadas são de natureza administrativa e repressiva: a proibição de servir álcool nos bares, cantinas e restaurantes antes das 14:00 e após as 20:00 horas; elevação dos preços; aumento da produção de água mineral e suco de frutas; redução massiva na produção futura de vodka; liquidação das destilarias caseiras; penas mais pesadas por dirigir bêbado e por abstencionismo devido à bebedeira, etc..[171]

A ausência ao trabalho, assim como a diminuição na expectativa de vida, teria como causa principal, segundo o reconhecimento oficial das autoridades no período de Gorbachev, o abuso do álcool. As medidas restritivas, entretanto, levaram a uma enorme expansão da produção caseira de destilados de má qualidade (*samogon*) que resultaram em cerca de 11 mil mortes por consumo de metanol apenas no ano de 1987 (ou seja, praticamente o mesmo número de mortos russos em toda a guerra do Afeganistão!).[172]

Criticando tais medidas, por seu caráter burocrático, Mandel escreve que

> a origem do alcoolismo em massa é a corrupção e a ausência de perspectivas políticas e sociais; a falta de relações sociais nas quais a personalidade pode expressar-se; a tentativa de afogar a discussão na vodka. O tédio e a mesmice da vida cotidiana. Esta é uma regra elementar do marxismo: 40 milhões de bêbados não são simplesmente 40 milhões de "casos psicológicos". São 40 milhões de provas de que há problemas sociais..[173]

---

[170] Mikhail Gorbachev, *Perestroika: novas ideias para o meu país e o mundo*, trad. J. Alexandre (São Paulo: Best-Seller, 1987), p. 115.

[171] Ernest Mandel, "Qual o significado do projeto Gorbachev?", em *Lua Nova*, nº 14, 4 (2), São Paulo, Cedec, abr.-jun. de 1988, p. 70.

[172] David T. Courtwright, *Forces of Habit: Drugs and the Making of the Modern World* (Cambridge Harvard University Press, 2001).

[173] Ernest Mandel, "Qual o significado do projeto Gorbachev?", cit., p. 70.

A continuidade dos problemas do excesso alcoólico, que na sociedade russa parece ter uma magnitude realmente superior ao de outros países, mostra que tal situação não é separável das condições sociais e econômicas mais gerais, contudo está intrinsecamente vinculada a tradições culturais específicas do Ocidente que reservam um lugar especial para o álcool nos rituais da vida cotidiana e na sua peculiaridade de único meio permitido de alteração psicoativa da consciência (no contexto dos povos tradicionais siberianos, por exemplo, a propensão ao abuso alcoólico cresceu especialmente depois da proibição e da desintegração de sua tradição xamânica de uso de cogumelos *Amanita muscaria*).

Como expressou o verso famoso de Maiakovski, "melhor morrer de vodka do que de tédio", num momento de retração e decomposição da revolução russa, a questão do consumo de bebidas alcoólicas pode ser também um termômetro de outros aspectos da vida social, na medida em que seu uso abusivo pode expressar um "mal-estar" na sociedade.

Em uma outra revolução, a mexicana, em 1910, que teve aspectos particularmente "anárquicos", no sentido de desorganização, também se registrou o uso do álcool como fonte de grandes transtornos e desvarios, especialmente entre as tropas zapatistas que fizeram grandes violências e atrocidades na medida em que se aproveitavam do seu triunfo para beber em grandes quantidades. Isso levou a uma proibição do comércio do álcool por parte do quartel-general do exército zapatista, em 1914, o que não impediu que houvesse um grande descontrole no uso exagerado de bebidas por parte dos revolucionários.[174]

Não apenas as revoluções como também as guerras se prestaram tanto para ampliar formas extremadas de consumo alcoólico como para oferecer uma metáfora do descontrole e da ambição desmedida. Como exemplo, Lucien Febvre, define a mentalidade prevalecente na Alemanha nazista como uma "embriaguez perigosa do orgulho, irresistível tentação de abusar de

---

[174] "Una de las conductas que más llama la atención en los testimonios es la magnitud que alcanzó el alcoholismo en el ejército zapatista" [Uma das condutas que mais chama atenção nos relatos é a importância que teve o alcoolismo no Exército zapatista].Ver Pilar Gonzalbo Aizpuru (org.), *Historia de la vida cotidiana en México. Siglo XX: campo y ciudad*, coordenação Aurélio de los Reyes, tomo V, vol. I (México: El Colegio de México/Fondo de Cultura Econômica, 2006), p. 80.

uma força real" ou de onde "perturbadores e temíveis não cessam de escapar vapores de embriaguez, de ambição e cobiça dos quais conhecemos muito bem as consequências".[175]

A ciência social da embriaguez não se reduz assim a uma mera formulação teórica destinada a tentar dar conta do fenômeno sociológico ou antropológico dos diferentes modos de se consumirem bebidas alcoólicas, desde as formas mais descontroladas até as mais ritualizadas, seja em momentos solenes como os banquetes, seja na instituição quase universal do "brinde" como sobrevivência de um sacrifício de libação tornado rito da vida cotidiana. Além dessas tentativas de compreensão, engendram-se, sobretudo desde o século XIX, uma série de técnicas sociais, meios de gestão, de controle e de fiscalização das bebidas e dos corpos embriagados, que serão severamente vigiados e punidos, principalmente em momentos de crise social e política. A sociologia nascente desse período é paralela à emergência dos teóricos do controle social no âmbito do Estado e da medicina, imbuídos dos valores do industrialismo, do higienismo e do eugenismo e, particularmente, das políticas de controle e regulamentação do consumo alcoólico num sentido proibicionista e promotor da abstenção.

Tais políticas, como será visto no próximo capítulo, não eram separadas das demandas crescentes de uma nova forma de disciplinamento da força de trabalho ligada aos processos industriais mais avançados que ocorriam em diversos países da Europa, no Japão e, especialmente, nos Estados Unidos.

O INDUSTRIALISMO, O ÁLCOOL E O PURITANISMO

O mal-estar da sociedade industrial contemporânea é um dos elementos sempre apontados como motivadores de índices crescentes de consumo alcoólico, que serve como válvula de escape, alternativa de lazer, recreação e convivialidade operárias e cujo efeito sobre as horas de trabalho perdidas leva ao setor patronal a preocupação em restringi-lo.

---

[175] Lucien Febvre, *O Reno: história, mitos e realidades*, trad. Eliana Aguiar (Rio de Janeiro: Civilização Brasileira, 2000), p. 19.

Domenico Losurdo, em sua *Contra-história do liberalismo*, menciona a falta de direito dos pobres a uma "esfera privada de liberdade garantida pela lei" e como a teoria política liberal defende essa condição. Um dos exemplos que ele emprega é o do direito do acesso ao álcool:

> a massa é submetida a uma regulamentação e uma coerção, que ultrapassam o lugar de trabalho [...] Se Locke se propõe a regulamentar o consumo do álcool das classes populares, Mandeville considera que a elas, pelo menos ao Domingo, "deveria ser impedido [...] o acesso a todo tipo de diversão fora da igreja". Em relação ao álcool, Burke argumenta de maneira diferente; embora não tenha propriedades nutritivas, ele pode pelo menos aliviar o estímulo da fome no pobre",[176]

tratando-se, portanto, de uma das "consolações morais" necessárias ao homem.

Em todos esses autores o controle da vida privada se torna um princípio econômico, ampliar o tempo de trabalho a ser empregado e restringir o lazer ao que possa ser gerenciado. O objetivo é aumentar sempre a produtividade do trabalho, e o uso do álcool (e também em menor grau do tabaco) interfere no processo produtivo industrial. Fumar afeta a própria continuidade regular da produção que deve ocupar incessantemente as mãos do operário, e o álcool perturba a capacidade de desempenho.

O surgimento de um estado de proteção social no século XIX, conhecido como *welfare state*, também introduz o seguro de saúde compulsório, o que faz que as despesas com tratamentos de problemas derivados do alcoolismo se tornem um custo adicional no sistema de saúde.

Em Antonio Gramsci (1891-1937), o grande cientista político marxista italiano, há uma visão contraditória sobre o significado do industrialismo, identificado, especialmente no seu modelo americano fordista e taylorista do início do século XX, como o mais dinâmico e inovador. Segundo Gramsci, "o americanismo e o fordismo derivam da necessidade imanente de compor a organização de uma economia programática".[177] Apesar de

---

[176] Domenico Losurdo, *Contra-história do liberalismo*, trad. Giovanni Semeraro (São Paulo: Ideias & Letras, 2006), p. 98.
[177] Antonio Gramsci, *Americanismo e fordismo*, trad. Gabriel Bogossian (São Paulo: Hedra. 2008), p. 31.

aparentemente estar criticando-os, ele deixa transparecer uma admiração indisfarçável e uma noção de inevitabilidade nas consequências culturais de sua adoção.

Nos Estados Unidos, a ausência de feudalismo e, portanto, de camadas sociais parasitárias sedimentadas se contrapõe a uma paisagem europeia de "cidades sem indústria". A "racionalização" é a palavra-chave. Na América, com a existência dessas "condições preliminares, garantidas pelo desenvolvimento histórico, foi relativamente fácil racionalizar a produção e o trabalho [...] a racionalização tornou necessária a elaboração de um novo tipo humano, conforme o novo tipo de trabalho e processo produtivo".[178]

Gramsci não esconde sua admiração por este que é, segundo ele, o "significado e a *meta* objetiva do fenômeno americano, que é *também* o maior esforço coletivo conferido até agora para criar, com extraordinária rapidez e com a consciência da finalidade nunca vista na história, um tipo novo de trabalhador e de homem".[179] Mesmo que identificando nessa mudança um método brutal, "uma seleção forçada", em que "uma parte da antiga classe trabalhadora será eliminada sem piedade do mundo do trabalho e talvez do mundo *tout court*",[180] ele também acredita que

> trata-se somente da fase mais recente de um longo processo que começou com o próprio nascimento do industrialismo, fase que apenas é mais intensa do que as precedentes e manifesta-se sob formas mais brutais, mas que também será superada com a criação de um novo nexo psicofísico de um tipo diferente dos precedentes e, indubitavelmente, superior.[181]

Ou seja, no modelo de organização social do trabalho pré-capitalista, baseado nas economias agrárias, na organização do tempo do trabalho de acordo com o tempo dos ciclos naturais, surge um domínio racional e calculado da extração do máximo de trabalho no mínimo de tempo, e esse modelo, por sua eficiência produtiva, impõe-se como transição necessária

---

[178] *Ibid.*, pp. 41-42.
[179] *Ibid.*, p. 69.
[180] *Ibid.*, p. 70.
[181] *Ibidem.*

para uma hipotética futura fase em que o "nexo psicofísico" do processo do trabalho seja superior.

O fordismo adotou a intervenção em todos os aspectos da vida do operário, através de departamentos de sociologia da empresa que investigavam em detalhe os hábitos e comportamentos. Os dois aspectos mais evidentes na empreitada de controle comportamental do industrialismo foram a vida sexual e o consumo alcoólico dos trabalhadores.

Em relação ao sexo, Gramsci sublinha o interesse pelo tema por parte da indústria:

> É revelador como os industriais (especialmente Ford) se interessaram pelas relações sexuais dos seus empregados e em geral pela ampla sistematização das suas famílias. A aparência puritana que assumiu, como no caso do proibicionismo, não deve induzir ao erro; a verdade é que não se pode desenvolver o novo tipo de homem demandado pela racionalização da produção e do trabalho até que o instinto sexual esteja totalmente regulado, até que ele tenha sido também racionalizado.[182]

Tal obsessão sexual do "racionalismo industrialista" tem sua razão de ser, na opinião de Gramsci, pois ele afirma claramente que

> [O] taylorismo e a racionalização em geral [são] novos métodos [que] exigem uma rígida disciplina dos instintos sexuais (do sistema nervoso), um reforçamento da "família" em sentido amplo (não desta ou daquela forma do sistema familiar), a regulamentação e a estabilidade das relações sexuais.[183]

Na verdade, essa visão do "industrialismo" é a de um polo cultural de ordem e hábitos rígidos diante da dissolução ameaçadora e perigosa dos instintos (cuja via preferida de tentação parece continuar sendo a do sexo e das drogas).

---

[182] *Ibid.*, p. 48.
[183] *Ibid.*, p. 66.

A história do industrialismo sempre foi – e se torna hoje uma forma mais acentuada e rigorosa – uma contínua luta contra a animalidade do homem, um processo ininterrupto, geralmente doloroso e sangrento, de sujeição dos instintos (naturais, isto é, animalescos e primitivos) a sempre novas, mais complexas e rígidas normas e hábitos de ordem, de exatidão, de precisão, que tornam possíveis as formas sempre mais complexas de vida coletiva, consequência necessária do desenvolvimento do industrialismo.[184]

Em tal visão, o "industrialismo" não se detém na forma específica da produção e da exploração capitalistas, mas adquire uma espécie de autonomia como motor civilizatório que se impõe através dessa organização técnica cada vez mais "racional" dos métodos de produção. Não se vislumbra nenhum esboço de alguma diferença essencial entre o industrialismo capitalista e um hipotético "industrialismo" socialista (no texto de Gramsci, curiosamente, não há nenhuma menção comparativa ao sistema soviético, salvo referências elípticas, mas deve-se levar em consideração as condições do cárcere e da censura).

Ao mencionar um Estado onde "as massas trabalhadoras não sofrem mais a pressão coercitiva de uma classe superior", Gramsci afirma que nesse momento uma nova forma de coerção deverá ser exercida pela elite da classe sobre a própria classe. E essa coerção dirige-se, sobretudo, para o campo sexual, em que as concepções libertárias e iluministas poderiam contaminar os trabalhadores: "Cabe insistir que, no campo sexual, o fator ideológico mais depravante e *regressivo* é a concessão iluminista e libertária, própria às classes que não estão ligadas diretamente ao trabalho produtivo, pelos quais as classes trabalhadoras se deixam contaminar".[185]

Gramsci identifica na recusa a esse disciplinamento sexual o que ele chama de "utopias iluministas", que seriam formas atrasadas, "regressivas", que dificultam a "absorção da persuasão recíproca" necessária num Estado onde "as massas trabalhadoras não sofrem mais a pressão coercitiva de uma classe superior".

---

[184] *Ibid.*, p. 63.
[185] *Ibid.*, p. 65.

O puritanismo não seria uma especificidade cultural das condições históricas dos Estados Unidos, mas uma condição necessária do próprio "industrialismo". Mais à frente, no mesmo texto, também se destaca o "proibicionismo", campanha pela proibição das bebidas alcoólicas levada a cabo, nos Estados Unidos do começo do século XX, por organizações religiosas e políticas puritanas, como um componente indispensável da estratégia moralizante do fordismo, que, além de controlar cronometricamente o tempo de trabalho, pretendia o controle da vida pessoal dos trabalhadores fora da fábrica:

> os novos métodos de trabalho são indissolúveis de um determinado modo de viver, de pensar e de sentir a vida. Não é possível obter sucesso num campo sem obter resultados tangíveis no outro. Na América, a racionalização do trabalho e o proibicionismo estão indubitavelmente conectados; as investigações dos industriais sobre a vida íntima dos operários, os serviços de inspeção criados por algumas empresas para controlar a *moralidade* dos operários são necessidades do novo método de trabalho.[186]

A saúde física parece ser um dos objetivos dessa campanha, mesmo que não por razões "humanísticas", mas apenas para salvaguardar a produtividade e a eficiência da mão de obra: "as iniciativas *puritanas* têm como fim a conservação, fora do trabalho, de um certo equilíbrio psicofísico que impeça o colapso fisiológico do trabalhador, premido pelo novo método de produção.".[187] O "equilíbrio psicofísico" parece ser especialmente perturbado pelas duas fontes máximas do prazer, o sexo e as drogas. Gramsci chega a identificar no excesso de trabalho uma busca correlata aos excessos de prazeres, atitude irrefreada de hedonismo que ele identifica como crise de moralidade na classe trabalhadora.

Numa repetição de um tema comum à medicina oitocentista, identifica na atividade sexual um perigo para a saúde física e para a produtividade do trabalho. O sexo e o álcool destroem, para Gramsci, as "forças do trabalho":

---

[186] *Ibid.*, p. 69.
[187] *Ibid.*, p. 70.

E eis que a luta contra o álcool, o agente mais perigoso de destruição das forças de trabalho, se torna função do Estado. É possível que outras lutas *puritanas* se tornem também função do Estado, se a iniciativa privada dos industriais se demonstrar insuficiente ou for desencadeada uma crise de moralidade demasiadamente profunda e extensa entre as massas trabalhadoras, o que poderia gerar uma longa crise de desemprego. A questão relacionada ao álcool é diferente da sexual. O abuso e a irregularidade das funções sexuais é, depois do alcoolismo, o inimigo mais perigoso das energias nervosas, e é comum que o trabalho *obsedante* provoque depravação alcoólica e sexual.[188]

Por isso, o fordismo é uma busca da austeridade da vida doméstica e a pressão para o disciplinamento sexual monogâmico da classe operária:

Parece claro que o novo industrialismo quer a monogamia, quer que o homem trabalhador não desperdice as suas energias na procura desordenada e excitante da satisfação sexual ocasional. O operário que vai ao trabalho depois de uma noite de *extravagância* não é um bom trabalhador, a exaltação passional não está de acordo com os movimentos cronometrados dos gestos produtivos dos mais perfeitos automatismos.[189]

Como manifestação de uma "degeneração dos costumes sexuais" diferenciada entre as classes sociais, também são utilizados os índices crescentes de divórcio, maiores entre as classes mais altas, para deduzir uma "diferença de moralidade" entre as camadas subalternas e as classes dirigentes. Estas últimas seriam mais afeitas aos excessos, enquanto as classes trabalhadoras, pela própria ocupação do seu tempo vital pelo trabalho, teriam menos disposição às exaltações passionais, alcoólicas ou festivas.

Embora Gramsci identifique claramente no fordismo uma vocação de disciplinamento da força de trabalho num âmbito muito mais estrito do que simplesmente o da regulamentação estrita dos ritmos, formas e organização do trabalho, assim como da vida privada do operário, parece identificar também uma inexorabilidade nesse processo que o converte numa espécie

---

[188] *Ibid.*, p. 71.
[189] *Ibid.*, p. 73.

de fase necessária do aperfeiçoamento da organização do trabalho no capitalismo, condição prévia para a conquista ulterior de uma nova forma "pós--industrialista", pode-se dizer.

Para Gramsci, os "instintos naturais, animalescos e primitivos" precisam ser disciplinados, pela coerção e seleção, para a adoção de novos métodos de trabalho. Quando as massas já adquiriram os hábitos e os costumes necessários, a pressão disciplinatória cede e é então que surgem as "crises de libertinismo". Na primeira fase, a pressão coercitiva, através da ideologia puritana, é exercida sobre o conjunto da população. Quando as massas trabalhadoras já estão disciplinadas, a pressão cede, e camadas intelectuais, burguesas ou pequeno-burguesas podem novamente praticar a boemia.

No pós-guerra, segundo Gramsci, eclodiu uma enorme crise de costumes contra a intensa forma de coerção imposta pela situação de guerra, em que os instintos sexuais sofreram particularmente duras restrições. Com o retorno à vida civil, proliferaram "novas formas de utopia iluminista". Da mesma maneira, recrudesceu o puritanismo, que, nos Estados Unidos, conseguiu impor, em 1919, depois de intensa campanha, a lei Volstead, de proibição da fabricação e do comércio das bebidas alcoólicas.

Tanto o combate ao álcool como a uma sexualidade mais intensa, ambos resultados da "crise de costumes" do pós-guerra, fazem parte de uma estratégia fordista mais geral de controle da vida social das massas trabalhadoras, de modo a adequar o comportamento privado às necessidades do produtivismo exacerbado na sua forma mais calculada de extração de trabalho dos trabalhadores.

A proibição do álcool, que Gramsci não condena, terminou, segundo ele, não devido à oposição das classes trabalhadoras, mas sim de supostas "forças marginais", que ele não identifica claramente:

> O proibicionismo, que nos Estados Unidos era uma condição necessária para desenvolver o novo tipo de trabalhador em conformidade com uma indústria fordizada, deixou de existir pela ação de forças marginais, retrógradas, *a despeito* da oposição dos industriais ou dos operários, etc.[190]

---
[190] *Ibid.*, p. 32.

Estranha interpretação das condições que levaram ao final da Lei Seca, em que se desconhece a oposição marcante a ela por parte de setores operários e se mencionam "forças marginais" não identificadas.

Proibicionismo do álcool e conjugalização compulsória, acompanhados de fiscalização estatal do comportamento familiar por organismos sociológicos ou médicos sobre os costumes para a erradicação de perversões, e propaganda ideológica de autocoerção, de autossacrifício, disciplina, organização estrita do tempo, contenção sexual, ou seja, ideologia puritana, são características necessárias, segundo Gramsci, do processo inexorável do industrialismo, seja em sua vertente americanista, seja em qualquer outra que pretenda a conquista máxima das forças produtivas do trabalho.

Essa posição explicita uma atitude de aprovação da intensificação da disciplina do trabalho e da normatização cultural das formas de reprodução da classe trabalhadora numa concepção que não deixa claro se isso se aplica apenas às necessidades de arrancada de uma sociedade para a industrialização, ou se é um pressuposto permanente destinado a ampliar sempre a capacidade de reprodução ampliada do processo produtivo às custas do sacrifício do tempo e da autonomia operária sobre suas formas de gozo e de lazer.

Embora voltada para as classes trabalhadoras, as atitudes de condenação ao álcool também se encarnam em figuras de proa do capitalismo estadunidense, como é o caso do famoso empresário John D. Rockefeller, conhecido como um abstêmio convicto. Não foi apenas o apelo ideológico do puritanismo religioso e dos movimentos por reformas morais que levaram ao clamor pela proibição do álcool nos Estados Unidos, mas também a pressão de uma indústria em processo de expansão e de nova regularização de seus processos produtivos que necessitava enquadrar cada vez mais não apenas a disciplina do trabalho como também os hábitos e costumes dos trabalhadores.

ECONOMIA DA EMBRIAGUEZ

Por tudo já examinado anteriormente, fica evidente que, além de um fato social, a embriaguez é uma realidade econômica, tanto no que diz respeito aos seus benefícios como aos seus prejuízos, para o próprio consumidor e também para seus empregadores, como, acima de tudo, no que tange ao volume e ao faturamento da sua fabricação e venda.

Como fenômeno econômico, a natureza das bebidas alcoólicas, assim como de outras drogas, é de ser, como num modelo ideal, um exato oposto dos "bens duráveis", porque o seu consumo é contínuo, dada a breve duração dos seus efeitos, de uma adesão completa do consumidor ao produto, posto que ele vicia, e com uma demanda crescente, em razão dos efeitos da tolerância, ou seja, a necessidade de doses aumentadas devido à habituação. É claro que esse modelo ideal não contempla a imensa diversidade das substâncias e das formas de consumo, que podem não ser contínuas nem provocarem tolerância ou dependência.

A importância econômica da produção e do comércio de bebidas fermentadas, especialmente o vinho, enorme na Antiguidade e na Idade Média, só foi superada na época moderna pelo tráfico das bebidas destiladas que, a partir do século XVII, se tornou um dos mais importantes fluxos mercantis.

As cervejas, sidras e outros fermentados sempre foram de consumo nos locais próximos ao centro produtor, pois o seu transporte para longas distâncias não era possível devido à impossibilidade de conservá-los. Com o vinho, usava-se desde a Antiguidade ânforas de estreitos bocais, que podiam ser levadas em navios num comércio através do Mediterrâneo. O uso das garrafas de vidro e, especialmente, da vedação com rolhas, permitiu, desde o século XVIII, o transporte em larga escala de um produto estocável por muitos anos, da mesma forma que ocorreu com os destilados.

A possibilidade de estocar indefinidamente os excedentes de cereais por meio de sua transformação em destilados permitiu que o centeio, a cevada e o trigo, na Europa, e o milho, na América do Norte, tivessem o seu valor cristalizado na forma de bebidas alcoólicas, o que levou a uma imensa expansão na oferta desses produtos, fazendo com que seus preços despencassem e fosse massivamente ampliado o número dos seus consumidores. No início do século XIX, por exemplo, o consumo médio da população norte-americana era de 19 litros de bebida por ano por pessoa (atualmente, a média anual é de menos de 1 litro para cada habitante).[191] Segundo Pollan,[192] o americano típico dessa época bebia cerca de um quarto de litro de alguma bebida alcoólica destilada todos os dias, no desjejum, no almoço, no jantar, no trabalho e no descanso. O que se chamou então de República Alcoólica foi o resultado de uma produção excessiva de milho nas regiões do vale do rio Ohio, em Ohio nos Estados Unidos, cuja estocagem, transporte e valor agregado eram mais fáceis e maiores se transformado em uísque (o chamado *bourbon*).

Desde o século XVII, na época do mercantilismo, as disputas entre os Estados europeus foram marcadas por políticas protecionistas e monopolistas buscando o controle do comércio do vinho e, em seguida, dos destilados. Os "atos da navegação" de Cromwell se voltavam contra o comércio de intermediação dos holandeses. A proibição da importação de produtos franceses, especialmente vinho e conhaque, após a revolução de 1688, levou a Inglaterra a buscar uma aliança comercial com Portugal, com quem estabeleceu, em 1703, o Tratado de Methuen, que determinava a importação exclusiva dos vinhos portugueses pelos britânicos e a recíproca dos portugueses em relação aos tecidos da Inglaterra. Esse tratado, mais tarde, será ainda mais importante quando o vinho do Porto tornar-se um privilégio exclusivo de algumas regiões produtoras desse local e, especialmente, de algumas vinícolas pertencentes à família do Marquês de Pombal.

No sistema colonial atlântico, o produto central, o açúcar, também serviu para a produção de aguardentes e de rum, que se tornaram focos permanentes de conflitos com as legislações metropolitanas e foram o grande produto no escambo de escravos com a África, tanto no Brasil como no Caribe.

O consumo de bebidas alcoólicas pela população trabalhadora foi um dos grandes motivos justificados pelos teóricos da economia política em formação desde o século XVII e XVIII, para a manutenção dos salários no nível mínimo possível para a subsistência. Dessa forma, William Petty, em 1690, em *Aritmética política*, apontava o consumo de bebidas como a principal des-

---

[191] Courtright informa as cifras de um consumo anual *per capita* de 18 litros de álcool puro em 1840 e de cerca de 30 litros em 1914. Ver David T. Courtwright, *Forces of Habit,* cit.
[192] Michael Pollan, *O dilema do onívoro: uma história natural de quatro refeições*, trad. Cláudio Figueiredo (Rio de Janeiro: Intrínseca, 2007), p. 113.

tinação dos salários dos operários, que deveriam, portanto, ser os mais baixos possíveis. Os impostos, segundo Petty, deveriam gravar mais fortemente os produtos de consumo imediato, como comida e bebida, para direcionar o dinheiro gasto nesses produtos não duráveis para os produtos de maior duração. Nos momentos de boas colheitas, quando os salários cresceriam e a disponibilidade de mão de obra diminuiria, o Estado deveria, conforme essa teoria impiedosa, estocar os cereais para aumentar o seu preço e impedir, assim, que os pobres gastassem mais em comida e, especialmente, em bebidas.

Na economia política clássica, as bebidas alcoólicas foram tratadas como qualquer outra mercadoria, mas com algumas características particulares. Adam Smith,[193] partindo do princípio *Caveat emptor* (o comprador advertido), considerava que qualquer demanda era legítima se o produto correspondesse ao que dele se esperava. Em relação ao uso de bebidas pelos trabalhadores, parecia considerar algo natural, desde que de forma moderada. Assim, por exemplo, ao comentar sobre o fato de os salários serem maiores na América do Norte que na Inglaterra, cita, sem qualquer censura, que um carpinteiro de navios em Nova York ganha além do salário uma porção de um "quartilho" de aguardente, se limitando a calcular quanto em dinheiro esse acréscimo em produto acrescenta à sua renda monetária. O próprio ofício de vendedor de bebidas é objeto de sua análise na exposição que faz das diferentes remunerações das várias profissões, em que faz um paralelo entre sua diferenciada reputação e a admiração pública que lhe é conferida que não necessariamente se acompanham. O taverneiro, por exemplo, é um dos ofícios mais rentáveis, embora seja de pouco prestígio. Mas o seu lucro decorre não de sua capacidade de auferir uma renda de alguma forma especial, e sim porque o produto que oferece é de alta procura, e, portanto, seus pequenos lucros por cada litro de bebida vendido se multiplicam na mesma medida que sua clientela cresce em número.

São os apreciadores de bebida que levam à criação dos bares, e não os bares que criam os apreciadores: "não é o grande número de cervejarias que

---

[193] Adam Smith, *Investigação sobre a natureza e as causas da riqueza das nações*, livro II, trad. Luiz João Baraúna (3ª ed. São Paulo: Nova Cultural, 1988) [1776].

gera uma disposição à embriaguez entre a população simples, mas é essa tendência decorrente de outras causas, que necessariamente dá trabalho a um grande número de cervejarias".[194]

Bebidas alcoólicas são, segundo a visão de Smith, artigos de luxo,

> sem com este termo pretender lançar a mínima censura a quem deles faz uso moderado. Denomino artigos de luxo, por exemplo, a cerveja e a cerveja inglesa, na Grã-Bretanha, e o vinho, mesmo nos países produtores desse artigo. Uma pessoa de qualquer classe, sem merecer nenhuma censura, pode abster-se totalmente dessas bebidas. Por natureza, elas não são necessárias para o sustento da vida e nem o costume faz com que em parte alguma seja indigno viver sem elas.[195]

Como artigos de luxo, as bebidas, assim como o fumo, podem ser taxadas sem aumentar necessariamente o custo de vida dos trabalhadores e, portanto, seus salários, e a grande questão para a qual Smith dedica muitas páginas de *A riqueza das nações* é como aumentar a arrecadação sem perturbar a circulação de bens e capitais. "O açúcar, o rum e o fumo constituem mercadorias que em parte alguma são artigos de primeira necessidade, mas que se tornaram elementos de consumo quase universal e que, por conseguinte, são extremamente apropriados para tributação".[196] A sua proposta vai no sentido de que os impostos devam incidir, acima de tudo, sobre o consumo, e não sobre o comércio externo, ou seja, as alfândegas, pois "os artigos estrangeiros de uso e consumo mais generalizado na Grã-Bretanha parecem consistir principalmente em vinhos e conhaques importados do exterior [...] que talvez proporcionem a maior parte da receita arrecadada com as taxas alfandegárias.".[197] Após discutir várias alternativas, dentre as quais a forma de taxar por meio da concessão de uma licença (para beber álcool ou chá, por exemplo, como ocorria na Holanda), defende a mesma ideia de Sir Robert Walpole, ou seja, a recusa aos monopólios em prol da

---

[194] *Ibid.*, II, p. 274.
[195] *Ibid.*, V, p. 322.
[196] *Ibid.*, V, p. 383.
[197] *Ibid.*, V, p. 333.

maior agilidade na circulação comercial, abrandando ao máximo as taxas alfandegárias e concentrando a arrecadação nos produtos de consumo geral, especialmente os de luxo, o que resultaria em maior receita, diminuição dos preços e vantagens para o comércio e a manufatura nacionais.

O alto preço desses produtos era devido, no caso do tabaco, a um monopólio dos plantadores coloniais que conseguiram que se aprovasse "a absurda decisão de proibir o cultivo do tabaco na maior parte da Europa", o que levou a esse produto se tornar em quase todo o continente o principal objeto de taxação. Como a demanda efetiva desse produto já estaria suprida, os produtores chegavam até mesmo a destruir parte da produção para manter os preços (o que já ocorrera antes com os holandeses diante das especiarias asiáticas e ocorrerá mais tarde com o café na República brasileira).

O alto preço de certos vinhos e a valorização dos melhores vinhedos, que "representavam a parte mais valiosa da propriedade rural" tanto na Antiguidade como no século XVIII, se deviam a ausência de uma satisfação integral da demanda efetiva, pois os sabores especiais "reais ou imaginários" de certos vinhos os tornavam tão apreciados que sua procura era sempre crescente em relação à pequena oferta, "por causa disso, esses vinhedos são em geral cultivados de maneira mais cuidadosa que os demais, e o alto preço dos vinhos parece ser não o efeito, mas a causa desse cultivo mais cuidadoso".[198]

O maior crítico da Economia Política, Marx,[199] não tratou especificamente da embriaguez, mas mencionou as bebidas alcoólicas em diversas passagens de sua obra. Logo no início de *O capital*, usa a aguardente, junto com o linho ou as bíblias, como exemplos de mercadorias, independentemente se agradem, ao corpo ou ao espírito, pois são todas satisfações de necessidades humanas, que podem originar-se do "estômago ou da fantasia".

Depois, ao buscar explicar as enormes diferenças de preço entre produtos assemelhados com pequenas distinções de difícil aferição, tais como vinhos feitos com uvas de diferentes vinhedos, Marx utiliza o conceito de

---

[198] Adam Smith, *Investigação sobre a natureza e as causas da riqueza das nações*, cit., livro I, pp. 129-130.
[199] Karl Marx, *O capital: crítica da economia política*, trad. Regis Barbosa & Flávio R. Kothe (3ª ed. São Paulo: Nova Cultural, 1988).

"preço de monopólio" para se referir a um produtor que detenha uma qualidade única de um produto que possua interessados em comprá-lo:

> quando falamos de preço de monopólio, pensamos num preço que é determinado pela ânsia de comprar e pela capacidade de pagar dos compradores, independente do preço determinado pelo preço de produção geral, bem como do determinado pelo valor do produto. Um vinhedo que produz um vinho de excepcional qualidade, que de fato só pode ser produzido em quantidade relativamente pequena, tem um preço de monopólio. Devido a esse preço de monopólio, cujo excedente acima do valor do produto é determinado tão-somente pela riqueza e pela paixão de distintos bebedores de vinho, o viticultor consegue realizar um significativo sobrelucro.[200]

Essa passagem é útil para que se compreenda aspectos do funcionamento atual do mercado de drogas, especialmente na formação dos preços, tanto das lícitas, em que os aficionados por bebidas disputam apaixonadamente predileções e julgam sabores e efeitos de marcas e safras, como das proibidas, em que o "preço de monopólio" é devido à própria proibição que cria a capacidade de o crime organizado açambarcar, pelo domínio financeiro, logístico e pela força bruta, um mercado determinado pela "paixão" dos consumidores, como ocorreu com o álcool na Lei Seca e ocorre com qualquer droga numa sociedade que deseja consumi-la.

No século XX, na defesa das políticas governamentais de proibição ou mesmo controle do comércio de drogas, economistas supostamente liberais, em contradição aberta com o pensamento de Smith, afirmaram tratar-se de um produto que não corresponderia a uma necessidade real e que, além disso, criaria uma tendência a um consumo cada vez mais descontrolado, portanto, não expressaria uma expectativa de interesse real do consumidor. Segundo essa tese, a demanda dessas drogas seria "inelástica" ao preço, pois os consumidores sempre tenderiam a consumir cada vez mais, praticando para isso a delinquência. Muitos outros estudos empíricos, entretanto, mostraram que a demanda por drogas, lícitas ou ilícitas, também tem uma elasticidade ligada ao preço.

---

[200] *Ibid.*, livro III, vol. V, p. 224.

Outros importantes economistas liberais, especialmente o ideólogo da escola monetarista de Chicago, ganhador do prêmio Nobel de 1976, Milton Friedman, questionaram a política da proibição como um intervencionismo estatal indevido, cujo resultado era, contraditoriamente ao pretendido, um estímulo ao tráfico proibido, dado que elevava artificialmente os preços a ponto de torná-los atrativos para os traficantes a despeito do aumento dos custos de risco. Mesmo com uma contundente defesa do mercado livre de drogas psicoativas por parte destes "hiper-liberais", o consenso proibicionista internacional dos organismos oficiais relativos a políticas de drogas não se viu aparentemente abalado.

Os pressupostos chamados de "neoliberais", especialmente os da escola de Chicago, dominaram as políticas econômicas das duas últimas décadas do século XX, defendendo o não intervencionismo estatal no mercado, mas com duas exceções explícitas e paradoxais: a política dos subsídios agrícolas e a política de proibicionismo de certas drogas.

Gary Becker, outro ganhador do prêmio Nobel em 1992, abordou ainda mais focalizadamente as questões ligadas à chamada economia do crime e elaborou uma "teoria da adição racional" para afirmar que os consumidores de drogas, como os de outros produtos, não são "irracionais" nem escravos involuntários de objetos, mas, de alguma forma, escolhem e administram suas preferências de maneira a buscar otimizar custos e benefícios, ou seja, aquilo que caracterizaria a natureza "racional" de todo consumo como uma tentativa de se obter satisfação pelo menor preço possível.

O preço em questão abrange não só o custo da droga, mas também o custo de toda a própria proibição, que agrega valor ao produto artificialmente, criando condições de oligopólio e de ilegalidade que amplia a violência que resulta não dos efeitos do consumo das drogas em si, mas das condições de sua circulação num mercado tutelado. O suposto custo social das drogas ilícitas, admitido como óbvio, é muito inferior ao das drogas lícitas como tabaco e bebidas alcoólicas.

O debate sobre a "economia das drogas", como resume Pierre Kopp, é tão enviesado por preconceitos ideológicos, que quase não há consenso sobre nada, além de uma carência de dados empíricos, cuja precisão, devido à clandestinidade do mercado, sempre é aproximativa, o que leva esse autor a admitir que "muitos observadores, economistas ou não, continuam céticos quanto à capacidade da ciência econômica de dar conta de comportamentos de consumo complexos fazendo-os passar pelo crivo de suas hipóteses estreitas".[201]

Em relação ao significado econômico da proibição das bebidas alcoólicas nos Estados Unidos entre 1919 e 1933, o trabalho mais importante na busca de seus resultados foi o de Clark Warburton, que publicou *The Economics Results of Prohibition*, em 1932, em que, a partir de dados indiretos (pois a clandestinidade obviamente dificulta as estatísticas), como produção agrícola, prisões por embriaguez pública e mortes devido ao consumo de álcool, chegou à conclusão de que os efeitos econômicos da proibição foram uma discreta baixa no consumo e uma multiplicação por quatro dos preços das bebidas. Essa situação, longe de diminuir o peso econômico do comércio de bebidas, tornou-o ainda mais atrativo devido à lucratividade ampliada, estimulando a emergência de grupos criminosos, dos quais a Máfia tornou-se a mais célebre, dedicados a essa atividade.

O que ocorreu com o álcool nos Estados Unidos e acontece hoje em todo o mundo com as drogas consideradas "ilícitas" se passaria com a proibição de qualquer produto para o qual houvesse uma demanda e, escreve Kopp, seria "provável que a proibição do chocolate, ou do tabaco, geraria um mercado ilegal tão violento quanto o da droga".[202]

A economia da embriaguez não trata apenas da produção, da circulação e do consumo dos produtos inebriantes, ou mesmo das condições especiais da sua regulamentação histórica que vai do uso sagrado ao proibicionismo total, mas também dos seus significados mais gerais, conhecidos sob o termo econômico de "externalidades", como resultados para a saúde pública, para os acidentes de tráfego e outros, para a violência e outros aspectos das consequências sociais do uso excessivo ou abusivo de álcool e outras drogas.

Por outro lado, outras rendas ligadas ao mercado publicitário, ao turismo e à indústria do entretenimento associam-se com a economia da embriaguez. Mas, acima de todas essas, deve ser levada sempre em conta a enorme

---

[201] Pierre Kopp, *A economia da droga*, trad. Maria Elena Ortega Ortiz Assumpção (Bauru: Edusc, 1998), p. 82.
[202] *Ibid.*, 139.

importância das bebidas alcoólicas, assim como de outras drogas lícitas, para a arrecadação fiscal.

A demanda estatal por tributos foi exatamente uma das razões que contribuíram para o fim da Lei Seca, pois, após a depressão que se seguiu à crise de 1929, o Estado norte-americano estava sedento pelos recursos que o álcool legal poderia prover e, de fato, a substituição da proibição por uma alta taxação, que saltou de um dólar por galão em 1933 para nove dólares por galão em 1944, o que representava oito vezes o custo de produção, levou o historiador David T. Courtwright a escrever que o governo se tornou completamente dependente dessa taxação.[203]

As drogas viciam os cidadãos, e o governo é viciado na renda das drogas. Já em 1660, o tabaco de Maryland e Virgínia totalizava um quarto da renda da alfândega e 5% da renda total do governo. Por isso, apesar (ou exatamente por causa disso?) do tabagismo ser a mais letal e difundida forma de adição existente no mundo, o setor do tabaco continua a ser uma indústria poderosa que controla também diversos outros ramos da economia, como o da alimentação e bebidas, por exemplo. Como escreve Courtwright, "o que as taxas do sal eram para o século XVIII as taxas do cigarro são para o século XX".[204] As taxas do cigarro e também das bebidas, do café, do chá, dos remédios farmacêuticos, etc.

A política proibicionista, inaugurada no século XX com a Lei Seca nos Estados Unidos, apesar da sua revogação, continua presente até hoje no paradigma da "guerra contra as drogas" (na verdade, "guerra contra algumas drogas"), que não corresponde, entretanto, apenas a doutrinas econômicas, mas só pode ser entendida pela compreensão da natureza de um novo tipo de controle social, de uma intervenção estatal biopolítica, que tratou de interferir no terreno dos comportamentos íntimos e privados e nas esferas dos estilos de vida de uma forma intensamente repressiva e coercitiva, mas também positiva no sentido de plasmar modelos de conduta considerados adequados. O paradigma da abstinência total de álcool mudou apenas seu foco para outras substâncias.

---

[203] David T. Courtwright, *Forces of Habit*, cit.
[204] *Ibid.*, p. 164.

A HISTORIOGRAFIA DO VINHO E DE OUTRAS BEBIDAS ALCOÓLICAS

A história das bebidas alcoólicas já é um campo vasto de estudos em diversos países. Na França, por exemplo, remete imediatamente à história milenar do vinho e o seu objeto não é só a história econômica de sua produção e comércio, mas também a história social e cultural dos seus efeitos.

A história do vinho, sobretudo na época moderna, é um dos temas centrais das reflexões históricas da segunda geração da escola francesa dos Annales. É um dos produtos básicos na definição, por Braudel,[205] da noção de "cultura material", abrangendo as bebidas, as comidas, os estimulantes, os narcóticos, o vestuário, etc. A vide e seu produto, o vinho, é um dos exemplos mais marcantes dessas "plantas de civilização", pois é a planta do Ocidente, a grande cultura do Mediterrâneo, de um arbusto longevo e resistente, crescendo em terreno escarpado e pedregoso, dando-se especialmente bem nas encostas vulcânicas, que representa em si mesma a própria dinâmica da economia-mundo mediterrânica.

Em 1947, Febvre faz uma resenha na revista dos *Annales*, dedicada ao primeiro volume da obra monumental de Ernest Labrousse sobre a história dos preços, *La crise de l'économie française à la fin de l'Ancien Regime et au début de la Révolution*, e indica no vinho um tema relevante para esse trabalho.

> O vinho, nota Labrousse, o vinho nos anos que ele estuda, no final do Antigo Regime, ocupa o segundo lugar no comércio francês. Vem imediatamente após os cereais [...] o que alimenta uma exportação cujo resultado ultrapassa o de todos os produtos industriais que a França, nessa ocasião, pode enviar para o exterior. Apenas as reexportações de produtos coloniais pesam mais na balança de nosso comércio exterior.[206]

Levando em conta essas afirmações de Labrousse, Febvre vai enaltecê--lo como um dos primeiros a dar a importância devida à viticultura e ao

---

[205] Fernand Braudel, *Civilização material e capitalismo*, cit.
[206] Lucien Febvre, "Vignes, Vins et Vignerons", em *Annales Économies, Sociétés, Civilisations*, 2 (3), jul.-set. de 1947, p. 282.

vinho na história da França e do Mediterrâneo, e que, apesar disso, se trata de um tema que foi

> negligenciado por quase todos os autores que se ocuparam da vida econômica do Antigo Regime. De um tema sobre o qual parece que ninguém viu ou quis ver o interesse capital. De um tema que toca de perto, aliás, o nosso conhecimento da sociedade francesa e de uma de suas espécies mais originais: eu quero falar da vinha, de seu produto o vinho, de seu artesão, o vinhateiro [...] ele põe no lugar de honra uma atividade produtora que os historiadores (mesmo aqueles que não são unicamente bebedores de água) parecem considerar como secundária e da qual eles não percebem a importância para a história dos preços e da produção.[207]

Mas não só dos preços e da produção como também da história social, pois os vinhateiros são em torno de 2 milhões a 3 milhões de pessoas, dedicados a um cultivo "artesanal" para obter o produto por excelência tanto da vida material como da economia das trocas, inclusive no grande comércio de exportação.

Por isso, nas crises econômicas, cujas flutuações os preços do vinho podem medir, as regressões das rendas vitícolas correspondem, no que Febvre chega a chamar de "lei", às regressões da renda do povo. E, por isso, esses vinhateiros, no momento em que a crise econômica se transformava em crise revolucionária, ao frequentar a cidade "onde vive a sua clientela", ajudaram "a transmitir ao campo a interpretação das cidades e se tornaram mensageiros rurais da revolução".

O outro texto sobre o vinho, que Febvre resenha ao lado do de Labrousse, é um artigo de Roger Dion, *Grands traits d'une géographie viticole de la France* (Grandes tratados de uma geografia vitícola da França), de 1943, que apareceu nas *Publications de la Société de Géographie de Lille*, no qual, além do clima, da topografia e do solo, é preciso sempre levar em conta os "costumes e as crenças", que "exerceram sobre a distribuição dos vinhedos através do mundo uma influência que pode prevalecer sobre a do clima".[208]

---
[207] *Ibidem.*
[208] *Ibid.*, p. 284.

Nesse mesmo ano de 1947, o geógrafo Roger Dion vai presidir a banca de exame da tese de doutorado de Braudel, *O Mediterrâneo e o mundo mediterrânico na época de Filipe II*, na qual o vinho e as aguardentes, que só começam a aparecer nas tarifas alfandegárias a partir do final do século XVI, são mencionados diversas vezes. Especial destaque recebe o vinho malvasia, de Chipre, ocupada por Veneza desde 1479, que era considerado dos melhores.

Mais tarde, em sua obra madura, *Civilização material e capitalismo*, Braudel dará também um lugar de destaque para o vinho no capítulo "O supérfluo e o vulgar: alimentação e bebidas", na seção "Bebidas e excitantes, pois "as bebidas não são somente alimentos. Desde sempre representam o papel de excitantes, de evasões: por vezes, como em certas tribos índias, a embriaguez é até um meio de comunicação com o sobrenatural".[209] Além da água e das aguardentes, também trata da cerveja que se difundiu na Inglaterra no século XV, havendo até um refrão que Braudel diz ser exagerado: "Lúpulos, Reforma, louros e cerveja. Vieram para a Inglaterra todos no mesmo ano".[210] A sidra de maçãs também é mencionada, mas nada destrona o vinho que, num período entre 1781 e 1786, era consumido na proporção de 121 litros por ano por cada parisiense, comparados a apenas 8,9 litros de cerveja e 2,73 litros de sidra.

Desde então, a negligência dos historiadores e de outros cientistas sociais diminuiu, e já não se pode relegar para aquele nível abominável do "pitoresco" ou do "frívolo" os aspectos históricos da história do vinho, em seus múltiplos significados. Menor, talvez, tenha sido a preocupação com a investigação histórica sobre a embriaguez em seus também múltiplos significados: tanto como fenômeno de saúde pública como de representação cultural e identitária. Nesse sentido, merece destaque a obra da historiadora Véronique Nahoum-Grappe, especialmente *La culture de l'ivresse*, em que a embriaguez é vista como podendo ser o resultado de toda prática desmesurada, vertiginosa ou assimétrica, em que a consciência cenestésica ou proprioceptiva é alterada, particularmente no que se define como o "tempo

---

[209] Fernand Braudel, "Bebidas excitantes", em *Civilização material e capitalismo*, capítulo "O supérfluo e o vulgar: alimentação e bebidas", cit., p. 182.
[210] *Ibid.*, p. 192.

social da noite", espaço de sociabilidade privilegiada nas artes, espetáculos, boêmia e vida erótica, como um domínio oposto às exigência diurnas do trabalho e de sua disciplina.[211]

A fonte dessa sede tão particularmente insaciável pela alteração da própria consciência e sua relação com outros apetites ou desejos vem sendo objeto de curiosidade e de reflexão há muito tempo. Na Alemanha, no século XVIII, August Ludwig Schlözer, escreveu um opúsculo chamado "Sobre a sede dos antigos germânicos". Mais recentemente, outro autor germânico, Hasso Spode, escreveu que

> Examinando as fontes sobre a alimentação, percebi que eram estreitamente ligadas com bebidas, e que beber era muito mais revelador. Ambas tentam e definem as fronteiras entre nós e eles, sagrado e profano, controlado e descontrolado, decente e indecente, alto e baixo, masculino e feminino, normal e patológico. O álcool é um líquido que nos fornece profundos *insights* sobre a sociedade e a cultura. Em um deslumbrante espelho, embriaguez e sobriedade refletem o jogo mútuo de continuidade e mudança na *conditio humana*. Acrescidas à perspectiva diacrônica, as crenças e usos do álcool permitem uma comparação sincrônica de identidades e culturas, iluminando todo o universo ético, isto é, os diferentes conceitos de liberdade, privacidade, de autoridade, de autocontrole ou de gênero. Em uma palavra: o álcool é o objeto ideal para a antropologia histórica (você pode igualmente chamar de *histoire des mentalités* ou história cultural – o rótulo dos campos às vezes é mais um jogo sem sentido).[212]

Mais além das tradicionais histórias da temperança e das cervejarias, presentes nas historiografias alemã e germânica, vão surgir trabalhos, como outros de Spode – *Alkohol und Zivilisation* (Berlim, 1991), *Die Macht der Trunkenheit* (*Power of Drunkenness*) (Opladen, 1993) –, que representam um ponto de referência importante num novo enfoque muito mais crítico e abrangente.

---

[211] Véronique Nahoum-Grappe, *La culture de l'ivresse: um essai de phénoménologie historique* (Paris: Quai Voltaire, 1991).

[212] Hasso Spode, "What Does Alcohol History Mean and To What End Do We Study It? A Plea for SpeciRalism", em *The Social History of Alcohol and Drugs*, vol. 18, 2003, p. 20.

Schivelbusch foi outro autor alemão a trazer uma análise histórica comparada das drogas na época moderna, especialmente o álcool destilado, o café, o chá, o chocolate e o tabaco, com seu livro *Das Paradies, das Geschmack und die Vernunft: Eine Geschichte der Genusmittel*, traduzido ao francês como *Histoire des stimulants*, em que demonstra a centralidade desses produtos na constituição das sociedades modernas, tanto no seu significado econômico como nas representações simbólicas de que se envolvem. O café, por exemplo, expressando a vocação de sobriedade, eficiência, rapidez e desempenho que caracterizam a emergente burguesia, terá como local predileto de encontro social o café, um espaço masculino de articulação política.[213]

O estudo social do álcool teve grande expressão na Alemanha, especialmente nas investigações sociológicas sobre as relações entre o uso do álcool e as classes trabalhadoras.[214] A questão do álcool e dos papéis de gênero também tem grande relevância em estudos históricos e sociológicos que enfocam a bebida como ideal simbólico de masculinidade.[215]

É no campo da antropologia, no entanto, que o tema da embriaguez e dos usos do álcool tem encontrado um espaço mais amplo de reflexão e investigação. Em 1987, Mary Douglas organizou a coletânea *Constructive Drinking: Perspectives on Drink from Anthropology*, dando conta do fenômeno da ingestão de bebidas alcoólicas em diversos países e regiões em muitos aspectos e, particularmente, naquilo que parecem ter de universal: a criação de momentos excepcionais de suspensão de restrições e inversões rituais das regras vigentes e, ao mesmo tempo, a criação de formas de gestão e critérios para que esses estados possam se expressar em toda a sua efervescência, mas amenizando, ao mesmo tempo, os riscos destrutivos que eles também suscitam.[216]

Os antropólogos enfocam o álcool não necessariamente como um "problema". Existem formas de se beber "construtivas" e elas são predo-

---

[213] Wolfgang Schivelbusch, *Histoire des stimulants* , cit.
[214] Para obter mais informações sobre o assunto, ver James Stephen Roberts, *Drink Temperance and the Working Class in Nineteenth Century Germany* (Boston: George Allen & Unwin, 1984).
[215] No Brasil, sobre o assunto ver Maria Izilda Santos de Matos, *Meu lar é um botequim: alcoolismo e masculinidade* (São Paulo: Nacional, 2000).
[216] Mary Douglas (org.), *Constructive Drinking: Perspectives on Drink from Anthropology* (Nova York/ Paris: Cambridge University Press/Maison des Sciences de l'Homme, 1991).

minantes na maior parte das sociedades. As visões médicas e sociológicas mais comuns, ao partirem do uso "problemático", constituem um viés inapropriado para a apreensão total do fenômeno da ingestão de álcool: "o beber problemático é muito raro e o alcoolismo parece ser virtualmente ausente mesmo em muitas sociedades em que a embriaguez é frequente, muito estimada e ativamente buscada".[217]

As bebidas cumprem diversos papéis na "construção do mundo como ele é", ao servirem como marcadores de identidades e limites de inclusão/exclusão social. Isso se verifica desde o seu papel ritual na transição do trabalho para o lazer até na constituição de "rotuladores" sociais (por exemplo, no conhecimento de vinhos como um indicador de excelência social). A bebida ou a marca que se bebe define a camada social a que pertence a pessoa. Mas as bebidas também servem para "construir um mundo ideal" possibilitando a ocasião dos encontros e a ritualização das condutas. Por isso, as respostas aos problemas decorrentes do abuso só podem ser equacionadas sob formas comunitárias de controle em que a solidariedade e a reprovação públicas funcionam melhor do que o simples exercício repressivo de autoridades institucionais. Douglas adverte sempre para a necessidade de se ampliarem os estudos interdisciplinares de forma a se colocarem em paralelo as informações biomédicas e as atitudes culturais.

O antropólogo Dwight B. Heath, da Brown University, nos Estados Unidos, também é uma referência fundamental para o desenvolvimento de um campo de estudos interdisciplinares sobre as bebidas alcoólicas no país, tanto na colaboração com a coletânea de Douglas como em diversas obras de sua autoria, tal como *Drinking Occasions: Comparative Perspectives on Alcohol and Culture* ou na organização da coletânea *International Handbook on Alcohol and Culture*, em que se analisam mais de vinte países em seus padrões e especificidades culturais nas formas de beber.[218] Heath destaca o fato de que as atitudes diante do ato de beber influenciam o comportamento e as sensações dos bebedores, e isso torna as expectativas culturais algo tão de-

---

[217] *Ibid.*, p. 3.
[218] Mary Douglas, *Constructive Drinking: Perspectives on Drink from Anthropology*, cit.; *International Handbook on Alcohol and Culture* (Westport: Greenwood, 1995).

terminante sobre os efeitos do álcool, assim como sobre os de outras drogas, quanto as suas propriedades psicofarmacológicas específicas.

Opondo-se às diversas formas do proibicionismo, Heath identifica nos grupos religiosos que praticam a abstenção uma desvantagem no aprendizado do como beber, o que os torna especialmente vulneráveis quando se submetem a uma experimentação com bebidas alcoólicas.

A expectativa social determina em grande parte o comportamento, se é esperado um comportamento violento, ele ocorrerá, e até mesmo testes com uso de placebo mostram que os que bebiam álcool sem o saber permaneciam mais sóbrios do que os que bebiam placebo pensando tratar-se de álcool.

Propondo a aprendizagem de modos adequados de consumir álcool e outras drogas como uma educação indispensável, Heath destaca a importância de que isso ocorra especialmente no ambiente familiar. Em suas pesquisas, esse antropólogo estudou não só a sociedade estadunidense como também a América Latina, sobretudo a Bolívia, em suas formas de consumir bebidas alcoólicas.

O historiador estadunidense Courtwright inclina-se a uma interpretação que tende a sublinhar os aspectos destrutivos da explosão de um alto consumo alcoólico e de outras drogas desde o século XVII, como a motivação para a expansão do proibicionismo oitocentista e utiliza a expressão "revolução psicoativa" para se referir a enorme ampliação no acesso às drogas que se tornam as principais mercadorias da época moderna, modelando em grande parte a economia e a cultura dessa época. A "contrarrevolução psicoativa" proibicionista que identificou nos vícios uma doença comum que devia ser combatida marcou o final do século XIX em diante. O capitalismo, no entanto, continuou oferecendo os mais lucrativos produtos como parte de um "investimento nos vícios", no que ele chama de "capitalismo límbico", ou seja, voltado para produtos que agem no sistema de recompensa do cérebro, satisfazendo assim uma "fome psíquica" cada vez mais diversificada e insaciável.[219]

O papel central dessas substâncias desde a pré-história tem sido ressaltado em estudos arqueológicos que tentam identificar as origens dos usos de

---

[219] David T. Courtwright, *Forces of Habit*, cit.

certas substâncias. O álcool fermentado não teria sido das primeiras, dado sua complexidade de produção, enquanto diversas plantas, como o cânhamo, a papoula e outras, podem ser consumidas *in natura*. Mesmo que tenha se tornado, após a época neolítica, um produto cultural importante, os fermentados teriam uma difusão mais tardia, em torno do quarto milênio antes de Cristo.

Em Oxford, na Inglaterra, alguns importantes pesquisadores vêm estudando variados aspectos da questão das drogas psicoativas, em geral, do ponto de vista histórico e antropológico, entre os quais se destacam os nomes de Andrew Sherratt no âmbito arqueológico, do Ashmolean Museum, e Richard Rudgley, do Instituto de Antropologia Social e Cultural [Institute of Social and Cultural Anthropology – Isca], que estudou o conjunto da bibliografia sobre esse assunto para escrever alguns livros de síntese sobre o conhecimento antropológico a respeito do que ele denominou "substâncias essenciais".

Obras mais gerais sobre a história do álcool inserida na história geral das drogas, como as de Antonio Escohotado, Richard Davenport-Hines, David Courtwright, Jean-Louis Brau,[220] entre outros, também são contribuições importantes para esse campo que vem se ampliando e se institucionalizando, especialmente nos Estados Unidos, por meio de diversas associações e publicações acadêmicas, notadamente o *The Social History of Alcohol and Drug: an Interdisciplinary Journal*, boletim que se iniciou originalmente em 1979, quando o Grupo de História do Álcool e da Temperança no interior da Associação Americana de Historiadores (American Historical Association – AHA) tornou-se a *Alcohol and Drugs History Society*.

A importância das drogas na história e na antropologia vem crescendo, e uma enorme bibliografia tanto de enfoque monográfico como mais geral amplia-se cada vez mais em vários países, ajudando a conformar um novo campo de estudos interdisciplinares sobre drogas, entre as quais se destacam as bebidas alcoólicas tanto fermentadas como destiladas.

Alguns dos mais importantes estudiosos das substâncias psicoativas em geral, e das bebidas alcoólicas em particular, foram o etnobotânico Ri-

---

[220] Antonio Escohotado, *Historia general de las drogas*. (6ª ed. Madri: Espasa Calpe, 2004); Richard Davenport-Hines, *The Pursuit of Oblivion: a Global History of Narcotics* (Londres/Nova York: W. W. Norton & Company, 2002); David T. Courtwright, *Forces of Habit*, cit.; Jean Louis Brau, *Historia de las drogas* (Barcelona: Bruguera, 1974).

chard Evans Schultes e o farmacólogo Albert Hofmann, autores em comum de *Plants of Gods*, além de Jonathan Ott e Christian Rätsch,[221] entre outros, que pesquisaram os efeitos dos embriagantes comparados a outras drogas psicoativas do ponto de vista histórico, antropológico, farmacológico e etnobotânico e escreveram obras enciclopédicas que são indispensáveis manuais de referência para um campo epistemológico tão interdisciplinar como é o caso dos estudos sobre drogas.

HISTÓRIA, SOCIOLOGIA E ANTROPOLOGIA DAS BEBIDAS NO BRASIL

No Brasil, os estudos sobre bebidas alcoólicas fizeram parte das obras de alguns dos chamados grandes "intérpretes do Brasil". A cachaça, como emblema de bebida nacional, foi estudada especificamente por Luís da Câmara Cascudo e Gilberto Freyre, em seus múltiplos significados. O primeiro, em *Prelúdio da cachaça*, reuniu um conjunto amplo de referências históricas, etnográficas e folclóricas sobre a bebida que se tornou o emblema da nacionalidade, sendo festejada nos brindes patrióticos em oposição ao vinho ou às aguardentes europeias.

Cascudo afirma, antes de tudo, que a sobriedade era uma característica brasileira que foi notada pelos viajantes. Auguste de Saint-Hilaire, em 1819, escreveu que "não se deva supor, todavia, que o gosto desses homens pela cachaça os conduza frequentemente à embriaguez [...] não me lembro de ter visto ao longo de minhas viagens um único homem embriagado".[222] George Gardner, em 1846, ao voltar do Brasil e chegar em Liverpool observou ter visto num domingo de manhã mais "ébrios, no meio das ruas dessa cidade, do que vi, entre os brasileiros, brancos ou mestiços, durante toda

---

[221] Richard Evan Schultes & Albert Hoffman, *Plantas de los dioses: orígenes del uso de los alucinógenos*, trad. Luisa Fernanda Aguirre de Cárcer (Cidade do México: Fondo de Cultura Económica, 2000); Jonathan Ott, *Pharmacoteon, drogas enteogénicas, sus fuentes vegetales y su historia* (Barcelona: La Liebre de Marzo, 1996); Christian Rästsch. *Plants of Love: the History of Aphrodisiacs and a Guide to Their Identification and Use* (Berkeley: Ten Speed Press, 1997).

[222] Auguste de Saint-Hilaire, *apud* Luís da Câmara Cascudo, *Prelúdio da cachaça*, cit., p. 33.

a minha estada em seu país, que foi de cinco anos".[223] Na própria Corte, segundo Cascudo, quase não se beberia, e os dois imperadores do Brasil teriam sido "abstêmios".

Freyre também tratou em muitas passagens de sua obra da questão do álcool, visto como uma das exceções na dominação do açúcar, uma das

> pequenas culturas e indústrias ancilares ao lado da imperial, de cana-de--açúcar. Só as que se podem chamar de entorpecentes, de gozo, quase de evasão, favoráveis àquele ócio e àquela voluptuosidade: o tabaco, para os senhores; a maconha – plantada nem sempre clandestinamente perto dos canaviais – para os trabalhadores, para os negros, para a gente de cor; a cachaça, a aguardente, a branquinha.[224]

Nesse trecho do prefácio da primeira edição de 1937 de *Nordeste*, o tabaco é relacionado aos senhores e a maconha aos negros, mas a cachaça não recebe essa tipificação, parece ser mais universal. Nada menciona de sua importância econômica, mas a responsabiliza por uma maior incidência de doenças mentais nos negros, que assim sofreriam não por uma suposta tendência congênita, como queriam muitos dos eruditos da época, mas por condições ambientais, entre as quais, além do alcoolismo, desempenhavam um papel a sífilis, o "fetichismo", o "baixo espiritismo" e a maconha.

O alcoolismo no Brasil seria mais raro que entre os europeus, especialmente os do Norte, por isso a maior ocorrência desse fenômeno no país teria sido nas regiões dominadas pelos holandeses, a ponto de o folclore rural registrar provérbios sobre essa tendência, tal como "não há Wanderley que não beba". De resto, os brasileiros seriam "grandes bebedores de água". Mais tarde, em *Sobrados e mucambos*, Freyre[225] dedica um trecho mais longo para defender a tese da menor incidência de hábitos alcoólicos no Brasil, com as exceções do Recife sob dominação holandesa e das áreas de mineração no século XVIII.

---

[223] George Gardner, *apud* Luís da Câmara Cascudo, *Prelúdio da cachaça*, cit. p. 33.
[224] Gilberto Freyre, *Nordeste: aspectos da influência da cana sobre a vida e a paisagem do nordeste do Brasil* (Rio de Janeiro: José Olympio, 1951), p. 15.
[225] Gilberto Freyre, *Sobrados e mucambos: decadência do patriarcado rural e desenvolvimento do urbano* (14ª ed. São Paulo: Global, 2003).

Em geral, muitos relatos de viajantes no Brasil (entre os quais, George Gardner, Auguste de Saint-Hilaire, Louis François de Tollenare, etc.) observaram a pouca presença da embriaguez pública e do consumo de álcool às refeições. Outros, entretanto, como os do príncipe Maximiliano e de Richard Burton, constataram, nas regiões interiores do Império, um enorme uso de aguardente desde o despertar.

Os negros, no entanto, seriam sempre mais propensos ao alcoolismo, os que não morriam de banzo, observa Freyre ao final de *Casa-grande e senzala*, ficavam sofrendo e assim, "sem achar gosto na vida normal – entregando-se a excessos, abusando da aguardente, da maconha, masturbando-se".[226]

Caio Prado Jr. também tratou, embora brevemente, da cachaça em *Formação do Brasil Contemporâneo*:

> É um subproduto de largo consumo no País, e que se exporta para as costas da África onde servia no escambo de escravos. A par das destilarias de aguardente anexas aos engenhos, há os estabelecimentos próprios exclusivos para este fim; são as engenhocas ou molinetes, em regra de proporções mais modestas que os engenhos, pois suas instalações são mais simples: menos dispendiosas e portanto mais acessíveis. A aguardente é uma produção mais democrática do que a do aristocrático açúcar.[227]

Prado Jr. também já mostra nesse trabalho que a aguardente é o segundo gênero usado para o escambo africano, só superado pelo tabaco, este sobretudo da Bahia e aquele do Rio de Janeiro, especialmente da Ilha Grande, de Angra dos Reis e de Parati, cidade cujo próprio nome passou a designar cachaça.

Além de servir para adquirir escravos na África, a aguardente serviu para levar os índios ao trabalho: "a aguardente se revelara o melhor estímulo para levar o índio para o trabalho; a colonização se aproveitará largamente dela". Mais à frente, Prado Jr. vai repetir numa nota essa tese: "o único estímulo civilizado que o índio compreendeu foi a aguardente".[228]

---

[226] Gilberto Freyre, *Casa-grande e senzala: formação da família brasileira sob o regime da economia patriarcal* (25ª ed. Rio de Janeiro: José Olympio, 1987), p. 464.
[227] Caio Prado Jr., *Formação do Brasil contemporâneo*, cit., p. 147.
[228] *Ibid.*, pp. 105 e 348.

Mais recentemente, outros investigadores têm estudado o tema em diferentes campos do conhecimento. O historiador José C. Curto vem estudando, em Portugal, o comércio de bebidas entre a metrópole, a colônia americana e a África e a sua importância-chave na constituição de um sistema sul-atlântico que articulou em três continentes o fornecimento de mão de obra, o protecionismo das bebidas exportadas de Portugal sob o regime exclusivo colonial e a produção de cana-de-açúcar e, entre seus derivados, a cachaça, usada como moeda de escambo no tráfico africano de escravos. A coroa portuguesa tentou, em 1679, inutilmente, proibir a exportação de cachaça do Brasil para Angola, tendo revogado essa provisão em 1695 e, desde então até o século XIX, o Brasil passou a fornecer mais de três quartos de todo o álcool levado para Luanda.[229]

Luiz Felipe de Alencastro[230] foi um dos historiadores que também ressaltou a importância decisiva da geribita, denominação da cachaça na África, como o principal gênero (juntamente com o tabaco) usado para o escambo africano de escravos.

Um dos estudos históricos recentes sobre o tema da aguardente de cana no Brasil é *Cachaça: alquimia brasileira*,[231] em que os autores enfatizam tanto a importância cultural da aguardente na tradição das festas e outras comemorações populares como o enorme significado econômico desse gênero na economia colonial e imperial.

Na coletânea *Festa: cultura e sociabilidade na América portuguesa* de István Jancsó e Íris Kantor, Julita Scarano escreveu um capítulo sobre os usos das bebidas na sociedade colonial, em que também tenta dar conta de vários aspectos da história social desses usos, ressaltando não só sua perseguição no século XVII, que resultou numa série de formas clandestinas

---

[229] José C. Curto, *Álcool e história: o comércio luso-americano do álcool em Mpinda, Luanda e Benguela durante o tráfico atlântico de escravos (c. 1480-1830) e o seu impacto nas sociedades da África Central Ocidental*, trad. Márcia Lameirinhas (Lisboa: Vulgata, 2002); "Vinho verso cachaça: a luta luso-brasileira pelo comércio do álcool e de escravos em Luanda, *c*. 1648-1703", em Selma Pantoja & José Flávio Sombra Saraiva (orgs.), *Angola e Brasil nas rotas do Atlântico Sul* (Rio de Janeiro: Bertrand Brasil, 1999).

[230] Luiz Felipe de Alencastro, *O trato dos viventes: formação do Brasil no Atlântico Sul. Séculos XVI e XVII* (São Paulo: Companhia das Letras, 2000).

[231] Luciano Figueiredo *et al.*, *Cachaça: alquimia brasileira*, cit.

de fabricação e de contrabando, entre as quais se destacaria a produção dos quilombos,[232] como também sua extrema importância social como marcador de classe e como instrumento de sociabilidades e solidariedades entre as camadas populares, inclusive na organização de revoltas ou arruaças. Também é ressaltada a condição ambígua de uma bebida que era vista sob vários prismas: como estímulo ao trabalho, mas sob risco de incitar subversões, como remédio, mas podendo se tornar um veneno, como produto lucrativo, mas estimulador do contrabando.[233]

Esse papel ambivalente das bebidas alcoólicas na história colonial brasileira (assim como de outras colônias) reflete uma importância econômica crescente e uma disseminação cada vez maior do consumo que se tornou uma espécie de lazer universal de escravos em particular e do povo em geral. O uso das bebidas tornou-se um dos mecanismos centrais na instauração do espaço social da festa, pois mesmo as religiosas tinham um consumo conspícuo de bebidas. Como escreve a historiadora Mary Del Priore:

> tudo indica que a embriaguez era um traço permitido e natural nas ocasiões de festa. Na letra de um "baile pastoril", dos muitos dançados na Colônia por simulacros de Maria e José, os pastores e reis confessam ao Menino Jesus estarem "melados", "chupados" com a cabeça pesada de tanta bebida e desmemoriados, tamanha a ingestão de álcool.[234]

"Pecado menor o da bebedice" – acrescenta a historiadora – "logo perdoado pelo Divino Menino", pois no "misto sacro-profano da festa a devoção espiritual e a bebida se combinavam se permeadas de boas intenções.".[235] Mesmo que as *Constituições primeiras do arcebispado da Bahia* estabelecessem em 1707, que os sacerdotes "não podiam comer ou

---

[232] Sobre a aguardente nos quilombos, ver Carlos Magno Guimarães, "Os quilombos, a noite e a aguardente nas Minas coloniais", em Renato Pinto Venâncio & Henrique Carneiro (orgs.), *Álcool e drogas na história do Brasil*, cit.
[233] Julita Scarano, "Bebida alcoólica e sociedade colonial", em István Jancsó & Íris Kantor (orgs.), *Festa, cultura e sociabilidade na América portuguesa*, vol. II (São Paulo: Hucitec/Edusp/Fapesp/Imprensa Oficial, 2001).
[234] Mary Del Priore, *Festas e utopias no Brasil colonial* (São Paulo: Brasiliense, 1994), p. 66.
[235] *Ibid.*, p. 66.

beber em tavernas ou ir a festas ilícitas",[236] a simples explicitação dessa interdição deixa claro o quanto era difícil de evitá-la.

Um simpósio sobre história das bebidas e das drogas no Brasil, realizado na Universidade Federal de Ouro Preto (Ufop), em Mariana, em 2003, teve seus resultados, posteriormente, também publicados num livro organizado por Renato Pinto Venâncio e Henrique Carneiro, *Álcool e drogas na história do Brasil*, que reuniu alguns dos pesquisadores brasileiros que se debruçaram sobre esses produtos como objetos de estudo, entre os quais Ronald Raminelli, Luiz Mott, Leila Mezan Algranti, Carlos Magno Guimarães, Virginia Valadares, Andréa Lisly Gonçalves e Renato Pinto Venâncio, Myriam Bahia Lopes e Eduardo de Sousa Lima, Tarcísio Botelho, que estudaram especificamente o tema das bebidas alcoólicas.

João Azevedo Fernandes em sua tese de doutoramento em história sobre o consumo de bebidas alcoólicas nos dois primeiros séculos da colonização, intitulada *Selvagens bebedeiras: álcool, embriaguez e contatos culturais no Brasil colonial*, examina especialmente os conflitos entre as formas tradicionais e ritualizadas de se beber cauim dos indígenas e o novo "regime etílico" inaugurado pela difusão dos destilados de cana.

Um outro tema importante é a relação da formação da medicina brasileira com o estabelecimento de uma noção de alcoolismo marcada pela estigmatização patologizadora dos consumidores de origens pobres e negros. Dumas dos Santos na dissertação de mestrado, *Alcoolismo: a invenção de uma doença*, analisa as teses das faculdades de medicina que enfocavam o tema do consumo de bebidas.[237] Sobre esse mesmo aspecto, Walter M. Aiello também desenvolveu sua dissertação de mestrado *Fronteiras do alcoolismo: álcool e saber médico*.[238]

A defesa da abstinência alcoólica e de políticas públicas com esse objetivo foi um traço marcante do pensamento médico brasileiro. Em 1909

---

[236] Sebastião Monteiro da Vide, *Constituições primeiras do arcebispado da Bahia*, liv. 3, tit. 6, parág. 464-6, apud Maria do Carmo Pires, *Juízes e infratores: o tribunal eclesiástico do bispado de Mariana (1748-1800)* (São Paulo/Belo Horizonte: Annablume/Fapemig, 2008), p. 71.
[237] Fernando Sérgio Dumas dos Santos, *Alcoolismo: a invenção de uma doença*, dissertação de mestrado (Campinas: Unicamp, 1995).
[238] Walter M. Aiello, *Fronteiras do alcoolismo: álcool e saber médico no Rio de Janeiro – 1839-1890*, dissertação de mestrado (São Paulo: PUC-SP, 2006).

foi fundada a Sociedade Anti-Alcoólica do Brasil e a partir dos anos 1920 a Liga Brasileira de Higiene Mental se dedicou a campanhas antialcoólicas por meio da realização anual de "semanas antialcoólicas".

O espaço social do beber, especialmente a instituição dos bares, também já foi objeto de muitos estudos históricos, desde o pioneiro trabalho de Sidney Chalhoub, em *Trabalho, lar e botequim*, a Maria Izilda Santos de Matos, em *Meu lar é um botequim: alcoolismo e masculinidade*, a qual analisa as representações da condição masculina em relação às formas e os lugares de se beber. Do mesmo modo, Ana Lúcia Gonçalves Rosa também desenvolveu um estudo sobre esse tema em sua dissertação de mestrado, *Passos cambaleantes, caminhos tortuosos: beber cachaça, prática social e masculinidade. Recife 1920-1930*.[239]

Nos estudos sobre a Primeira República no Brasil encontram-se pouquíssimas análises do uso de bebidas alcoólicas, sendo uma exceção as curtas, embora densas, páginas que Nicolau Sevcenko[240] dedicou ao assunto em *Orfeu extático na metrópole*, em que trata da urbanização intensa da cidade de São Paulo nos anos 1920 e de suas consequências culturais, entre as quais, a emergência e o crescimento das propostas proibicionistas do álcool e de outras drogas, cujo tema é também abordado por Domingos Jaguaribe, em *O veneno moderno*, o qual é membro da Liga Contra o Álcool, que declarava que "o mal do século é o álcool".[241]

Um artigo bastante abrangente é "Cachaça, vinho e cerveja: da Colônia ao século XX", de Ricardo Luiz de Souza, que analisa tanto os padrões do consumo e da produção alcoólica do período colonial como as características específicas da época imperial e republicana, quando em âmbito interna-

---

[239] Sidney Chalhoub, *Trabalho, lar e botequim: vida cotidiana e controle social da classe trabalhadora no Rio de Janeiro da Belle Époque* (São Paulo: Brasiliense, 1986); Maria Izilda Santos de Matos, *Meu lar é um botequim: alcoolismo e masculinidade* (São Paulo: Nacional, 2000); Ana Lúcia Gonçalves Rosa, *Passos cambaleantes, caminhos tortuosos: beber cachaça, prática social e masculinidade – Recife 1920-1930*, dissertação de mestrado (Fortaleza: Universidade Federal do Ceará, 2003).

[240] Nicolau Sevcenko, *Orfeu extático na metrópole: São Paulo, sociedade e cultura nos frementes anos 20* (São Paulo: Companhia das Letras, 1992).

[241] Domingos Jaguaribe, *O veneno moderno: causas da degenerescência social* (São Paulo: Empresa Typographica Editora O Pensamento, 1913).

cional crescia o consumo de bebidas, especialmente entre meios operários e nascia um movimento de defesa da abstinência.[242]

Mais ampla do que a histórica é talvez a abordagem sociológica e antropológica da embriaguez. O artigo "Alcoolismo: acusação ou diagnóstico?", da antropóloga Delma Pessanha Neves traz uma importante análise desse campo de produção de conhecimento e ressalta a dificuldade para o pesquisador de admitir, *a priori*, os parâmetros acusatórios da condição do beber excessivo como um fenômeno de "alcoolismo", dado que há sociedades que podem até mesmo beber grandes quantidades de álcool e ficarem, para os nossos padrões, excessivamente bêbadas, sem terem, no entanto, a existência do fenômeno do beber patológico, ou seja, do "alcoolismo".[243]

No campo histórico e antropológico, as questões ligadas aos usos tradicionais de fermentados indígenas e suas relações com a adoção posterior do álcool destilado a partir do contato com os colonizadores brancos vêm sendo também objeto de muitos estudos no Brasil. Um dos melhores resumos dos estudos arqueológicos de fontes materiais, como vasilhas de cerâmica, assim como dos estudos etnográficos das formas indígenas de consumo tradicionais é o artigo "O cauim e as beberagens dos guarani e tupinambá: equipamentos, técnicas de preparação e consumo", de Francisco Silva Noelli e José Proenza Brochado.[244] Entre os trabalhos publicados mais recentemente, merecem registro os dos antropólogos Marta Amoroso, Susana de Matos Viegas, Renato Sztutman, Laércio Fidelis Dias, entre outros, assim como as dissertações de mestrado já defendidas e as pesquisas em desenvolvimento de alguns historiadores[245] e cientistas sociais.

---

[242] Ricardo Luiz de Souza, "Cachaça, vinho e cerveja: da colônia ao século XX", em *Estudos históricos: alimentação,* nº 33 (Rio de Janeiro: FGV, jan.-jun. de 2004).

[243] Delma Pessanha Neves, "Alcoolismo: acusação ou diagnóstico?", em *Cadernos de Saúde Pública*, 20 (1), Rio de Janeiro, jan.-fev. de 2004.

[244] Francisco Silva Noelli & José Proenza Brochado, "O cauim e as beberagens dos Guarani e Tupinambá: equipamentos, técnicas de preparação e consumo", em *Revista do Museu de Arqueologia e Etnologia*, vol. 8, São Paulo, 1998.

[245] Destaque-se o atual projeto de doutorado em desenvolvimento de Alexandre Camera Varella, "Alimentação e medicina na conquista da América", e sua dissertação de mestrado *Substâncias da idolatria*, cit., assim como o projeto de mestrado de Lucas Endrigo Brunozi Avelar: "Usos e abusos: bebidas alcoólicas e subjetividade moderna na América Portuguesa. Século XVIII". No âmbito dos estudos regionais sobre o consumo alcoólico, ver Raul Max Lucas da Costa, "Tensões sociais no consumo de bebidas alcoólicas em Fortaleza (1915-1935), cit.

Alguns autores também têm escrito sobre bebidas alcoólicas no Brasil de forma mais literária, jornalística ou mesmo aficionada, seja enológica, seja cachaceira, seja cervejeira, entre eles, Antonio Houaiss, *A cerveja e seus mistérios,* e Marcelo Câmara, *Cachaças. Bebendo e aprendendo.* Sobre o folclore do vinho, Whitaker Penteado escreveu um interessante livro, *O folclore do vinho*, recolhendo provérbios, adágios e anexins em português e outras línguas.[246]

O tema da embriaguez vem assim ocupando crescentemente o interesse de diversos investigadores no campo das ciências sociais e nos estudos históricos nacionais e regionais de diferentes países, em que os significados complexos e múltiplos dos fenômenos do consumo alcoólico, assim como de outras drogas psicoativas, são enfocados de forma a ampliar cada vez mais a sua análise como fenômenos específicos e como chave interpretativa mais geral para os mecanismos da interação social.

PSICOLOGIA DO PRAZER ÉBRIO

A felicidade como objetivo da existência humana é uma tese recente do ponto de vista histórico. Para as religiões abraâmicas, a felicidade reside na busca da vida eterna, e não no vale de lágrimas em que a rebelião contra o criador nos lançou após a expulsão do paraíso. Entre os filósofos gregos, como Aristóteles, a felicidade é equivalente à racionalidade e, portanto, inacessível aos animais, às mulheres e às crianças. A noção da felicidade como um equilíbrio adequado entre a soma das dores e dos prazeres da existência no seu todo também toma relevância na Antiguidade. A relação da felicidade com os prazeres carnais, especialmente o vinho e a sexualidade, ressurge no século XIII persa, assim como na época moderna europeia, tanto na poesia e literatura como na filosofia.

---

[246] Antonio Houaiss, *A cerveja e seus mistérios* (Rio de Janeiro: Salamandra, 1986); Marcelo Câmara, *Cachaças. Bebendo e aprendendo: guia prático de degustação* (Rio de Janeiro: Mauad, 2008); Whitaker Penteado, *O folclore do vinho* (Lisboa: Centro do Livro Brasileiro, 1980).

No final do século XIX, a teorização do prazer voltou a ser objeto da atenção de vários autores em diversos campos do pensamento científico. A economia e a psicologia moderna têm diante de si a questão do prazer e da dor como a disjuntiva fundadora de toda existência humana. Jeremy Bentham, no final do século XVIII, abre seu livro sobre os princípios da legislação, afirmando que o prazer e a dor são os dois senhores da vida humana.[247] Para esse fundador da corrente filosófica utilitarista, a busca do útil se identificava com a do prazer, dado que seria naturalmente por essa forma que o indivíduo reconheceria que seu interesse particular estaria sendo satisfeito. Mais tarde, os economistas da escola marginalista, como William Stanley Jevons, elevaram a noção da satisfação da demanda marginal, a princípio motor da economia: "O prazer e o sofrimento são indiscutivelmente o objeto último do cálculo da Economia [...] maximizar o prazer, é o problema da economia".[248]

Jean-Anthelme Brillat-Savarin (1755-1826) é considerado um dos formuladores da gastronomia moderna com a publicação, em 1825, do *Physiologie du goût*, em que expressa também um hedonismo teórico ao analisar e comparar o sentido do gosto e seus prazeres aos demais sentidos, concluindo ser o prazer da mesa superior, pois pode se associar a todos os demais ou consolar da sua perda. Segundo Brillat-Savarin, o homem, retomando uma passagem de Homero, "é incontestavelmente dos seres sensitivos que povoam o nosso globo, o que experimenta mais sofrimentos" e, por isso, "é o temor prático da dor que faz o homem, sem se aperceber disso, lançar-se com ímpeto na direção oposta, entregando-se ao pequeno número de prazeres que herdou da natureza",[249] buscando sempre aumentá-los, prolongá-los, aperfeiçoá-los e, é claro, adorá-los, inclusive como deuses. Os limites do prazer, escreveu, "não são ainda conhecidos nem foram fixados e não sabemos até que ponto nosso corpo pode ser beatificado".[250] Não apenas

---

[247] "A natureza colocou o gênero humano sob o domínio de dois senhores soberanos: a dor e o prazer". Em Jeremy Bentham, *Uma introdução aos princípios da moral e da legislação*, trad. Luiz João Baraúna (2ª ed. São Paulo: Abril Cultural, 1979), p. 3.
[248] William Stanley Jevons, *A teoria da economia política*, trad. Claudia Laversveiler de Morais (2ª ed. São Paulo: Nova Cultural, 1987), p. 47.
[249] Jean-Anthelme Brillat-Savarin, *A fisiologia do gosto*, trad. Paulo Neves (São Paulo: Companhia das Letras, 1995), p. 168.
[250] *Ibid.*, p. 208.

existiria, para ele, um "instinto" que nos faria buscar "bebidas fortes", já que a capacidade de beber sem ter sede distinguiria a humanidade dos animais como um verdadeiro privilégio. O álcool "é o monarca dos líquidos, e leva o paladar ao seu mais alto grau de exaltação" e possuiríamos "a apetência pelos líquidos fermentados, que os animais não conhecem, ao lado da inquietude pelo futuro, que lhes é igualmente alheia, considerando ambas como atributos distintivos da obra-prima da última revolução sublunar".[251] Deixando de lado a ingenuidade antropocêntrica e contrária aos ensinamentos da zoologia e da etologia (os animais, sim, se embriagam e, pode-se dizer, planejam o futuro), é notável verificar a que ponto esse fundador da gastronomia moderna eleva o gosto e o hábito de se embriagar à condição fundadora da própria humanidade.

O antropólogo italiano Paolo Mantegazza publica, em 1886, o *Physiologie du plaisir*, no qual propôs a ciência dos prazeres, a hedonologia, que teria por objeto todas as formas do prazer. Estas se dividem em três classes: os prazeres dos sentidos, dos sentimentos e da inteligência. Entre os primeiros, após tratar do tato ao olfato, dando grande destaque para a descrição fisionômica dos prazeres, Mantegazza analisará os prazeres do sexo e da embriaguez.

Dos efeitos da embriaguez, que pode ser "alcoólica, narcótica e cafeínica", destaca-se aquela "sensação exagerada de viver". Para Mantegazza: "a história da embriaguez, considerada do ponto de vista da filosofia, da higiene e da moral, está ainda por ser escrita". O véu extremamente tênue que se interpõe entre nós e o mundo exterior é o que a droga nos estende e que nos permite lutar contra as dores dos sentimentos e contribuir para a cimentação do indivíduo no mosaico social. Pioneiro em defender, no século XIX, o prazer em geral e as drogas em particular, as quais considera "um contraveneno das dores morais", seu livro na verdade é sobre a fisiologia moral, porque, para ele, um "tratado de hedonologia e um livro de moral" deverão ser sinônimos, pois "existem prazeres novos absolutamente ignorados do homem, que os reencontrará sobre o esplêndido caminho da civilização", e "o tipo ideal da perfeição humana consiste em apagar a dor

---

[251] *Ibid.*, 133.

das sensações e dar a todos os homens o maior número de prazeres. Todo o resto não é mais que sonho e fumaça".[252]

O excêntrico senador italiano presidiu a Sociedade Antropológica e fez proselitismo, na Itália, da coca e do guaraná, sobre os quais também escreveu livros. Suas observações ingênuas de um hedonismo católico, que considerava as mulheres biologicamente diferenciadas em sua sensibilidade aos prazeres intelectivos, eram, contudo, imbuídas de uma delicada palpitação de exuberância.

Na mesma época, com muito mais argúcia e densidade e com base numa prática clínica na medicina psiquiátrica, Freud e a psicanálise formulam com a teoria da libido a tese de que a busca do prazer é o motor subterrâneo de toda motivação humana. Todo prazer seria um derivativo do instinto sexual, pulsão primária de prazer. Os substitutivos ou derivativos culturais sublimatórios da pulsão erótica é que levariam a humanidade a produzir toda a cultura, sendo a arte e a ciência as suas manifestações mais elevadas. Religião, droga ou arte, todas seriam manifestações de uma luta contra o sofrimento. O princípio do prazer regula e determina, portanto, o curso da vida mental.

E o que é o prazer? Freud em *O ego e o id* e *Além do princípio do prazer*) utiliza a analogia energética como representação do prazer para dar-lhe forma e imagem. A noção de prazer está ligada, para ele, a uma concepção de descarga tensional. Descarga que elimina a tensão e reconduz o organismo a um estado de tranquilidade, o estado "quiescente". O objetivo do prazer é, portanto, instaurar um "princípio de Nirvana". Ele busca eliminar os estímulos ou, na impossibilidade disto, torná-los constantes. O estímulo é uma excitação que tensiona o organismo e apenas o alívio da excitação estimulante é que traz o domínio do princípio do prazer restaurado.

Não é um fato fortuito que a forma extrema do prazer se encontre no amor. Mesmo que, como Freud, se faça a distinção entre a libido em sua dupla forma de amor e de sexo, em que um amor sem sexo produziria ternura e um sexo sem amor produziria luxúria, deve-se identificar na forma mais estreita, íntima e desejada de contato humano interpessoal um prazer derivado da fusão dos corpos e das almas, em que o amplexo carnal é a

---

[252] Paolo Mantegazza, *Physiologie du plaisir* (Paris: C. Reinwald, 1886), p. 138.

moldura da máxima transcendência de nossa cápsula egoística. "Apenas no amor que as fronteiras do ego ameaçam dissolver-se".[253]

A fome e o amor são os instintos vitais que estimulam o organismo e, segundo o poeta Friedrich Schiller, "governam o mundo". Ambos precisam ser satisfeitos, para que a neutralização da ansiedade que eles provocam produza o prazer. Essa ansiedade, no entanto, é sentida também como um prazer, o prazer de uma expectativa, de uma situação agradável. Por isso o apetite é sentido como uma privação breve e estimulante do prazer sexual ou gastronômico. E os mecanismos de sedução pressupõem certa circunvolução dos amantes ao redor da realização do desejo para que este seja estimulado pelas preliminares.

A diferença energética entre a fome e o amor é que a primeira é uma recarga energética após uma lenta e persistente perda de energia. O segundo, ao contrário, é uma descarga súbita e espasmódica que descarrega uma energia de excitação que foi previamente acumulada. Essa é a razão, como observou Wilhelm Reich, para que a pulsão sexual seja a fonte organizadora da energia libidinal, e não a fome de alimentos: "a necessidade alimentar corresponde a uma queda na tensão ou energia do organismo, enquanto a sexualidade, pelo contrário, corresponde a um incremento da tensão ou energia".[254]

É essa energia em crescente acumulação que permite ao organismo criar um reservatório energético pulsional, de onde poderá dirigir a energia acumulada para diversos fins, sublimando-a, projetando-a e realizando-a em momentos culturalmente dosados. A drenagem e represamento da energia é parte da repressão instintiva que surge no disciplinamento pedagógico do aparelho psíquico como condição mesma da sua socialização, que é feita através da repressão do instinto e da criação de um ego operacional e de um superego fiscalizador moral que administram a satisfação que é concedida às demandas pulsionais.

---

[253] Sigmund Freud, *O mal-estar na civilização*, trad. José Octávio de Aguiar Abreu, Coleção Os Pensadores (São Paulo: Abril Cultural, 1978), p. 133.
[254] Wilhelm Reich, "Materialismo dialéctico y psicoanálisis", em Wilhelm Reich I. Sapir; Otto Fenichel, *La Revolución sexual: textos de la izquierda freudiana*, trad. Eduardo Subirats (Barcelona: Barral Editores, 1975), p. 76.

Todavia, se a descarga orgásmica recoloca o organismo no estado quiescente, que é o ideal do princípio do prazer, como é possível equacionar nessa destinação nirvânica da meta do prazer uma consideração, expressa também por Freud, de que só se pode obter prazer do estado de contraste? Se há um prolongamento em algum tipo de prazer extremo, para além de sua convulsão espasmódica, ele se torna, não um êxtase orgásmico, mas apenas um leve estado de contentamento.

Como escreve o fundador da psicanálise: "o que chamamos de felicidade no sentido mais restrito provém da satisfação (de preferência repentina) de necessidades represadas em alto grau [...] Somos feitos de modo a só podermos derivar prazer intenso de um contraste, e muito pouco de um determinado estado de coisas".[255] Por isso que o sofrimento é muito mais comum e mais fácil de se experimentar.

O prazer em Freud é, portanto, a ambivalência entre uma busca de equilíbrio, estabilidade, quiescência, ausência de estímulo e excitação e uma busca de contraste, diversificação, instabilidade, tensão sempre renovável.

A meta do prazer é um estado de beatitude quiescente, mas sempre que esse estado é alcançado ele fenece, torna-se monotonia entediante e a sede de contraste exige renovação, exige tensão. A tensão chegará novamente a um ponto em que sua eliminação brusca produzirá uma descarga intensa de prazer. O estado quiescente surge então numa dialética com o estado tenso do qual aquele é o alívio deste. Um exige o outro. A tensão exige descarga aliviante. O alívio satisfatório torna-se mesmice insossa que exige tensão para sair de um marasmo, que não é mais o Nirvana instantâneo da descarga, mas a abulia monocórdica da vida sem tensão.

A busca final do nirvana quiescente só se realiza na morte. A ausência de tensão é a morte. Enquanto viver, embora sinta a tensão como um sistema de acúmulo energético que exige descarregamentos espasmódicos regulares, o ser humano desejará mudança, risco e o estímulo adrenalínico que traz o súbito e o ímpeto para dentro do coração.

A busca do princípio de nirvana traz subjacente o instinto de morte. Esse, oriundo do instinto de restauração, o instinto conservador que visa

---

[255] Sigmund Freud, *O mal-estar na civilização*, cit., p. 141.

restabelecer um estado anterior, e que emanaria de toda substância viva como uma espécie de nostalgia pelo inanimado, seria, em última instância, o impulso que visa uma quietude total.

A droga concentra, antes de tudo, essa sua potência de produção de um prazer muito intenso, talvez o mais intenso que exista. Esse estado, para Freud, seria como um grau zero do prazer, cujo fundamento estaria na realidade bioquímica da mente e do corpo, alterada por um fármaco que produz um prazer, do qual o substrato seria comum tanto ao orgasmo sexual como ao êxtase da droga. Essa hipótese substancialista da libido, com a qual Freud tentou explicar a natureza do efeito da cocaína, foi depois abandonada no curso do desenvolvimento da psicanálise, mas permanece como um *insight* de grande valor heurístico acerca da analogia entre as formas extremas do prazer.

Em seus textos mais maduros, especialmente em *O mal-estar na civilização*, considera que "a vida, tal como a encontramos, é árdua demais para nós; proporciona-nos muitos sofrimentos, decepções e tarefas impossíveis".[256] Para suportá-la existem três grandes medidas paliativas: derivativos poderosos, satisfações substitutivas e substâncias tóxicas. Já que todo sofrimento "nada mais é do que sensação", podemos influenciar o que sentimos:

> O mais grosseiro, embora também o mais eficaz destes métodos de influência é o químico: a intoxicação. Não creio que alguém compreenda inteiramente o seu mecanismo; é fato, porém, que existem substâncias estranhas, as quais, quando presentes no sangue ou nos tecidos, provocam em nós, diretamente, sensações prazerosas, alterando também, tanto as condições que dirigem nossa sensibilidade, que nos tornamos incapazes de receber impulsos desagradáveis.[257]

acrescentando, mais adiante que

> é extremamente lamentável que até agora esse lado tóxico dos processos mentais tenha escapado ao exame científico. O serviço prestado pelos veí-

---
[256] *Ibid.*, p. 140.
[257] *Ibid.*, p. 142.

culos intoxicantes na luta pela felicidade e no afastamento da desgraça é tão altamente apreciado como um benefício, que tanto indivíduos quanto povos lhes concederam um lugar permanente na economia de sua libido. Devemos a tais veículos não só a produção imediata de prazer, mas também um grau altamente desejado de independência do mundo externo, pois sabe-se que com o auxílio desse "amortecedor de preocupação", é possível, em qualquer ocasião, afastar-se da pressão da realidade e encontrar refúgio num mundo próprio, com melhores condições de sensibilidade. Sabe-se igualmente que é exatamente essa propriedade dos intoxicantes que determina o seu perigo e a sua capacidade de causar danos. São responsáveis, em certas circunstâncias, pelo desperdício de uma grande quota de energia que poderia ser empregada para o aperfeiçoamento do destino humano..[258]

Nessa consideração de um uso das drogas como uma "técnica de vida", em que o estado "tóxico" surge como uma metáfora de praticamente todos os estados mentais, que teriam em última instância um fundamento químico, a arte e a própria beleza também são possuidoras de características "narcóticas" e "intoxicantes".[259] E, acima de tudo, "a mais intensa experiência de uma transbordante sensação de prazer", que constitui o modelo da busca da felicidade, que é o amor sexual, também consistiria em uma alteração química na mente. Da mesma forma, as neuroses seriam distúrbios da química do corpo, ou estados tóxicos com substâncias produzidas endogenamente.[260]

Há, porém, um conflito entre o amor e a civilização, esta última exige a "renúncia instintual", a submissão do "princípio de prazer" ao "princípio de realidade". Por isso, a busca da felicidade nunca poderá completar-se inteiramente, mas seu empreendimento deverá sempre utilizar os "derivativos" como a ciência, "os substitutivos" como a arte e os intoxicantes como anestésicos, mais ainda em épocas, como a nossa, em que toda uma civilização se torna neurótica.

---

[258] *Ibidem.*
[259] "A fruição da beleza dispõe de uma qualidade peculiar de sentimento, tenuemente intoxicante"; "a suave narcose a que a arte nos induz". Em Sigmund Freud, *O mal-estar na civilização*, cit., pp. 146 e 144.
[260] Freud afirma que as neuroses são "estados oriundos de um excesso ou falta relativa de certas substâncias altamente ativas, quer produzidas no interior do corpo, quer nele introduzidas de fora: em suma, são distúrbios da química do corpo, estados tóxicos". Em Sigmund Freud, *apud* Boris Nadvorny, *Freud e as dependências: drogas/jogo/obesidade* (Porto Alegre: AGE, 2006), p. 40.

A diferença entre a sexualidade da Antiguidade e a dos modernos, segundo Freud, é que os antigos exaltavam o próprio instinto, submetendo-se inclusive a objetos inferiores em prol do puro instinto, e os modernos exaltam o objeto, submetendo-se à força magnética do instinto apenas em função do mérito do próprio objeto.

Uma das diferenças notáveis entre a gratificação sexual e a gratificação química para o pai da psicanálise é que a segunda induz ao hábito, a uma compulsão de repetição. Segundo Freud, o instinto sexual exige estimulação renovada: "para se intensificar a libido se requer um obstáculo". A gratificação química, por sua vez, cria hábito e exige apenas a repetição.[261] Por que a relação do amante com seu objeto sexual será tão profundamente diferente que a do alcoólatra com a sua bebida? Aparentemente, esta última seria mais "fiel", havendo no vício por drogas uma fixação narcísica, que levaria ao seu esgotamento solitário no circuito quase autista de refratar em si mesmo o seu próprio desejo por meio do prisma da garrafa ou de outro veículo psicoativo qualquer.

Nesse sentido, a autogratificação química se assemelha aos jogos infantis que, como notou Freud em *O ego e o id*,[262] caracterizam-se pela vontade da repetição quase eterna do mesmo ciclo. A sexualidade é mais polimorfa e perversa, buscando múltiplos estímulos na imensidão da multidão humana e na infinitude dos gestos possíveis de encontro sexual entre duas pessoas.

A droga como experiência narcísica é vista, numa carta de Freud a Wilhelm Fliess datada de 22-12-1897, como uma masturbação original ou derivação secundária de uma original autogratificação infantil automanipu-

---

[261] "Alguém já ouviu falar de que o beberrão seja obrigado a trocar constantemente de bebida, porque logo enjoa de beber a mesma coisa? Ao contrário, o hábito constantemente reforça o vínculo que prende o homem à espécie de vinho que ele bebe. Alguém já ouviu falar de um beberrão que precise ir a um país em que o vinho seja mais caro ou em que seja proibido beber, de modo que, erguendo obstáculos, ele possa aumentar a satisfação decrescente que obtém? De maneira nenhuma. Se atentarmos para o que dizem os grandes alcoólatras, como Böcklin, a respeito de sua relação com o vinho, ela aparece como a mais harmoniosa possível, um modelo de casamento feliz. Por que a relação do amante com o seu objeto sexual será tão profundamente diferente?". Ver Sigmund Freud, "Sobre a tendência universal à depreciação na esfera do amor", em *Obras completas*, trad. Dulce Duque Estrada, vol. XI, (Rio de Janeiro: Imago 1996), p. 113.
[262] Sigmund Freud, *O ego e o id*, trad. José Octávio de Aguiar Abreu (Rio de Janeiro: Imago, 1975); Sigmund Freud, *Além do princípio do prazer,* trad. Jaime Salomão, vol. XVIII (Rio de Janeiro: Imago, 1974).

latória, como se a manipulação da droga reinvestisse no próprio sujeito uma libido narcísica que saísse do ego para um veículo fetichizado apenas para ser reintroduzida no próprio organismo. A via seria, quase sempre, a da satisfação oral: beber, fumar, cheirar, variações buconasais do erotismo oral.

A droga é o veículo, e o prazer é o estado posterior ao seu consumo. Há, contudo, um fetiche do veículo e do rito que coisifica a libido psicoquímica em torno da exaltação do objeto. É o que se vê em tantos viciados, apaixonados mais pela cerimônia do seu gole ou da injeção do que pelo resultado em si desse consumo. Dos desvios, o mais comum é a reificação fetichista do veículo. As técnicas de viver determinam o estilo de vida e a disposição sublimatória de cada indivíduo, mas, como adverte Freud, "qualquer escolha levada ao extremo condena o indivíduo a ser exposto a perigos, que surgem caso uma técnica de viver, escolhida como exclusiva, se mostre inadequada".[263] Esse risco da "intoxicação crônica" foi, curiosamente, o destino que coube ao próprio Freud, cujo vício no tabagismo o levou a desenvolver o câncer na laringe que resultou numa morte por eutanásia voluntária com morfina após inúmeras operações fracassadas.

Em sua correspondência com Fliess, que, como amigo e médico otorrinolaringologista determinava-lhe que não fumasse, Freud dizia que estava tentando reduzir para "apenas" alguns charutos ao dia um hábito que antes consistia em fumar ininterruptamente. Se o consumo do álcool não atraía Freud pessoalmente, a sua embriaguez foi de tabaco, uma ebriedade mais sóbria e estimulante, mas com pesados danos à sua saúde.

O álcool, Freud considerava como uma substância que tinha disposições eufóricas, capaz de mudar o estado de espírito e de humor, elevando o sentimento de bem-estar por meio da redução das forças de inibição e tornando os adultos novamente crianças. Essa regressão é o ganho e o risco do seu efeito, pois nos leva a aproximar-nos do paraíso edênico infantil, mas também pode comprometer nossa capacidade de amadurecimento, causando danos ou perigos aos que perdem o controle.

A ebriedade também representaria uma experiência com uma alteridade interior, que é a vivência de um estado de saída dos limites da consci-

---

[263] Sigmund Freud, *O mal-estar da civilização*, cit., p. 147.

ência habitual. Walter Benjamin afirma que "na raiz do vício está a familiaridade com o 'não ser' ",[264] expressando essa ligação da experiência da droga com a experiência da suspensão da dimensão "normal" da existência, através da entrada num "universo paralelo", sempre presente potencialmente, mas acessível apenas pela ingestão de alguma substância. Essa ingestão abre, como que miraculosamente, essa porta para a dimensão paralela do nosso ser, no interior do qual vivem, em subterrâneas cavernas cerebrais, as possibilidades latentes de um outro estado de consciência, que, como os sonhos – só despertados pelo adormecer do indivíduo –, também vivem à espera de acordar pela ação psicofarmacológica (psicofármaco – remédio da alma). Despertar um outro estado anímico seria a função metafísica e metapsicológica da droga.

Esse lado noturno da existência, ocultado pelas sombras, é, paradoxalmente, despertado quando se adormece. A embriaguez é então mais uma irmã do sono, que é, segundo Hesíodo na *Teogonia*, "irmão da Morte, filho da Noite". E o sono é o estojo dos sonhos, cujo potencial onírico sempre serviu de comparação para o universo dos estados de consciência alterada. Estar ébrio também é como estar sonhando desperto, sem a segurança da imobilidade, entretanto.

E a última e mais completa porta da alteridade é a morte. Essa dimensão total do "não ser" vive latente em nossa consciência, como possibilidade absoluta de alteração radical de tudo que vivemos, conhecemos e existimos, como contraponto dialético da própria experiência da vida, e moldando com sua realidade virtual os limites últimos da existência. Em cada experiência de alteridade, de dimensões paralelas de existência, de "não ser", de possessão, de transe, de êxtase, de limites de dor e prazer, de possibilidades cognoscentes está a presença ubíqua da morte, protótipo de todas as negações, de todos os "não seres" da vida. Em cada orgasmo, em cada *insight* de iluminação interior, vislumbra-se um fragmento da morte, em cada parcela da curiosidade científica repousa perpetuamente não apenas "a curiosidade infantil pelos mistérios da concepção e do nascimento e

---

[264] Walter Benjamin, *Haxixe,* trad. Flávio de Menezes & Carlos Nelson Coutinho (São Paulo: Brasiliense, 1984), p. 50.

pela diferença entre os sexos", como diz Freud, mas também a curiosidade inata de todo o "ser" pelo "não ser". A reflexão da possibilidade da morte, a consciência da transitoriedade, é o molde de toda concepção espaçotemporal psicológica que anima nossa existência com uma certeza subjacente do destino terminal que, quase sempre, escapa das referências cotidianas da consciência, mas ali permanece inflexível, implacável, absolutamente certa e desafiadora de todo o narcisismo que tenta, sem sucesso, esquecer ou lembrar o menos possível dessa certeza. Mas, se a consciência banal da existência convenientemente relega para um pré-consciente perpétuo, para um ostracismo mental, essa consciência da morte, ela ressurge potente e simbólica em todo ato essencial da existência, como contraface indispensável, como a imagem do espelho da vida, sem a qual o nosso universo perderia a sua razão de ser e se fecharia num *continuum* impossível.

Muitos estados de embriaguez são momentos de vivência da experiência da curiosidade pelo "não ser". São uma "consciência do 'não eu'" – *otherness* – na expressão inglesa utilizada por Aldous Huxley. Os acessos a esses territórios mentais podem ser facultados por diferentes drogas, sendo as bebidas alcoólicas apenas algumas das mais comuns e mais difundidas delas, cujos efeitos, entretanto, também são dos mais poderosos e fulminantes, capazes de levar ao coma e à morte.

CONCLUSÃO

A embriaguez como epítome do efeito de todas as drogas é um estado com uma tremenda significação cultural. Pode ser vista como um espelho para o indivíduo e como uma forma de se medir socialmente o controle que cada um possui sobre si mesmo. Esse estado pode ser resumido nos versos de um poeta árabe do século XVI, Ibn Fawwaz:

> Clara se mostra com as drogas a moral dos homens, não com mágicas indústrias, a leitura dos astros ou o sentido oculto da letra escrita.
> São qualidades da alma que dão notícia segura sobre a verdadeira natureza das pessoas.
> São vento que ao passar junto a perfumes se perfuma, e que ao soprar sobre a carniça fétido se torna.[1]

O lugar simbólico da embriaguez na hierarquia dos prazeres, ao lado do sexo e da alimentação, denota sua centralidade na constituição da economia libidinal da psique humana.

Embora atribuída, antes de tudo, às bebidas alcoólicas, a embriaguez é a palavra que, na cultura ocidental, designa o efeito genérico de todas as

---

[1] Ibn Fawwaz, *apud Solaz del Espíritu en el hachís y el vino y otros textos árabes sobre drogas*, trad. Indalecio Lozano (Granada: Universidade de Granada, 1998), p. 7.

drogas numa metonímia em que o todo dos múltiplos efeitos possíveis de substâncias psicoativas é representado genericamente pelo efeito particular do inebriamento. A grade conceitual, pela qual os ocidentais quiseram compreender os efeitos das variadas formas de alteração de consciência por meio de usos de drogas diversas, foi sempre a do modelo alcoólico do inebriamento. Devido à facilidade de sua obtenção por fermentação de muitos produtos, as bebidas fermentadas são extensamente conhecidas pelos povos da Terra e serviram, portanto, de denominador comum na sabedoria arcaica da plasticidade farmacêutica da mente, oferecendo uma linguagem comum do saber usar desse instrumento psíquico e técnica corporal.

Como foi visto neste livro, a embriaguez pode ser sagrada, como em Dioniso; uma marca da fronteira entre a temperança civilizada grega e a ébria barbárie em Heródoto e Hipócrates; um aferidor moral da personalidade nos escritos platônicos; uma medida da capacidade do autocontrole e da moderação na ética clássica; o principal instrumento de consagração no judaísmo; a encarnação da própria divindade no cristianismo; uma fonte de tentações demoníacas contrárias à razão a serem abolidas no cristianismo proibicionista; o principal remédio e a grande cura e consolo de todas as doenças numa medicina milenar; um instrumento mnemônico em rituais ameríndios; um desequilíbrio dos humores corporais na medicina moderna; uma doença orgânica hereditária e degenerativa nas teorias médicas eugenistas; uma doença mental na psiquiatria.

No curso da história, médicos, filósofos e teólogos buscaram classificar, julgar e regulamentar os usos possíveis e interditados das bebidas. Alguns paradigmas morais se constituíram, assim, numa longa duração histórica em torno de duas polaridades. Alguns poucos autores, especialmente no mundo islâmico e nos círculos de certas vertentes do protestantismo anglo-saxônico, propugnaram por uma proibição completa do seu consumo. Outros buscaram encontrar formas de admissão do consumo de bebidas e encontrar nelas ensinamentos úteis e preciosos. Seus critérios, mesmo que contraditórios, revelam uma busca de um ponto de equilíbrio entre o excesso e a abstinência e continuam atuais e inspiradores na época contemporânea. Sua principal lição talvez seja a de que não existe uma solução para o "problema" do álcool, muito menos uma "solução final", mas deve, sim, existir uma permanente gestão das formas de beber, tendo em vista que os excessos tanto no consumo como na abstinência ficam longe de uma postura equilibrada.

Esse ponto de equilíbrio poderá ser atingido, bastando, para isso, levar em conta as palavras de André L. Simon escritas quando reinava a proibição nos Estados Unidos:

> A liberdade absoluta, no que diz respeito à preparação, à venda e ao consumo de bebidas alcoólicas não é compatível com a atração que estas bebidas sempre exerceram sobre o gênero humano e o perigo que constitui esta atração para a maioria dos homens que são incapazes de razão e de medida quando se trata de satisfazer seus apetites, mesmo os mais legítimos.
> A proibição absoluta do consumo das bebidas alcoólicas não é compatível com as necessidades psicológicas dos humanos: ela é contrária ao ensinamento que nos legaram todas as gerações que nos precederam, ao veredicto dos homens de ciência mais autorizados e ao bom senso. Em todos os povos e em todos os tempos, os homens conheceram a necessidade de beber outras coisas além da água que bebem todos os animais. A ciência confirmou o fundamento destas necessidades e de se satisfazê--las racionalmente. E além de tudo, a aplicação que se fez recentemente de métodos de proibição absoluta demonstrou abundantemente os seus perigos e sua impraticabilidade.
> Nem as geleiras polares e nem os calores tórridos do equador são favoráveis à vida normal dos homens, ao seu desenvolvimento físico e a sua atividade cerebral. Os gelos da proibição e a fornalha da intemperança são extremos que a razão aconselha evitar. É entre estes dois extremos que se encontra a zona temperada do bom senso e do bom vinho.[2]

As palavras desse enólogo francês, divulgadas nos anos 1920, que organizou uma das mais completas bibliografias sobre o vinho, poderiam ser ditas, quase um século depois, para a realidade contemporânea do século

---

[2] André L. Simon, *Bibliotheca bacchica: bibliographie raisonnée des ouvrages. Imprimés avant 1600 et illustrant la soif humaine sous tous ses aspects, chez tous les peuples et dans tous les temps* (Londres: Holland Press, 1972).

XXI, não em relação ao vinho, salvo em alguns países islâmicos, mas em relação a outras drogas produtoras de estados alterados de consciência e consideradas ilícitas, que são os objetos atuais de uma guerra global, cujos danos e cujas vítimas e consequências nefastas sobre a sociedade são uma ampliação piorada em todo o mundo do modelo que se tentou pôr em prática contra o álcool no início do século XX nos Estados Unidos.

Simon retoma a analogia do álcool com o fogo para advertir que não se deve proibi-lo porque pode provocar incêndios, mas, sim, usá-lo devidamente controlado para que seja útil e sua potência incendiária neutralizada.

As drogas psicoativas, dentre as quais as mais difundidas talvez sejam as bebidas alcoólicas, são como todos os instrumentos da cultura, como todas as técnicas do corpo, passíveis de bons e maus usos dependendo da substância, do contexto e, sobretudo, do próprio usuário. Quase todas as normas e regulamentações buscam educá-lo para um suposto bom uso, sendo raro encontrar a vigência da abstenção obrigatória de todo o uso.

A proibição da tentação, já que existem os que podem ceder a ela, é uma forma de excesso de indulgência sobre os fracos de caráter, que só serve para impedir a necessária educação do caráter no exercício da livre escolha e no julgamento sobre o que é melhor para si. Tal é a lição do pioneiro Edmund A. Wasson em seu chamado pela tolerância e pela liberdade: sempre haverá tentações; beber junto, assim como comer, eleva o sentimento de fraternidade. Mais do que a comida, a bebida, por elevar o espírito (diferente do alimento) e por ser um produto do engenho humano, serve para esse fim fraternal e convivial de tornar alegres os corações humanos.

O corpo possui uma sabedoria própria, intrínseca, que regula suas funções e busca equilibrar as influências do meio externo de forma a sobreviver e resistir às agressões patogênicas ou aos modos de vida nocivos. O chamado "preceito de Tibério" estabelecia que, após os trinta anos, todos deveriam poder tornar-se os "médicos de si próprios", pois já conheceriam suficientemente seus próprios hábitos, bons e ruins, e as dietas e os exercícios adequados. O bom uso dos alimentos e das bebidas seria um dos meios mais importantes para se regular o funcionamento do corpo. Como escreveu Georges Canguilhem, "há em todo organismo, uma moderação congênita, um controle congênito, um equilíbrio congênito [...] que chamamos, em termos científicos, a partir do fisiologista americano Cannon, a *homeostase*".[3]

Esse fisiologista expôs suas ideias em seu livro *A sabedoria do corpo*,[4] que, para Canguilhem, era "essencialmente a ideia da medida, do controle e do domínio na condução da vida. Era o que preservava o homem do domínio da desmedida, tentação permanente de desvio, de aberração e de desdém pelo limite".[5]

Dentre os hábitos humanos a serem regulados, alguns dos mais ubíquos sempre foram os de comer e os de beber. Essa sabedoria primordial, ao mesmo tempo da mente e do corpo, emerge da cultura mitológica sobre o deus do vinho, das raízes da medicina hipocrática e da ética filosófica clássica e pode ser concebida como uma capacidade não congênita, mas aprendida, de regular e equilibrar estímulos que Heródoto, entre outros na tradição ocidental, vai considerar como uma característica civilizatória que distingue os gregos dos demais povos. É claro que persas, árabes ou chineses, entre outros, também possuem suas narrativas exemplares dos usos modelares de bebidas alcoólicas e de outros alteradores da consciência, mas, para a tradição do pensamento ocidental, essa capacidade, assim como a própria noção da razão, parece ter sido uma exclusividade sua, um entre outros tantos preconceitos narcísicos do Ocidente em relação aos demais povos do mundo.

Dentre todos os estímulos possíveis de se obterem no mundo, a embriaguez ou o inebriamento, como outros efeitos possíveis de drogas, tais como a sedação, a excitação, a euforia, o êxtase, o transe, o delírio, a psicodelia, a enteogenia, a empatogenia, etc., refletem apenas a intensificação dos estados possíveis da alma. Despertá-los e saber usá-los com sabedoria sempre foi e continua sendo um preceito central, em todo o mundo, de muitas culturas do vinho, das bebidas e das substâncias psicoativas em geral.

---

[3] Georges Canguilhem, *Escritos sobre a medicina*, trad. Vera Avellar Ribeiro (Rio de Janeiro: Forense-Universitária, 2005), p. 78.
[4] Walter Bradford Cannon, *A sabedoria do corpo* (São Paulo: Nacional, 1946).
[5] *Ibid.*, p. 81.

BIBLIOGRAFIA

ABEL, Ernest L. "The Gin Epidemic: Much Ado about What?". Em *Alcohol and Alcoholism*, 36 (5), 2001.
ABÛ, Nuwâs. *Poèmes bachiques et libertins*. Trad. e apres. Omar Merzoug. Lonrai: Verticales/Le Seuil, 2002.
AIELLO, Walter M. *Fronteiras do alcoolismo: álcool e saber médico no Rio de Janeiro – 1839-1890*. Dissertação de mestrado. São Paulo: PUC-SP, 2006.
AIZPURU, Pilar Gonzalbo (org.). *Historia de la vida cotidiana en México. Siglo XX: campo y ciudad*. Coord. Aurélio de los Reyes. Tomo V, vol. I. México: El Colegio de México/Fondo de Cultura Económica, 2006.
ALARTE, Vicêncio. *Agricultura das vinhas e tudo o que pertence a elas até o perfeito recolhimento do vinho, e relação de suas virtudes, e da cepa, vides, folhas e borras*. Org. Heitor Megale & Hélio Pimentel, apres. Sérgio de Paula Santos. São Paulo: T. A. Queiroz, 1994 [1712].
ALCORÃO. Trad. Helmi Nasr. Medina: Complexo de edição do Rei Fahd, 2005.
ALENCASTRO, Luiz Felipe de. *O trato dos viventes: formação do Brasil no Atlântico Sul. Séculos XVI e XVII*. São Paulo: Companhia das Letras, 2000.
AMOROSO, Marta. "Crânios e cachaça: coleções ameríndias e exposições no século XIX". Em *Revista de História*, Departamento de História/FFLCH/USP, São Paulo, nº 154, 1º semestre de 2006.
AQUINO, Tomás de. *Suma teológica*. Trad. Alexandre Corrêa. 2ª ed. Porto Alegre/Caxias do Sul: Escola Superior de Teologia São Lourenço de Brindes/Livraria Sulina Editora/Universidade de Caxias do Sul, 1980.

ARIÈS, Philippe & DUBY, Georges. *História da vida privada*. 4 vols. São Paulo: Companhia das Letras, 1990.

ARISTÓTELES. *Ética a Nicômaco*. Trad. Leonel Vallandro e Gerd Bornheim. Coleção Os Pensadores. São Paulo: Nova Cultural, 1987.

_____. *Tratado da política*. Trad. M. de Campos. Lisboa: Publicações Europa-América, 1977.

AS VIRTUDES *cardeais*. Disponível em http://www.capela.org.br/catecismo/cardeais.htm.

ATENEU. *Banquete de los eruditos*. Trad., introd. e notas Lucía Rodríguez-Noriega Guillén. Vols. 257 e 258 da Coleção Biblioteca Clásica Gredos. Madri: Gredos, 1998.

BACON, Francis. *A sabedoria dos antigos*. Trad. Gilson César Cardoso de Souza. São Paulo: Unesp, 2002 [1609].

BALZAC, Honoré de. *Tratado dos excitantes modernos, seguido por fisiologia do vestir e por fisiologia gastronômica*. Trad. Zilda H. S. Silva & Carlos Nougué. São Paulo: Landy, 2004 [1839].

BARROS, João de. *Dialogos da viçiosa vergonha*. Lisboa: Lodowicum Rotorigui Typographum, 1540.

BATAILLE, George. *O erotismo*. Trad. Antonio Carlos Viana. Porto Alegre: L&PM, 1987.

BENJAMIN, Walter. *Haxixe*. Trad. Flávio de Menezes & Carlos Nelson Coutinho. São Paulo: Brasiliense, 1984.

_____. "O surrealismo, o mais recente instantâneo da inteligência europeia". Em *Benjamin, Habermas, Horkheimer, Adorno: textos escolhidos*. Trad. José Lino Grünnewald *et al*. Coleção Os Pensadores. 2ª ed. São Paulo: Abril Cultural, 1983.

BENTHAM, Jeremy. *Uma introdução aos princípios da moral e da legislação*. Trad. Luiz João Baraúna. 2ª ed. São Paulo: Abril Cultural, 1979.

BERNARDES, Manuel, *Armas da castidade: tratado espiritual em que por modo prático se ensinam os meios, e diligências convenientes para adquirir, conservar e defender esta Angélica virtude*. Lisboa: Officina de Miguel Deslandes, 1699.

BERRIDGE, Virginia. "Dependência: história dos conceitos e teorias". Em EDWARDS, Griffith & Lader, MALCOLM. *A natureza da dependência de drogas*. Trad. Rose Eliane Starosta. Porto Alegre: Artes Médicas, 1994.

BÍBLIA DE JERUSALÉM. Nova edição revista. São Paulo: Paulinas, 1985.

BIRKET-SMITH, Kaj. *História da cultura: origem e evolução*. 3ª ed. São Paulo: Melhoramentos, 1965.

BLAKE, William. "Proverbs of Hell". Em *Marriage of Heaven and Hell*. Nova York/Londres: Dover/Constable, 1994 [1794].

BLUTEAU, Raphael. *Vocabulario portuguez e latino.* Coimbra: Collegio das Artes da Companhia de Jesus, 1712-1728.
BRAU, Jean Louis. *Historia de las drogas.* Barcelona: Bruguera, 1974.
BRAUDEL, Fernand. *Civilização material e capitalismo: séculos XV-XVIII.* Trad. Maria Antonieta Magalhães Godinho. Lisboa: Cosmos, 1970.
_____. *O Mediterrâneo e o mundo mediterrânico na época de Filipe II.* 2 vols. Lisboa: Publicações Dom Quixote, 1983 [1949].
_____. "O supérfluo e o vulgar: alimentação e bebidas – bebidas e excitantes". Em *Civilização material e capitalismo: séculos XV-XVIII.* Trad. Maria Antonieta Magalhães Godinho. Lisboa: Cosmos, 1970.
BRILLAT-SAVARIN, Jean-Anthelme. *A fisiologia do gosto.* Trad. Paulo Neves. São Paulo: Companhia das Letras, 1995 [1825].
BURKE, Edmund. *Reflexões sobre a revolução em França.* Trad. Renato de Assumpção Faria, Denis Fontes de Souza Pinto, Carmem Lidia. Brasília: UnB, 1982.
CALVINO, João. *Institutos.* Livros III e XIX. Vol. 9. Disponível em http://www.cel.org/ccel/calvin/institutes.v.xx.html.
CALVO, Sagrario Muñoz. *Inquisición y ciencia en la España moderna.* Madri: Nacional, 1977.
CÂMARA, Marcelo. *Cachaças. Bebendo e aprendendo: guia prático de degustação.* Bilíngue. Rio de Janeiro: Mauad, 2008.
CANGUILHEM, Georges. *Escritos sobre a medicina.* Trad. Vera Avellar Ribeiro. Rio de Janeiro: Forense-Universitária, 2005.
CANNON, Walter Bradford. *A sabedoria do corpo.* São Paulo: Nacional, 1946.
CARDIM, Fernão. *Tratados da terra e gente do Brasil.* Belo Horizonte/São Paulo: Itatiaia/Edusp, 1980.
CARNEIRO, Henrique. "A fabricação do vício". Em *LPH Revista de História*, LPH/Departamento de História/UFOP, ano 12, nº 12, 2002.
_____. "Autonomia ou heteronomia nos estados alterados de consciência". Em LABATE, Beatriz Caiuby *et al.* (orgs.). *Drogas e cultura: novas perspectivas.* Salvador: Edufba, 2008.
_____. *Pequena enciclopédia da história das drogas e das bebidas.* Rio de Janeiro: Campus/Elsevier, 2005.
CASCUDO, Luís da Câmara. *História da alimentação no Brasil.* 3ª ed. São Paulo: Global, 2004.
_____. *Prelúdio da cachaça: etnografia, história e sociologia da aguardente no Brasil.* 4ª ed. Belo Horizonte: Itatiaia, 1986 [1968].
CHALHOUB, Sidney. *Trabalho, lar e botequim: vida cotidiana e controle social da classe trabalhadora no Rio de Janeiro da Belle Époque.* São Paulo: Brasiliense, 1986.

CÓDIGO DE PROCESSO PENAL. Decreto-lei nº 3.689, Rio de Janeiro, 13-10--1941.

CORBIN, Alain. "Gritos e cochichos". Em PERROT, Michelle (org.). *História da vida privada*. Vol. 4: *Da Revolução Francesa à Primeira Guerra*. Trad. Denise Bottmann & Bernardo Joffily. São Paulo: Companhia das Letras, 2009.

_____; COURTINE, Jean-Jacques; VIGARELLO, Georges (orgs). *História do corpo*. Vol. 1: *Da Renascença às Luzes*, vol. org. por Georges Vigarello. Trad. Lúcia M. E. Orth. Petrópolis: Vozes, 2008.

CORCUERA DE MANCERA, Sonia. *Del amor al temor: borrachez, catequesis y control en la Nueva España (1555-1771)*. México: Fondo de Cultura Económica, 1994.

_____. *El fraile, el indio y el pulque: evangelización y embriaguez en la Nueva España (1523-1548)*. México: Fondo de Cultura Económica, 1991.

COSTA, Raul Max Lucas da. *Tensões sociais no consumo de bebidas alcoólicas em Fortaleza (1915-1935): trabalhadores, boêmios, ébrios e alcoólatras*. Dissertação de mestrado. Fortaleza: Universidade Federal do Ceará, 2009.

COURTWRIGHT, David T. *Forces of Habit: Drugs and the Making of the Modern World*. Cambridge: Harvard University Press, 2001.

CROSBY, Alfred W. *A mensuração da realidade: a quantificação e a sociedade ocidental 1250-1600*. Trad. Vera Ribeiro. São Paulo: Editora Unesp, 1999.

CURTO, José C. *Álcool e história: o comércio luso-americano do álcool em Mpinda, Luanda e Benguela durante o tráfico atlântico de escravos (c. 1480-1830) e o seu impacto nas sociedades da África Central Ocidental*. Trad. Márcia Lameirinhas. Lisboa: Vulgata, 2002.

_____. "Vinho verso cachaça: a luta luso-brasileira pelo comércio do álcool e de escravos em Luanda, c. 1648-1703". Em PANTOJA, Selma & SARAIVA, José Flávio Sombra (orgs.). *Angola e Brasil nas rotas do Atlântico Sul*. Rio de Janeiro: Bertrand Brasil, 1999.

D'HOLBACH, Barão. *Sistema de la naturaleza*. Org. José Manuel Bermudo. Madri: Nacional, 1982 [1770].

DANIÉLOU, Alain. *Shiva e Dioniso: a religião da natureza e do eros*. Trad. Edison Darci Heldt. São Paulo: Martins Fontes, 1989.

DAVENPORT-HINES, Richard. *The Pursuit of Oblivion: a Global History of Narcotics*. Londres/Nova York: W. W. Norton & Company, 2002.

DELLA MIRANDOLA, Giovanni Pico. *Discurso sobre a dignidade do homem*. Lisboa: Edições 70, 1989.

DEL PRIORE, Mary. *Festas e utopias no Brasil colonial*. São Paulo: Brasiliense, 1994.

DELUMEAU, Jean. *Mil anos de felicidade: uma história do paraíso*. Trad. Paulo Neves. São Paulo: Companhia das Letras, 1997.

DETIENNE, Marcel. *Dioniso a céu aberto*. Trad. Carmem Cavalcanti. Rio de Janeiro: Jorge Zahar, 1988.

_____ & VERNANT, Jean-Pierre (orgs.). *La cuisine du sacrifice en pays grec*. Paris: Gallimard, 1979.

DIAS, Laércio Fidelis. "Usos e abusos de bebidas alcoólicas segundo os povos indígenas do Uaçá". Em LABATE, Beatriz C. *et al*. *Drogas e cultura: novas perspectivas*. Salvador: Edufba, 2008.

DIDEROT, Denis & D'ALEMBERT, Jean le Rond (orgs.). *Encyclopédie, ou dictionnaire raisonné des sciences, des arts et des métiers*. Paris: André le Breton, Michel-Antoine David, Laurent Durand, Antoine-Claude Briasson, 1751-1772. Disponível em http://diderot.alembert.free.fr/v.html.

DIWAN, Pietra. *Raça pura: uma história da eugenia no Brasil e no mundo*. São Paulo: Contexto, 2007.

DOUGLAS, Mary (org.). *Constructive Drinking: Perspectives on Drink from Anthropology*. Nova York/Paris: Cambridge University Press/Maison des Sciences de l'Homme, 1991.

_____. *International Handbook on Alcohol and Culture*. Westport: Greenwood, 1995).

_____. *Pureza e perigo*. São Paulo: Perspectiva, 1976 [1966].

DUPONT, Florence. "Gramática da alimentação e das refeições romanas". Em FLANDRIN, Jean-Louis & MONATANARI, Massimo. *História da alimentação*. Trad. Luciano Vieira Machado & Guilherme J. de Freitas Teixeira. São Paulo: Estação Liberdade, 1998.

DURKHEIM, Émile. *O suicídio. Estudo de sociologia*. Trad. Mônica Stahel. São Paulo: Martins Fontes, 2000.

EDWARDS, Griffith & LADER, Malcolm. *A natureza da dependência de drogas*. Trad. Rose Eliane Starosta. Porto Alegre: Artes Médicas, 1994.

ENGELS, Friedrich. *La situación de la clase obrera en Inglaterra*. Buenos Aires: Editorial Esencias, 1974 [1845].

EPICTETO. *Manual de Epictéto filosofo*. Trad. D. Frei Antonio de Sousa. Lisboa: Regia Officina Typographica, 1785.

EPICURO. "Antologia de textos". Em *Epicuro, Lucrécio, Cícero, Sêneca, Marco Aurélio*. Trad. Agostinho da Silva *et al*. Coleção Os Pensadores. 2ª ed. São Paulo: Abril Cultural, 1980.

ESCOHOTADO, Antonio. *Historia general de las drogas*. 6ª ed. Madri: Espasa Calpe, 2004.

ÉSQUILO. *Os persas*. Trad. Urbano Tavares Rodrigues. Lisboa: Inquérito, 1984.

ESQUIROL, Jean-Étienne D. *Des maladies mentales: considérées sous les rapports médical, hygiénique, et médico-légal*. Paris: J. B. Baillière, 1838.

EURÍPIDES. *As bacantes*. Trad. Eudoro de Sousa. São Paulo: Duas Cidades, 1974.
EVANS SCHULTES, Richard & HOFMANN, Albert. *Plantas de los dioses: orígenes del uso de los alucinógenos*. Trad. Luisa Fernanda Aguirre de Cárcer. Cidade do México: Fondo de Cultura Económica, 2000.
FARRINGTON, Benjamin. *A doutrina de Epicuro*. Trad. Edmond Jorge. Rio de Janeiro: Zahar, 1968.
FEBVRE, Lucien. *O Reno: história, mitos e realidades*. Trad. Eliana Aguiar. Rio de Janeiro: Civilização Brasileira, 2000.
_____. "Vignes, Vins et Vignerons". Em *Annales Économies, Sociétés, Civilisations*, 2 (3), jul.-set. de 1947.
FERNANDES, João Azevedo. *Selvagens bebedeiras: álcool, embriaguez e contatos culturais no Brasil colonial*. Tese de doutorado. Rio de Janeiro: Universidade Federal Fluminense, 2004.
FERREIRA, Luís Gomes. *Erário mineral*. Org. Júnia Ferreira Furtado. Belo Horizonte/Rio de Janeiro: Fundação João Pinheiro/Fundação Oswaldo Cruz, 2002 [1735].
FERRIÈRES, Madeleine. *Histoire des peurs alimentaires: du Moyen Âge à l'aube du XXe siècle*. Paris: Seuil, 2002.
FIGUEIREDO, Luciano *et al*. *Cachaça: alquimia brasileira*. Rio de Janeiro: 19 Design, 2005.
FINLEY, Moses. I. *O mundo de Ulisses*. Trad. Armando Cerqueira. Lisboa: Editorial Presença, 1982.
_____. *Os gregos antigos*. Lisboa: Edições 70, 1984.
FLANDRIN, Jean-Louis. "Boissons et manières de boire en Europe du XVIe au XVIIIe siècle". Em *Psychotropes*, II (1), inverno de 1985.
_____ & MONTANARI, Massimo. *História da alimentação*. Trad. Luciano Vieira Machado & Guilherme J. de Freitas Teixeira. São Paulo: Estação Liberdade, 1998.
FOUCAULT, Michel. *As palavras e as coisas*. Trad. Salma Tannus Muchail. 4ª ed. São Paulo: Martins Fontes, 1987.
_____. *História da sexualidade: a vontade de saber*. Trad. Maria Thereza da Costa Albuquerque & José A. Guilhon Albuquerque. Vol. 1. 3ª ed. Rio de Janeiro: Graal, 1980.
_____. *O poder psiquiátrico: curso dado no Collège de France (1973-1974)*. Trad. Eduardo Brandão. São Paulo: Martins Fontes, 2006.
FRANCO, Francisco de Melo. *Medicina teológica*. São Paulo: Giordano, 1994 [1794].
FRANCO JÚNIOR, Hilário. *Cocanha: várias faces de uma utopia*. São Paulo: Ateliê Editorial, 1998.
FREUD, Sigmund. *Além do princípio do prazer*. Trad. Jaime Salomão. Vol. XVIII. Rio de Janeiro: Imago Editora, 1974.

FREUD, Sigmund. *O ego e o id*. Trad. José Octávio de Aguiar Abreu. Rio de Janeiro: Imago Editora, 1975.

_____. *O mal-estar na civilização*. Trad. José Octávio de Aguiar Abreu. Coleção Os Pensadores. São Paulo: Abril Cultural, 1978.

_____. "Sobre a tendência universal à depreciação na esfera do amor". Em *Obras completas*. Trad. Dulce Duque Estrada. Vol. XI. Rio de Janeiro: Imago 1996 [1912].

FREYRE, Gilberto. "A propósito de cachaças e de batidas: inclusive de sua repercussão em escritores e artistas que tanto pode ser rítmica como arrítmica". Em *Alhos & bugalhos: ensaios sobre temas contraditórios, de Joyce à cachaça, de José Lins do Rego ao cartão-postal*. Rio de Janeiro: Nova Fronteira, 1978.

_____. *Casa-grande e senzala: formação da família brasileira sob o regime da economia patriarcal*. 25ª ed. Rio de Janeiro: José Olympio, 1987.

_____. *Nordeste: aspectos da influência da cana sobre a vida e a paisagem do nordeste do Brasil*. Rio de Janeiro: José Olympio, 1951 [1937].

_____. *Sobrados e mucambos: decadência do patriarcado rural e desenvolvimento do urbano*. 14ª ed. São Paulo: Global, 2003.

GALENO. *L'âme et ses passions. Les passions et les erreurs de l'âme. Les facultes de l'âme suivent les tempéraments du corps*. Pref. Jean Starobinski. Trad., intro. e notas Vincent Barras, Terpsichore Birchler & Anne-France Morand. Paris: Les Belles Lettres, 1995.

GIARD, Luce. "Cozinhar". Em CERTEAU, Michel de; GIARD, Luce; MAYOL, Pierre. *A invenção do cotidiano*. Trad. Ephraim Ferreira Alves. Vol. II. Petrópolis: Vozes, 1996.

GIDDENS, Anthony. *A transformação da intimidade: sexualidade, amor e erotismo nas sociedades modernas*. Trad. Magda Lopes. São Paulo: Unesp, 1993.

GOLDSCHMIDT, Victor. *A religião de Platão*. Trad. Ieda & Oswaldo Porchat Pereira. São Paulo: Difel, 1963.

GOOTENBERG, Paul. "Scholars on Drugs: Some Qualitative Trends". Em *Qualitative Sociology*, 28 (4), inverno de 2005.

GORBACHEV, Mikhail. *Perestroika: novas ideias para o meu país e o mundo*. Trad. J. Alexandre. São Paulo: Best-Seller, 1987.

GRAMSCI, Antonio. *Americanismo e fordismo*. Trad. Gabriel Bogossian. São Paulo: Hedra, 2008.

GRAVES, Robert. *La comida de los centauros y otros ensayos*. Madri: Alianza Editorial, 1994.

_____. *Os mitos gregos*. Trad. Fernanda Branco. Vol. 1. Lisboa: Dom Quixote, 1990.

GREINER, Christine. *O corpo: pistas para estudos indisciplinares*. São Paulo: Annablume, 2005.

GUARINELLO, Norberto Luiz. "O vinho: uma droga mediterrânica". Em LABATE, Beatriz C. *et al. Drogas e cultura: novas perspectivas*. Salvador: Edufba, 2008.

GUIMARÃES, Carlos Magno. "Os quilombos, a noite e a aguardente nas Minas coloniais". Em VENÂNCIO, Renato Pinto & CARNEIRO, Henrique (orgs.). *Álcool e drogas na história do Brasil*. São Paulo/ Belo Horizonte: Alameda/ Editora PUC Minas, 2005.

HALL, Catherine. "*Sweet home*". Em PERROT, Michelle (org.). *História da vida privada 4. Da Revolução Francesa à Primeira Guerra*. Trad. Denise Bottmann & Bernardo Joffily. São Paulo: Companhia das Letras, 2009.

HARRIS, Marvin. *Vacas, porcos, guerras e bruxas: os enigmas da cultura*. Rio de Janeiro: Civilização Brasileira, 1978.

HARTOG, François. *Le miroir d'Hérodote: essai sur la représentation de l'autre*. Paris: Gallimard, 1980.

HEATH, Dwight. B. *Drinking Occasions: Comparative Perspectives on Alcohol and Culture*. Filadélfia: Taylor and Francis, 2000.

_____. *International Handbook on Alcohol and Culture*. Westport: Greenwood, 1995.

HEATH, Dwight. B. "A Decade of Development in the Anthropological Study of Alcohol Use 1970-1980". Em DOUGLAS, Mary (org.). *Constructive Drinking: Perspectives on Drink from Anthropology*. Nova York/Paris: Cambridge University Press/Maison des Sciences de l'Homme, 1991.

HELLER, Agnes. *O cotidiano e a história*. São Paulo: Paz e Terra, 2000.

HENDERSON, William J. "Aspects of the Ancient Greek Symposion". Em *Akroterion: Journal for the Classics in South Africa*, vol. 45, Stellenbosch, University of Stellenbosch, 2000.

HENRIQUEZ, Francisco da Fonseca. *Âncora medicinal para conservar a vida com saúde*. Cotia: Ateliê Editorial, 2004 [1728].

HERÁCLITO. "Doxografia". Em *Os filósofos pré-socráticos*. Trad. Gerd A. Bornheim. São Paulo: Cultrix, 1967.

HERÓDOTO. *História*. Trad. José Brito Broca e estudo crítico de Vítor de Azevedo. Rio de janeiro: Ediouro, s/d.

HESÍODO. *Teogonia: a origem dos deuses*. Trad. José Antonio Alves Torrano. São Paulo: Iluminuras, 1991.

HIPÓCRATES. "Sobre la dieta". Em *Juramento hipocrático y tratados médicos*. Trad. Carlos Garcia Gual *et al*. Argentina: Planeta-De Agostini, 1995.

HIRSCH, Emil G. & EISENSTEIN, Judah David. "Wine". Em *JewishEncyclopedia.com*. Disponível em http://jewishencyclopedia.com/view.jsp?artid=201&letter=W&search=wine.

HOBSBAWM, Eric J. *A era do capital 1848-1875*. Trad. Luciano Costa Neto. 3ª ed. Rio de Janeiro: Paz e Terra, 1982.

HOMÈRE, *L'Odyssée*. Trad., introd. e notas Médéric Dufour & Jeanne Raison. Paris: Garnier Frères, 1957.
HOMERO. *A Odisseia (em forma de narrativa)*. Trad. e adap. Fernando C. de Araújo Gomes. 16ª ed. Rio de Janeiro: Ediouro, s/d.
_____. *Ilíada*. Trad. Fernando C. de Araújo Gomes. Rio de Janeiro: Ediouro, 1999.
HOUAISS, Antonio. *A cerveja e seus mistérios*. Rio de Janeiro: Salamandra, 1986.
HUME, David. *História natural da religião*. Trad. Jaimir Conte. São Paulo: Unesp, 2005 [1757].
_____. *Investigação sobre o entendimento humano e sobre os princípios da moral*. São Paulo: Unesp, 2004.
HUXLEY, Aldous. *The Doors of Perception*. Londres: Chatto & Windus, 1954.
INTERNATIONAL PLUTARCH SOCIETY. *Symposion e philanthropia em Plutarco*, 8º congresso, Coimbra, 23-27 de setembro de 2008.
JACOB, Heinrich Eduard. *Seis mil anos de pão: a civilização humana através de seu principal alimento*. Trad. José M. Justo. São Paulo: Nova Alexandria, 2003.
JAEGER, Werner. *Paideia: a formação do homem grego*. Trad. Artur M. Parreira. São Paulo: Martins Fontes, 1979.
JAGUARIBE, Domingos. *O veneno moderno: causas da degenerescência social*. São Paulo: Empresa Typographica Editora O Pensamento, 1913.
JAMES, William. *The Varieties of Religious Experience*. Nova York: Mentor Books, 1958 [1902].
JEVONS, William Stanley. *A teoria da economia política*. Trad. Claudia Laversveiler de Morais. 2ª ed. São Paulo: Nova Cultural, 1987.
JOHNSON, Hugh. *A história do vinho*. Trad. Eliane Piereck. 2ª ed. São Paulo: CMS, 2009.
JOUANNA, Jacques. *Hippocrate*. Paris: Fayard, 1992.
JÜNGER, Ernst. *Approches, drogues et ivresse*. Paris: Gallimard, 1973.
KANT, Emmanuel. *Anthropologie du point de vue pragmatique*. Trad. Michel Foucault. Paris: Librairie Philosophique J. Vrin, 1994 [1798].
KELLER, Mark; MCCORMICK, Mairi; EFROM, Vera. *A Dictionary of Words about Alcohol*. 2ª ed. New Brunswick: Rutgers Center of Alcohol Studies, 1982.
KERÉNYI, Carl. *Dioniso: imagem arquetípica da vida indestrutível*. Trad. Ordep Trindade Serra. São Paulo: Odysseus, 2002.
KHAYYM, Omar. *Rubáiyát*. Versão poética Christovam de Camargo. São Paulo: Martin Claret, 2005.
KLIBANSKY, Raymond; PANOFSKY, Erwin; SAXL, Fritz. *Saturne et la mélancolie. Études historiques et philosophiques: nature, religion, médecine et art*. Trad. Fabienne Durand-Bogaert & Louis Évrard. Paris: Gallimard, 1989.

KOPP, Pierre. *A economia da droga*. Trad. Maria Elena Ortega Ortiz Assumpção. Bauru: Edusc, 1998.
KRAMER, Samuel Noah. *La historia empieza en Sumer*. Barcelona: Orbis, 1985.
KURLANSKY, Mark. *1968: o ano que abalou o mundo*. Trad. Sônia Coutinho. Rio de Janeiro: José Olympio, 2005.
LABATE, Beatriz C. *et al*. *Drogas e cultura: novas perspectivas*. Salvador: Edufba, 2008.
LANGUE, Frédérique. "Libations et repentirs. Du bon usage des boissons alcoolisées dans le Venezuela colonial". Em *Espace Caraïbe*, nº 2, Université des Antilles-Guyane/Maison des Pays Ibériques, 1994.
LE BRETON, David. *Adeus ao corpo: antropologia e sociedade*. Trad. Marina Appenzeller. Campinas: Papirus, 2003.
LE GOFF, Jacques & TRUONG, Nicolas. *Uma história do corpo na Idade Média*. Trad. Marcos Flamínio Peres. Rio de Janeiro: Civilização Brasileira, 2006.
LEFEBVRE, Henri. *A vida cotidiana no mundo moderno*. Trad. Alcides João de Barros. Sao Paulo: Ática, 1991.
LEMERY, Louis. *Traité des aliments, ou l'on trouve la différence, et le choix, qu'on en doit faire; les bons, et les mauvais effets, qu'ils peuvent produire; leurs principes; les circonstances où ils conviennent*. 2 tomos. Paris: Chez Durand, 1755.
LEMERY, Nicolas. *Dictionnaire universel des drogues simples, contenant leurs noms, origine, choix, principes, vertus, étimologies; et ce qu'il y a de particulier dans les animaux, dans les végétaux et dans les minéraux*. Paris: Chez L.- Ch. D'Houry, 1759 [1727].
LEWIN, Louis. *Traité de toxicologie*. Paris: Octave Doin, 1903.
LIMA, Oswaldo Gonçalves de. *Pulque, balchê e pajauaru na etnobiologia das bebidas e dos alimentos fermentados*. Recife: Universidade Federal de Pernambuco, 1975.
LONDON, Jack. *Memórias alcoólicas*. Trad. Hélio Pólvora. São Paulo: Pauliceia, 1993.
_____. "Drink, Temperance, and Thrift". Em *The People of the Abyss*. Londres: Macmillan, 1903. Disponível em http://www.marxists.org/archive/london/abyss/ch26.htm.
LOSURDO, Domenico. *Contra-história do liberalismo*. Trad. Giovanni Semeraro. São Paulo: Ideias & Letras, 2006.
LUCRÉCIO. "Da natureza". Em *Epicuro, Lucrécio, Cícero, Sêneca, Marco Aurélio*. Trad. e notas Agostinho da Silva *et al*. Coleção Os Pensadores. 2ª ed. São Paulo: Abril Cultural, 1980.
MAHÉ, Nathalie. *Le mythe de Bacchus*. Paris: Fayard, 1992.
MANDEL, Ernest. "Qual o significado do projeto Gorbachev?". Em *Lua Nova*, nº 14, 4 (2), São Paulo, Cedec, abr.-jun. de 1988.

MANN, Thomas. *A montanha mágica*. Trad. Herbert Caro. Rio de Janeiro: Nova Fronteira, 1953.
MANTEGAZZA, Paolo. *Physiologie du plaisir*. Paris: C. Reinwald, 1886.
MARTIN, Josef. *Symposion: die Geschichte einer literarischen Form*. Paderborn: Schöningh, 1931.
MARX, Karl. *O capital: crítica da economia política*. Tradução de Regis Barbosa & Flávio R. Kothe. 3ª ed. São Paulo: Nova Cultural, 1988.
MASSON, Jeffrey M. (org.). *A correspondência completa de S. Freud e W. Fliess (1887-1904)*. Trad. Vera Ribeiro. Rio de Janeiro: Imago, 1986.
MATOS, Maria Izilda Santos de. *Meu lar é um botequim: alcoolismo e masculinidade*. São Paulo: Nacional, 2000.
MAUSS, Marcel. "As técnicas corporais". Em *Sociologia e antropologia*. São Paulo: Edusp, 1974.
McGOVERN, Patrick E.; FLEMING, Stuart J. & KATZ, Solomon H. (orgs.). *The Origins and Ancient History of Wine*. Amsterdã: Gordon and Breach Publishers, 2000.
McGREW, Jane Lang. "History of Alcohol Prohibition". Em *Schaffer Online Library on Drug Policy*. Disponível em http://www.druglibrary.org/schaffer/LIBRARY/studies/nc/nc2a.htm.
MELVILLE, Herman. *Moby Dick*. Trad. Berenice Xavier. Rio de Janeiro/São Paulo: Ediouro/Publifolha, 1998.
MONTAIGNE, Michel de. *Ensaios*. Trad. Sérgio Milliet. Coleção Os Pensadores. São Paulo: Abril Cultural, 1972 [1580].
MONTESQUIEU, Charles Louis de Secondat. *Lettres persanes, extraits commentés*. França: Bordas, 1979 [1721].
_____. *O espírito das leis*. Trad. Fernando Henrique Cardoso & Leôncio Martins Rodrigues. Brasília: UnB, 1982 [1748].
MORAES, Pedro José Supico de. *Coleçam moral de apophtegmas memoráveis*. Lisboa: Officina augustiniana, 1732.
NADVORNY, Boris. *Freud e as dependências: drogas/jogo/obesidade*. Porto Alegre: AGE, 2006.
NAHOUM-GRAPPE, Véronique. *La culture de l'ivresse: um essai de phénoménologie historique*. Paris: Quai Voltaire, 1991.
NEVES, Delma Pessanha. "Alcoolismo: acusação ou diagnóstico?". Em *Cadernos de Saúde Pública*, 20 (1), Rio de Janeiro, jan.-fev. de 2004.
NIETZSCHE, Friedrich. "Crepuscule des idoles ou Comment philosopher à coups de marteau"; "Ecce Homo". Em *Oeuvres philosophiques complétes*. Trad. Jean-Claude Hémery. Paris: Gallimard, 1974.
_____. *La gaya ciencia*. Trad. Roberto Ganiz. México: Editores Mexicanos Unidos, 1994.

NIETZSCHE, Friedrich. *O nascimento da tragédia, ou helenismo e pessimismo*. Trad., notas e posfácio Jacó Guinsburg. São Paulo: Companhia das Letras, 1992.

NOELLI, Francisco Silva & BROCHADO, José Proenza. "O cauim e as beberagens dos Guarani e Tupinambá: equipamentos, técnicas de preparação e consumo". Em *Revista do Museu de Arqueologia e Etnologia*, vol. 8, São Paulo, 1998.

NOVAIS, Fernando et al. *História da vida privada no Brasil*. 4 vols. São Paulo: Companhia das Letras, 1997.

NOVO DICIONÁRIO AURÉLIO da Língua Portuguesa. Rio de Janeiro: Nova Fronteira, 1975.

ONFRAY, Michel. *O ventre dos filósofos: crítica da razão dietética*. Trad. Ana Maria Scherer. Rio de Janeiro: Rocco, 1990.

OTT, Jonathan. *Pharmacoteon, drogas enteogénicas, sus fuentes vegetales y su historia*. Barcelona: La Liebre de Marzo, 1996.

OTTO, Walter F. *Dionysos: le mythe et le culte*. Paris: Gallimard, 1992.

OUÉDRAOGO, Arouna P. "De la secte religieuse à l'utopie philanthropique. Genèse sociale du végétarisme occidental". Em *Annales Histoire, Sciences Sociales*, nº 4, jul.-ago. de 2000.

PAES, José Paulo (org.). *Poemas da antologia grega e palatina: séculox VII a.C. a V d.C*. São Paulo: Companhia das Letras, 1995.

PALADAS DE ALEXANDRIA. *Epigramas*. Trad., introd. e notas José Paulo Paes. São Paulo: Nova Alexandria, 1992.

PARDO, Oriana & PIZARRO, José Luis. *La chicha en el Chile precolombino*. Santiago: Mare Nostrum, 2005.

PAZ, Octavio. *El laberinto de la soledad*. México: Fondo de Cultura Económica, 2004.

PENTEADO, Whitaker. *O folclore do vinho*. Lisboa: Centro do Livro Brasileiro, 1980.

PESSOTTI, Isaías. *A loucura e as épocas*. São Paulo: Editora 34, 1994.

_____. *O século dos manicômios*. São Paulo: Editora 34, 1996.

PETRÔNIO. *Satiricon*. Trad. Marcos Santarrita. São Paulo: Abril Cultural, 1981.

PETTY, William. "Obras econômicas". Em *Petty & Quesnay*. Trad Luiz Henrique L. dos Santos & Paulo de Almeida. Coleção Os Economistas. São Paulo: Nova Cultural, 1996.

PHILLIPS, Rod. *Uma breve história do vinho*. Trad. Gabriela Máximo. Rio de janeiro: Record, 2003.

PINEL, Philippe. *Tratado médico-filosófico sobre a alienação mental ou a mania*. Trad. Joice A. Galli. Porto Alegre: UFGRS, 2007 [1801].

PINTO, Antonio José de Souza. *Elementos de pharmacia, chymica, e botânica*. Nova edição por Luiz Maria da Silva Pinto. Ouro Preto: Typographia de Silva, 1837.

_____. *Matéria medica: distribuída em classes e ordens segundo seus effeitos, em que plenamente se apontão suas virtudes, doses e moléstias, a que se fazem applicaveis*. Nova edição por Luiz Maria da Silva Pinto. Ouro Preto: Typographia de Silva, 1837.

PINTO, Antonio José de Souza. *Pharmacopea chymica, medica, e cirúrgica em que se expõem os remédios simples, preparação, doses, e moléstias, a que são applicaveis*. Nova edição por Luiz Maria da Silva Pinto. Ouro Preto: Typographia de Silva, 1834.

PINTO, Pedro A. *Dicionário de termos médicos*. Rio de Janeiro: Livraria Francisco Alves, 1926.

PITTE, Jean-Robert. *Gastronomia francesa: história e geografia de uma paixão*. Trad. Carlota Gomes. Porto Alegre: L&PM, 1993.

PLATÃO. "La République". Em *Oeuvres complètes*. Trad. Léon Robin. Vol. 1. Paris: Gallimard, 1953.

_____. "Le banquet". Em *Oeuvres complètes*. Trad. Léon Robin. Vol. 1. Paris: Gallimard, 1953.

_____. "Les lois". Em *Oeuvres complètes*. Trad. Léon Robin. Vol. 2. Paris: Gallimard, 1955.

_____. "Phèdre". Em *Oeuvre complètes*. Trad. Léon Robin. Vol. 2. Paris: Gallimard, 1955.

PLUTARCO. *Obras morales y de costumbres (Moralia II): Sobre la fortuna, Sobre la virtud y el vicio, Escrito de consolación a Apolonio, Consejos para conservar la salud, Deberes del matrimonio, Banquete de los siete sabios y Sobre la superstición*. Trad., introd. e notas. Concepción Morales Otal & José García López. Vol. 98 da Biblioteca Clássica Gredos. Madri: Gredos, 1986.

_____. "Charlas de sobremesa". Em *Obras morales y de costumbres (moralia IV)*. Trad., introd. e notas Francisco Martín Garcia. Vol. 109 da Coleção Biblioteca Clássica Gredos. Madri: Gredos, 1987.

_____. *Sobre a tagarelice e outros textos*. Trad. Mariana Echalar. São Paulo: Landy, 2008.

POLLAN, Michael. *O dilema do onívoro: uma história natural de quatro refeições*. Trad. Cláudio Figueiredo. Rio de Janeiro: Intrínseca, 2007.

_____. *The Botany of Desire: a Plant's-eye View of the World*. Nova York: Random House, 2002.

PRADO JR., Caio. *Formação do Brasil contemporâneo*. 21ª ed. São Paulo: Brasiliense, 1989.

QUEVEDO, Francisco de. *Defensa de Epicuro contra la común opinión*. Org., estudo e coment. Eduardo Acosta Méndez. Madri: Tecnos, 1986.

RABELAIS, François. *Gargantua*. Trad. Aristides Lobo. São Paulo: Hucitec, 1986.

RAINER, Franz. "L'origine di alco(o)lismo". Em *Lingua nostra*, vol. LXII (1-2), mar.-jun. de 2001.

RAMAZZINI, Bernardino. *As doenças dos trabalhadores*. Trad. Raimundo Estrela. 2ª ed. São Paulo: Fundacentro, 1999 [1700].

RAMINELLI, Ronald. "Da etiqueta canibal: beber antes de comer". Em VENÂNCIO, Renato Pinto & CARNEIRO, Henrique (orgs.). *Álcool e drogas na história do Brasil*. São Paulo/Belo Horizonte: Alameda/PUC Minas, 2005.

RÄTSCH, Christian. *Plants of Love: the History of Aphrodisiacs and a Guide to Their Identification and Use*. Berkeley: Ten Speed Press, 1997.

RÉGIS, Emmanuel. *Précis de psychiatrie*. Paris: Picard et Guillaumin, 1885.

REICH, Wilhelm. "Materialismo dialéctico y psicoanálisis". Em REICH, Wilhelm; SAPIR, I. & FENICHEL, Otto. *La Revolución sexual. Textos de la izquierda freudiana*. Trad. Eduardo Subirats. Barcelona: Barral Editores, 1975.

RIBEIRO, Márcia Moisés. *A ciência dos trópicos: a arte médica no Brasil do século XVIII*. São Paulo: Hucitec, 1997.

REITZENSTEIN, Richard. *Epigramm und Skolion. Ein Beitrag zur Geschichte der alexandrinischen Dichtung*. Gießen: J. Richter, 1893.

ROBERTS, James Stephen. *Drink Temperance and the Working Class in Nineteenth Century Germany*. Boston: George Allen & Unwin, 1984.

ROGERSON, Barnaby. *O profeta Maomé: uma biografia*. Trad. Lis Alves. Rio de Janeiro: Record, 2004.

ROSA, Ana Lúcia Gonçalves. *Passos cambaleantes, caminhos tortuosos: beber cachaça, prática social e masculinidade – Recife/PE – 1920-1930*. Dissertação de mestrado. Fortaleza: Universidade Federal do Ceará, 2003.

ROSEN, George. *Uma história da saúde pública*. Trad. Marcos Fernandes da Silva Moreira. São Paulo: Hucitec/Unesp, 1994.

ROTTERDAM, Erasmo de. *Elogio da loucura*. Trad. Paulo Neves Porto Alegre: L&PM, 2008.

ROUSSEAU, Jean-Jacques. *Discurso sobre a origem e os fundamentos da desigualdade entre os homens*. Trad. Iracema Gomes Soares & Maria Cristina R. Nagle. Brasília/São Paulo: UnB/Ática, 1989.

RUDGLEY, Richard. *Enciclopedia de las substancias psicoativas*. Barcelona: Paidós, 1999.

_____. *Essential Substances: a Cultural History of Intoxicants in Society*. Kodansha Globe series. Nova York: Kodansha International, 1994.

RUSH, Benjamin. *Inquiry into the Effects of Ardent Spirits Upon the Human Body and Mind*. Filadélfia: Bartram, 1805.

SAIGNES, Thierry (org.). *Borrachera y memoria: la experiencia de lo sagrado en los Andes*. La Paz: Hisbol/Ifea, 1993.

SALAZAR-SOLER, Carmen. "Embriaguez y visiones en los Andes. Los jesuitas y las 'borracheras' indígenas en el Perú (siglos XVI-XVII)". Em SAIGNES, Thierry (org.). *Borrachera y memoria*. La Paz: Hisbol/Ifea, 1993.

SALLES, Catherine. *Nos submundos da Antiguidade*. 3ª ed. Trad. Carlos Nelson Coutinho. São Paulo: Brasiliense, 1987.

SANTIAGO, Jésus. *A droga do toxicômano: uma parceria cínica na era da ciência*. Rio de Janeiro: Zahar, 2001.
SANTO AGOSTINHO. *Confissões*. Trad. J. Oliveira Santos & A. Ambrósio de Pina. Coleção Os Pensadores. 2ª ed. São Paulo: Abril Cultural, 1980.
SANTOS, Fernando Sérgio Dumas dos. "A construção do alcoolismo no conhecimento médico: uma síntese". Em NASCIMENTO, Dilene Raimundo do & CARVALHO, Diana Maul de (orgs.). *Uma história brasileira das doenças*. Brasília: Paralelo 15, 2004.
_____. *Alcoolismo: a invenção de uma doença*. Dissertação de mestrado. Campinas: Unicamp, 1995.
SAPPHO. *Anacréon et Anacréontiques*. Trad. Mario Neunier. Paris: Bernard Grasset, 1932.
SCARANO, Julita. "Bebida alcoólica e sociedade colonial". Em JANCSÓ, István & KANTOR, Íris (orgs.). *Festa, cultura e sociabilidade na América portuguesa*. Vol. II. São Paulo: Hucitec/Edusp/Fapesp/Imprensa Oficial, 2001.
SCHIVELBUSCH, Wolfgang. *Histoire des stimulants*. Trad. Eric Blondel *et al.* Mayenne: Le Promeneur, 1991.
SEIBEL, Sergio Dario & TOSCANO Jr., Alfredo. *Dependência de drogas*. São Paulo: Atheneu, 2001.
SENNETT, Richard. *Carne e pedra: o corpo e a cidade na civilização ocidental*. Trad. Marcos Aarão Reis. Rio de Janeiro: BestBolso, 2008.
SEVCENKO, Nicolau. *Orfeu extático na metrópole: São Paulo, sociedade e cultura nos frementes anos 20*. São Paulo: Companhia das Letras, 1992.
SEVILHA, Isidoro de. *Etimologias*. Livro IV. Org. Jose Oroz Reta & Manuel A. Marcos Casquero. Madri: La Editorial Católica, 1951.
SHADWELL, Arthur. *Drink in 1914-1922. A Lesson in Control*. Nova York: Longmans, Green, and Co., 1923.
_____. *Drink, Temperance, and Legislation*. 3ª ed. Nova York: Longmans, Green, and Co., 1915.
SHIRÂZI, HÂFEZ. *L'amour, l'amant, l'aimé*. Trad. e apres. Vincent-Mansour Monteil em colab. com Akbar Tadjividi. Coleção Unesco de Obras Representativas. Arles: Acte Sud, 1998.
SIMON, André L. *Bibliotheca bacchica: bibliographie raisonnée des ouvrages imprimés avant 1600 et illustrant la soif humaine sous tous ses aspects, chez tous les peuples et dans tous les temps*. Londres: Holland Press, 1972 [1927].
SMITH, Adam. *Investigação sobre a natureza e as causas da riqueza das nações*. 2 vols. Trad. Luiz João Baraúna. 3ª ed. São Paulo: Nova Cultural, 1988 [1776].
SNELDERS, Stephen & PIETERS, Toine. "Alcoholism and Degeneration in Dutch Medicine around 1900". Disponível em http://www.metamedicavumc.nl/pdfs/evolution1860-1914.pdf.

SOLAZ DEL ESPÍRITO en el hachís y el vino y otros textos árabes sobre drogas. Trad., introd. e notas Indalecio Lozano. Granada: Universidade de Granada, 1998.

SOLER, Jean. "As razões da Bíblia: regras alimentares hebraicas". Em FLANDRIN, Jean-Louis & MONTANARI, Massimo. *História da alimentação*. Trad. Luciano Vieira Machado & Guilherme J. de Freitas Teixeira. São Paulo: Estação Liberdade, 1998.

SOUSA, Gabriel Soares de. *Tratado descritivo do Brasil em 1587*. 4ª ed. São Paulo: Nacional/Edusp, 1971.

SOUSA, José Renato de Araújo. "A prova do vinho: embriaguez, educação e prazer nas Leis de Platão". Em *Cadernos de Atas da Anpof*, nº 1, 2001.

SOUZA, Joaquim José Caetano Pereira e. *Esboço de hum dicionário jurídico, theoretico e practico: remissivo às leis compiladas e extravagantes (excertos)*. Lisboa: Typographia Rollandiana, 1825.

SOUZA, Ricardo Luiz de. "Cachaça, vinho e cerveja: da colônia ao século XX". Em *Estudos históricos: alimentação*, nº 33, Rio de Janeiro, FGV, jan.-jun. de 2004.

SPODE, Hasso. *Alkohol und Zivilisation*. Berlin: Tara-Verlag Hartmut Hensel 1991.

_____. *Die Macht der Trunkenheit: Kultur- und Sozialgeschichte des Alkohols in Deutschland* [The Power of Drunkenness: Cultural and Social History of Alcohol in Germany]. Opladen: Leske und Budrich, 1993.

_____. "What Does Alcohol History Mean and To What End Do We Study It? A Plea for SpeciRalism". Em *The Social History of Alcohol and Drugs*, vol. 18, 2003.

SZTUTMAN, Renato. "Cauim, substância e efeito: sobre o consumo de bebidas fermentadas entre os ameríndios". Em LABATE, Beatriz C. et al. *Drogas e cultura: novas perspectivas*. Salvador: Edufba, 2008.

TAYLOR, William B. *Embriaguez, homicidio y rebelión en las poblaciones coloniales mexicanas*. México: Fondo de Cultura Económica, 1987.

TISSOT, Samuel A. D. *L'onanisme. Dissertation sur les maladies produites par la masturbation*. 3ª ed. Lausanne: Chez Marc Chapuis et Cie., 1764.

TOAFF, Ariel. "Cocina judia, cocinas judias". Em MONTANARI, Massimo. *El mundo em la cocina: historia, identidad, intercambios*. Buenos Aires: Paidós, 2003.

TRABULSI, José Antonio Dabdab. *Dionisismo, poder e sociedade na Grécia até o fim da época clássica*. Belo Horizonte: UFMG, 2004.

TROTSKY, Leon. *Questões do modo de vida*. São Paulo: Kairós, 1980.

TROTTER, Thomas. *An Essay, Medical, Philosophical, and Chemical on Drunkenness and Its Effects on the Human Body*. Londres/Nova York: Routledge, 1988 [1804].

VALDIZÁN, Hermilio. *Locos de la Colonia*. Lima: Instituto Nacional de Cultura, 1988.

VARELLA, Alexandre Camera. *Substâncias da idolatria: as medicinas que embriagam os índios do México e Peru em histórias dos séculos XVI e XVII.* Dissertação de mestrado. São Paulo: FFLCH-USP, 2008.

VENÂNCIO, Renato Pinto & CARNEIRO, Henrique (orgs.). *Álcool e drogas na história do Brasil.* São Paulo/Belo Horizonte: Alameda/PUC Minas, 2005.

VIDE, Sebastião Monteiro da. *Constituições primeiras do arcebispado da Bahia.* Impressas em Lisboa em 1719, e em Coimbra em 1720. São Paulo: Tip. 2 de Dezembro, 1853.

VIEGAS, Susana de Matos. "Nojo, prazer e persistência: beber fermentado entre os Tupinambá de Olivença (Bahia)". Em *Revista de História*, nº 154, São Paulo, Departamento de História/FFLCH/USP, 1º semestre de 2006.

VIGARELLO, Georges. *Le sain et le malsain. Santé et mieux-être depuis le Moyen Âge.* Paris: Éditions du Seuil, 1993.

WÂFID, Ibn. *Libro de los medicamentos simples (Kitâb al-adwiya al-mufrada).* Org., trad. e notas Luisa Fernanda Aguirre de Cárcer. Vol. 1. Madri: Consejo Superior de Investigaciones Científicas, 1995.

WARBURTON, Clark. *The Economics Results of Prohibition.* Nova York: Columbia University Press, 1932.

WASSON, Edmund A. *Religion and Drink.* Nova York: Burr Printing House, 1914.

WEBER, Max. *Ciência e política: duas vocações.* Trad. Leonidas Hegenberg & Octany Silveira da Mota. São Paulo: Cultrix, 2004.

WEECH, Friedrich von. *A agricultura e o comércio do Brasil no sistema colonial.* Trad. Débora Bendocchi Alves. São Paulo: Martins Fontes, 1992 [1828].

WESLEY, John. *Primitive Physick, or an Easy and Natural Method of Curing Most Diseases.* Londres: And sold at the New Room, in the Horse-fair, and at the Foundry, near Upper-Moor-Fields, 1752.

WILSON, Bill et al. *Alcoólicos anônimos atinge a maioridade. Uma breve história de A. A.* São Paulo: Parma, 1985.

XENÓFANES DE CÓLOFON. *Os filósofos pré-socráticos.* Org. e trad. Gerd. A. Bornheim. São Paulo: Cultrix, 1967.

XENOFONTE. *Recuerdos de Sócrates. Económico. Banquete. Apología de Sócrates.* Trad., introd. e notas Juan Zaragoza. Vol. 182 da Coleção Biblioteca Clásica Gredos. Madri: Gredos, 1993.

YARZA, Florencio I. Sebastián. *Diccionario griego-español.* Barcelona: Ramón Sopena, 1972.

ZARAGOZA, Clara Luz. *Historia y mitologia del vino. Con una antologia báquica y un diccionario del vino.* Buenos Aires: Editorial Mundi, 1964.

ZELDIN, Theodore. *História íntima da humanidade.* Lisboa: Teorema, 1994.